入門財政学

財政学

第2版

土居丈朗
Doi Takero

日本評論社

はしがき（第 1 版）

　本書は、わが国の財政の現状と今後の課題を学ぶことを目的としています。その見方の基礎となるものが、財政学です。財政学とは、政府や公共部門の経済活動である財政を分析対象とする学問です。

　本書では、財政を理解する論理のみならず、財政の仕組みそのものの理解を深められるようにしています。財政の仕組みとしては、税金のかけ方、政府が出す補助金の出し方、医療や介護や年金の仕組み、政府の借金のしかたなどがあります。これらの仕組みを理解することなく、今の財政を理解することはできません。ただ、財政の仕組みは一見すると複雑に見えるので、本書ではできるだけ平易に説明することを心がけました。

　財政は、民主主義と切っても切れない関係があります。特に、税は、民主主義革命の引き金になった人類の歴史があります。今も昔も、税金はできれば取られたくないと思うのが人情でしょう。しかし、税金を取らなければ、政府は公共サービスを国民に提供することはできません。公共サービスに関する国民のニーズを的確に汲み取り、その財源として国民に対し適切に税金の負担を求めることが極めて重要です。こうした適切な財政運営を、民主主義による意思決定の過程でよりよく反映されるようにするためにも、財政についての理解は欠かせません。財政学を初めて学ぶ学生はもとより、財政の仕組みを知りたい市井の方、財政のあり方をしっかりと考えたい社会人の方、さらには政策現場で仕事に携わる公務員の方にも読んでいただけるよう配慮しました。

　これまでにも、多くの財政学の教科書が出版されています。著者もそれらの本から多くを学びました。しかし、後で振り返ったとき、1 つの物足りなさを感じました。それは、わが国の財政についての説明が、建前的なものにとどまっているということです。実際の財政運営は、様々な利害が錯綜する中で、政治家や官僚の意思決定によって行われています。もちろん、その背後には、国民の総意があることは言うまでもありません。建前的な財政の仕

組みだけを理解しても、必ずしもそうではなかったりする実態があり、本書ではできるだけ文章でその実態を表現できないかと考え執筆しました。財政運営の実態を表層的なものにとどめず、より現実に即して記しているのが本書の特徴の1つです。

　また、わが国の財政をめぐる俗説についても、1つ1つ論拠を持って説明しています。「わが国は、政府が多くの借金を抱えているが、たくさん資産を持っていて、それを売ればお金がたくさん入るから、将来にわたり増税はしなくてよい」、「1997年に消費税が増税されて以降国の税収が減り続けているのは、消費税が日本経済を悪くしたからだ」、「消費税は逆進的で、低所得者ばかりに税を負担させている」、「年金財政は苦しい状況で、近い将来に破綻して、老後に年金はもらえなくなる」、「景気さえよくなれば、税率を上げなくてもたくさん税収が入るから、焦って増税するよりも経済を成長させたほうが財政再建の近道だ」、「政府はいまだに複式簿記を使っておらず時代遅れだ」。これらの真偽は本書に記しています。財政の仕組みを深く理解することで、あらぬ誤解は避けることができます。

　本書は12章から構成されています。学習目的別に各章を分類すると、第1章と第2章は財政制度の基礎、第3章と第4章と第7章と第8章は国の財政、第5章と第6章は税制、第9章は地方財政、第10章は財政に関連する会計、第11章は財政政策のマクロ経済学、第12章はまとめとなっています。講義の回数や時間の制約から重要度の高い章だけに絞りたいという方は，第1章から第5章を終えた後で、必要に応じて各章に進むと無理なく理解できます。

　本書は、『経済セミナー』2009年4・5月号〜2010年2・3月号に連載した「入門・財政改革の経済学」と、『経済セミナー』2016年8・9月号〜2016年10・11月号に連載した「日本の公会計と政府債務累積」の内容をもとに、財政政策などを加筆修正したものです。連載時から本書の刊行に至るまで、長い時間がかかりました。2000年代から2010年代にかけて、わが国の財政制度は毎年のように大きく変化し、1年経つと執筆内容が陳腐化する状況で、なかなか刊行に踏み切れませんでした。そんな中、日本評論社の斎藤博氏と吉田素規氏には大変お世話になりました。遅筆の著者を粘り強く待ち

続けてくれました。本書の内容には、慶應義塾大学経済学部や日本経済研究センターや日本政策投資銀行で著者が行った講義の資料や、受講生との質疑応答も活かされています。この場を借りてお礼を申し上げます。

　最後に、私事にわたって恐縮ですが、本書の執筆を支えてくれた妻真理と長女史佳に、感謝の意を表したいと思います。

2017年4月　東京・三田にて

土居丈朗

はしがき（第2版）

　2020年は、新型コロナウイルス感染症に明け暮れました。この感染症によって、わが国のみならず多くの国で財政状況は一変しました。感染対策として医療のために政府支出を投じるだけでなく、営業自粛や都市封鎖などにより経済活動が止まったために生活に窮する家計や経営難に陥る企業に対して、財政支援を行いました。その元手の大半は、政府の借金でした。

　わが国では、2020年4月7日に、新型コロナウイルス感染症（以下、新型コロナ）対策のための緊急事態宣言が初めて発令されるとともに、過去最大規模の「新型コロナウイルス感染症緊急経済対策」が閣議決定されました。これを反映した2020年度の補正予算が組まれ、1人一律10万円を支給する特別定額給付金（予算規模約13兆円）、事業収入が半減以上した事業者に最大200万円支給する持続化給付金（予算規模約6兆円）などが盛り込まれました。

　2020年度は、3次にわたる補正予算を組んだ結果、国の一般会計では、歳出総額が約176兆円に膨らみ、そのうち約113兆円（歳出総額の約64％）を国債発行でまかなうという姿になりました。2010年代では例年、歳出総額が100兆円前後だったので、2020年度に新たに負った借金は、平時での1年分の歳出総額を超える金額に達したのです。

　このような財政状況の急変を踏まえ、本書の改訂を決意しました。改訂を決断した時点では、新型コロナの収束時期はまったく見通せませんでした。したがって、いつまで待てば、新型コロナで急変した財政状況をも解説する形で改訂できるかわかりません。

　その一方で、第1版の刊行後にも、2020年代を見据えた財政改革は進みました。第1版で今後の改革課題として挙げていたものの一部は、着実に改善されて実現してゆき、新たな改革課題が浮かび上がりました。第2版では、こうした点を中心に改訂しています。

　たとえば、消費税の標準税率は2019年10月には10％に引き上げられ、2012

年に着手された社会保障・税一体改革は一段落しました。また、所得税制では、一連の控除の見直しが実施されました。社会保障分野では、医療費の患者負担割合の見直しの議論が進みました。第2版では、これらを反映して改訂しました。

　新型コロナに直面して、既存の財政制度でも、よりよく知っておくことで、直近の情勢を理解しやすくなる局面も出てきました。新型コロナの感染拡大で医療が逼迫して、病床が不足する地域がありました。病床については、第1版から記していましたが、第2版ではよりわかりやすく改訂しました。前述のように、新型コロナの影響でさらに累増した政府債務に関して懸念はないのかを、より平易にかつさらに統計を充実して改訂しました。2020年9月に内閣が代わってから、気候変動問題では、炭素税を含むカーボンプライシング（炭素の価格付け）の議論が再開されました。これを踏まえて、新たに炭素税の記述を追加しました。

　第2版では、2010年代に実施された税財政改革を総括する形で、新型コロナの感染拡大直前までの財政の制度や事情について記すこととしました。いわば、平時の財政の最新版を目指しました。新型コロナの感染拡大前で消費増税の影響がない最新年度である2018年度を目安とし、2019年度までの統計を盛り込みました。

　他方、新型コロナはまだ収束しておらず、その影響を見極められるほど完結していないため、冒頭で述べたような新型コロナにまつわる財政事情は、基本的に記していません（一部、執筆時点で確定的にいえる内容には言及しています）。これは、新型コロナの早期収束を願って、来たるべき第3版にて記すこととします。

　本書の第2版への改訂に際しては、日本評論社の吉田素規氏には大変お世話になりました。本書の内容には、新型コロナの影響を受けて初めて全面オンライン講義となった慶應義塾大学経済学部での講義や受講生との質疑応答も活かされています。この場を借りてお礼を申し上げます。

　2021年3月　コロナ禍で閑散とする東京・三田山上にて

土居丈朗

入門｜財政学

目　次

1 財政の機能と仕組み

1 財政制度の概観

　政府は、国民から税金を取って行政サービスを提供するために支出をしています。**財政**とは、政府の経済活動に関する様々な現象を、資金の出入りという観点から捉えたものです。本書で、これから財政学を詳しく学ぶにあたり、まずはこうした政府の経済活動が、具体的にどのようなものかをみてみましょう。

　この節では、本書の構成を紹介しながら、わが国の財政について概観します。図1-1は、現行の財政制度の概略について示したものです。わが国の財政は、主立って国と地方公共団体が担っています。わが国の国民は、国や地方公共団体に対して、行政サービスの経費をまかなうのに必要な税金を納めています。たとえば、国に対して、個人が所得を稼げば所得税を、物を買えば消費税を、企業が利益を上げれば法人税を納めています。地方公共団体に対しては、個人や企業が所得や利益を稼げば住民税を、土地や家屋を自ら持っていればそれらが属する地方公共団体に固定資産税を払っています。こ

図1-1　わが国の財政制度（概略）

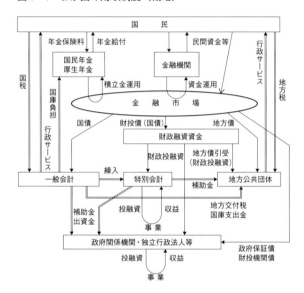

うした税金の種類については第5章で説明します。税金の取り方によっては、人々の働く意欲や消費意欲に影響を与えます。税金の取り方による経済活動への影響は、経済学的に分析することで理解が深まります。こうした税金の経済効果については、第6章で説明します。

　国は、税金を受け取って国の政策に関わる経費を中心的に扱う一般会計と、国の特定の事業のために一般会計とは区別した特別会計や政府関係機関や独立行政法人等を設けて、行政サービスを提供しています。一般会計は国を代表する会計で、しばしば報道でも注目されています。国の会計の仕組みについては、第3章で説明します。

　また、国の財政運営をさらに詳しく説明するため、国の一般会計が扱う政策的経費については、第4章で説明します。中でも、一般会計で多く支出されている社会保障費と公共事業費に焦点を当てます。社会保障では、国民が病気をしたり、老化が元で介添えが必要になったり、老後の生活費を経済的に支える必要が出たりするときに、サポートする仕組みがあります。医療、介護、年金など、わが国の社会保障制度の基幹となる仕組みを説明するとと

もに、今後の課題についても触れます。さらに、一般会計では、国民生活や産業活動を支える道路や港湾などのインフラストラクチャー（社会資本）を整備したり補修したりするために、公共事業費を支出しています。公共事業費の内容や公共事業がもたらす経済効果についてより詳しく説明します。

　特別会計や独立行政法人などは、税金だけでなく、金融市場を経てお金を借りることによって事業を行うこともあります。国の信用力を背景に、特別会計や独立行政法人が行う事業のためにお金を借りる仕組みは、財政投融資と呼ばれます。財政投融資については、第7章で説明します。

　地方公共団体も、住民からの税金や国からの補助金などを受け取って、行政サービスを提供しています。地方公共団体の財政は、第9章で説明します。

　国や地方公共団体は、税金だけで行政に必要なお金をまかなえない場合には、お金を借りる（公債を発行する）場合があります。こうした公債にまつわる仕組みや経済効果については、第8章で説明します。そして、こうした財政の状況を正しく把握し、国民にわかりやすく説明するための仕組み（公会計）については、第10章で説明します。

　第11章では、財政政策の経済効果について、マクロ経済学の理論も用いながら説明します。景気が悪くなると、政府支出を増やしたり減税したりすると効果があるという主張がありますが、それにはどのような背景があるかを明らかにします。

　最後に、第12章では、わが国の財政の将来について言及します。わが国の財政は、バブル崩壊後の1990年代以降、景気を刺激することを狙って政府支出を増やすために公債を大量に増発したことから、借金の残高（公債残高）がかつてないほどの規模に累増しました。今後、高齢化に伴い社会保障費が今まで以上に増加することが見込まれており、その財源をきちんと工面できないと、さらに公債残高が累増し、財政運営に支障をきたす恐れがあります。このことから、これ以上公債残高が累増するのを抑えるため、財政健全化に向けてどのような収組みが必要かを議論します。

　財政収支を改善するには、政府支出（歳出）を削るか、税収を増やすかしかありません。したがって、歳出削減のあり方や税収確保のあり方が問われ

ます。特に、税収については、取れるところから取ればよいものではありません。経済活動との兼ね合いを見計らい、どのような税制にすればよいか、今の税制で改めるべきところを改めるための税制改革のあり方にも焦点を当てます。

さらに、国民のニーズが住む地域によって多様化している今日、国が全国で画一的に行政サービスしては、同じお金があっても有効に活用できません。そのため、各地でそれぞれのニーズにいかに的確に応えた財政運営ができるかが問われます。国が持つ行財政の権限を地方公共団体に委譲することを狙いとした地方分権のあり方も、わが国の財政の将来にとって重要な検討課題です。

2 財政の機能

この節では、今日の資本主義経済において、財政が果たすべき役割として指摘されている次の3つの機能について説明します。

その3つの機能とは、**資源配分機能、所得再分配機能、経済安定機能**です。

2.1 資源配分機能

資源配分とは、労働、資本、土地など、限りある経済資源を各経済主体（家計、企業、政府など）に振り分けることです。通常は、民間の経済主体が市場を通じた自発的な経済活動によって、必要なところに十分な経済資源が行き渡るように調整されます。その需要と供給の数量や価格が調整される場を、市場といいます。

しかし、中には、民間の経済主体だけで自発的な市場取引を行った結果として資源配分が必ずしもうまくいかない状況があります。こうした状況を、**市場の失敗**といいます。市場の失敗が起きる場合、政府が公権力を行使して、私有財産権を超越して強制的に税金などの形で財源を徴収して、行政サービスを提供する形で経済資源をよりよく配分することが求められます。こうした機能を、政府による資源配分機能と呼びます。

ここでは、資源配分の良し悪しは、提唱者の名を冠してパレート最適という経済学の考え方を用いて評価します。**パレート最適**とは、他の人の**効用**（満足度）を下げることなしには、ある人の効用をもはや上げることができない状態を意味します。

　もしある人が持つ経済資源を他の人に（対価を受けて）譲った場合に、経済資源を譲った人の効用を下げることなく譲ってもらった人の効用が上がるならば、それは経済全体でみて譲渡前よりも譲渡後のほうが経済資源のある所として望ましいといえます。譲渡前の状態は資源配分を改善できる余地があることから、誰かの効用を下げることなく他の人の効用を上げることができる状態を**パレート改善**と呼びます。

　ところが、他の人の効用を下げることなしには、ある人の効用をもはや上げることができない状態は、もはやこれ以上改善の余地がないという意味で最も望ましい状態といえるので、この状態をパレート最適と呼びます。

　市場の失敗とは、民間の経済主体による市場取引の結果、資源配分がパレート最適ではない状態となることを意味します。パレート最適ではない状態を、**パレート劣位**ともいいます。

　パレート改善とは、資源配分をパレート劣位な状態からパレート最適に近い状態に変えることであるともいえます。政府による資源配分機能とは、パレート改善するように政策を講じて、市場の失敗を是正することを意図しています。

　また、パレート最適をパレート効率性ともいうことから、経済学で**効率性**というときは、パレート最適であることを意味します。本書で効率的というときには、（日本語で効率的と一般でいう意味よりも狭く）パレート最適であることを念頭に置いて用います。

公共財の性質

　財政（政府）が果たす資源配分機能の具体例として、公共財の供給が挙げられます。**公共財**（public goods）とは、**非排除性**と**非競合性**を持つ財・サービスです。非排除性（排除不可能性）とは、財やサービスの対価を支払わなかった人でもその財・サービスの消費ができる性質です。非競合性とは、

表1-1　公共財と私的財

	非排除的	排除的
非競合的	純粋公共財	準公共財
競合的	準公共財	私的財

ある人が財やサービスを消費したとしても、他の人々のまったく同じ財やサービスの消費を減らすことはない性質です。この性質から、非競合性は等量消費性ともいいます。

　公共財の中でも、非排除性または非競合性の度合いが弱い財を**準公共財**と呼びます。具体例としては、有料道路があります。有料道路は、料金を支払わない人は利用できないから、排除的だが非競合的な財といえます。これに対して、非排除的かつ非競合的な財を、厳密には**純粋公共財**と呼びます。他方、対価を払わない人は消費できない排除性と、ある人が消費すると他の人々の消費量が減ったりまったく消費できなかったりする競合性をあわせ持つ財を私的財と呼びます。公共財と私的財の特徴をまとめると表1-1のようになります。

　純粋公共財として代表的なものは、警察（防犯）、消防、国防、公園などがあります。政府が供給するから公共財、民間の経済主体が供給するから私的財と称するわけではない点に注意が必要です。公共財は、民間の経済主体も供給できます。

　より具体的な純粋公共財の例として、警備員の防犯サービスをみてみましょう。あるマンションで、1階の人が防犯のためお金を払って警備員を雇ったとします。しかし、費用を支払わない他の階の人もこの防犯の便益を受けます。これが非排除性です。1階の人がこの防犯サービスを消費しても、他の階の人も同じ防犯サービスを同じだけ消費できます（防犯サービスの消費が減少しない）。これが非競合性です。

　先に挙げた、国や地方公共団体の行政サービスの中でも、公共財に近い性質を持つものと、私的財に近い性質を持つものとがあります。もちろん、準公共財に該当する行政サービスもあります。前述のように、警察、消防、国防などは公共財に近い性質を持ち、民間企業や生産者のための支出は、私的財に近い性質を持ちます。

私的財は、民間の経済主体の自発的な市場取引でパレート最適な資源配分が実現する（市場の失敗が起きない）ことが、経済学の理論で示されています。この状況では、政府が私的財の市場取引に介入する必要はありません。ただし、供給や需要で独占が起きたり、**情報の非対称性**（買い手と売り手で持つ情報に差がある状態）があったりすると、市場の失敗が起きることが、経済学の理論で示されています。

　公共財は非排除性を持っているがゆえに、市場の失敗が生じえます。その現象の１つとして、**フリーライダー問題**があります。

　フリーライダーとは、故意に対価を支払わずに公共財を消費しようとする人のことです。公共財は非排除性を持っているから、対価を支払わない人でも公共財を消費できます。だから、故意に対価を支払わずに公共財を消費しようとする人を阻止できません。これが、フリーライダー問題です。フリーライダー問題が生じるため、公共財は市場メカニズムで供給すると市場の失敗を起こすのです。

　公共財は、市場の失敗が生じるので、民間の経済主体だけでは必ずしも適切に供給できない可能性があります。そこで、公共財（の性質を持つ行政サービス）を政府がいかに適切に供給するかが重要になってくるのです。

公共財の最適供給

　では、公共財は、どれぐらい供給するのが望ましいでしょうか。パレート最適の概念を用いて考えます。それは、公共財を供給する際の費用と、供給されて人々が受ける便益（効用）の大きさで決まってきます。いま、ある経済で２人の家計ＡとＢが、純粋公共財を消費して便益を得るとします（家計の数は２人以上でも、以下の結論は同様に成り立ちます）。家計Ａが純粋公共財を消費して得る便益を、限界便益（純粋公共財の消費を追加的に１単位増やしたときの便益の増加分）としてみると、図１−２の曲線 MB^A のように表されるとします。ここでは、純粋公共財の限界便益は逓減する（公共財消費量が増えるにつれて限界便益が低下する）と仮定します。同様に、家計Ｂの純粋公共財の限界便益は、図１−２の曲線 MB^B と表されるとします。他方、純粋公共財を供給する主体（政府でもよいが必ずしも政府でなくてよ

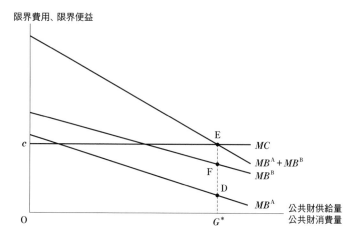

図1-2 公共財の最適供給条件

い）が、純粋公共財を供給するのに、限界費用（純粋公共財の供給を追加的に1単位増やしたときの費用の増加分）が、図1-2の曲線 MC で表されるとします。ここでは、純粋公共財の限界費用は一定（c）と仮定します。

このとき、純粋公共財の供給がパレート最適となるのは、

$$MB^A + MB^B = MC \tag{1}$$

が成り立つ供給量 G^* です。この公共財の最適供給条件（限界便益の和＝限界費用）を、提唱者の名を冠して**サミュエルソンの公式**とも呼びます。

なぜ G^* が、パレート最適かを考察します。純粋公共財供給量が G^* のとき、家計 A の限界便益の大きさは DG^*、家計 B の限界効用の大きさは FG^*（$= DE$）です。純粋公共財は非競合性があるので、家計 A が便益を受けても、同じ純粋公共財から家計 B も妨げられることなく便益を受けることができます。したがって、この純粋公共財からこの経済全体で受けた限界便益は、2人の家計が受けた限界便益の合計 EG^* です。図1-2では、2人の家計の限界便益の合計（縦軸方向に MB^A の大きさと MB^B の大きさを足す）が、曲線 $MB^A + MB^B$ として表されています。これに対して、限界費用は c で、ちょうど EG^* と同じ大きさです。家計が何らかの形でこの限界費用分の負担を分かち合えば、それと同じだけの限界便益の合計が経済全体で得ら

れるというメリットがあります。

　もし、G^* よりも公共財供給量を増やしたらどうでしょうか。家計 A も家計 B も限界便益は低くなり、限界便益の合計は EG^* より小さくなります。他方、公共財の限界費用は c で一定で、限界便益の合計よりも大きいので、限界費用分の負担を 2 人の家計で分かち合っても、それに見合うほどの限界便益が合計として得られないので、2 人の家計のどちらかないしは両方が、便益より費用が上回る分（純便益）だけ損をすることになります。

　もし、G^* よりも公共財供給量を減らしたらどうでしょうか。家計 A も家計 B も限界便益は高くなり、限界便益の合計は EG^* より大きくなります。他方、公共財の限界費用は c で一定で、限界便益の合計よりも小さいので、限界費用分の負担を 2 人の家計で分かち合えば、限界便益の合計はそれよりも上回る大きさで得られることになります。つまり、公共財供給量を減らさないほうがよかったということになります。

　このように、公共財供給量は G^* よりも減らしても増やしてもパレート最適にはならないことから、G^* がパレート最適の状態になるといえます。

　公共財の最適供給条件を、実社会で応用した例として、**費用便益分析**があります。(1)式のように、公共財の限界便益の合計と公共財の限界費用が等しくなるように公共財を供給すれば、パレート最適が実現します。ある公共財の供給にかかる費用と、供給して得られる便益をしかるべき方法で推計し、（限界）便益の合計が（限界）費用を上回ればその公共財の供給量を増やすのが望ましい、費用が便益（の合計）を上回れば供給量を減らす（やめる）のが望ましいと判断して、望ましい公共財供給量を推計する方法が、費用便益分析です。

外部性

　外部性（externality）とは、ある経済主体から別の経済主体へ市場取引を通じないで便益や損害を及ぼす現象です。外部とは、市場の外という意味をもちます。市場を通さずに便益を与える現象を**外部経済**（external economy）と呼び、市場を通さずに損害を与える現象を**外部不経済**（external diseconomy）あるいは負の外部性と呼びます。

外部性のある財やサービスは、定義より、市場取引を通さずに便益や損害が及ぶため、便益や損害に相当する価値が市場での価格に反映できず、市場の失敗が生じます。

　外部経済の例としては、借景（近隣の景観から得る便益）や産業集積（複数の企業が近隣に集まることで生産性が高まる効果）が挙げられます。他方、外部不経済の例としては、大気汚染や水質汚濁などの公害、地球温暖化に伴う地球環境悪化が挙げられます。

　こうした外部性による市場の失敗は、政府が適切に介入することで是正できます。たとえば、公害や地球環境悪化に対しては、汚染物質や温室効果ガスの排出を抑制させるために排出量に比例して税金をかけることが考えられます。温室効果ガスの排出に対しては、**環境税**を課税する国があります。特に、環境税のうち、化石燃料の炭素含有量に比例して課す**炭素税**が導入されています。このような課税によって、排出者は、市場取引では認識できない外部不経済を、税負担の形で認識し、排出量を抑制しようとします。政策によって、外部性の効果を経済主体に認識させて市場の失敗を是正することを、**内部化**と呼びます。

　外部性を内部化する手段には、課税だけでなく、補助金もあります。外部経済がある財の供給を増やすために、政府がその供給者に補助金を支出することが考えられます。

価値財

　市場経済において、家計は自らの効用を最大化するように消費を行います。家計が何をどれだけ買うかは、家計の選好（好み）に従って自由に選択すべきものとする考え方を、**消費者主権**と呼びます。経済学では、消費者主権を重んじることが基本です。

　しかし、消費者主権ばかりを重んじると自らの選好に偏ってしまい、健康を害したり、生活に必要な知識が身につかなかったりすることがありえます。そこで、必ずしも家計は好まないが、社会的にみて家計が適切に消費することが望ましいと考えられる財・サービスを、**価値財**（merit goods）と呼びます。

価値財は、家計が自発的に消費しない場合には、政府が強制も含めて家計に供給することが、社会全体でみて望ましいことになります。価値財の例としては、義務教育、健康診断、（強制加入の）公的年金が挙げられます。また、麻薬の禁止なども、財の供給を抑える意味でこれに含まれます。

　しかし、どのような価値基準で、政府が価値財をどれだけ供給するのが望ましいかは、状況によって異なるため、価値財を過度に供給すると、消費者主権を大きく侵害することになります。

2.2　所得再分配機能

　所得の再分配とは、個人間の所得格差を（所得分配が公平になるように）調整することです。所得格差が大きい経済で、政府が、所得が多い人ほど多くの税金をとり、所得の少ない人ほど多くの補助金（社会保障給付）を出すと、再分配後の所得格差は小さくなります。

　財政（政府）が果たす所得再分配機能の具体例としては、累進課税制度、社会保障制度（公的年金、医療保険など）、義務教育や低家賃住宅などへの政府支出、が挙げられます。累進課税とは、租税負担能力を多く持つ人（たとえば、高所得者）に対して相対的により高い税率を課す課税方法です。たとえば、累進所得税の場合、高所得者のほうが直面する税率は高く、低所得者のほうが直面する税率が低くなります。

2.3　経済安定機能

　経済の安定化とは、政策によって景気（好況・不況の波）を安定させることです。財政政策（政府）による経済安定化機能の具体例としては、次のものが挙げられます。

裁量的財政政策

　好況期に景気の過熱を抑え、不況期に景気の回復を促すよう裁量的に講じる財政政策を、**裁量的財政政策**（フィスカル・ポリシー）と呼びます。たとえば、不況期の公共投資政策や減税、好況期の増税などがあります。特に、マクロ経済学におけるケインズ経済学はこの政策を支持しています。ケイン

ズ経済学に基づくと、不況期には経済全体での需要（総需要）が不足するため、減税して家計の消費や企業の設備投資を刺激したり、公共投資を増やしたりすることで需要不足を解消する**総需要管理政策**を実施することが望ましいとされています。この政策は、ケインズ経済学に依拠していることから、ケインズ政策とも呼ばれます。詳しくは、第11章で説明します。

ビルト・イン・スタビライザー

　財政制度の中に経済変動を安定化する機能が組み込まれていて、自動的に安定的になるものがあります。たとえば、累進課税や失業保険です。**ビルト・イン・スタビライザー**（built-in-stabilizer：財政の自動安定化機能）とは、裁量的な財政政策を行わなくても、既にある財政制度が働いて自動的に景気変動（好景気・不景気の波）を安定化させる機能のことです。景気変動を安定化させるとは、好景気のときには景気の過熱を抑え、不景気のときには経済活動を刺激することです。

　たとえば、累進所得税制と失業保険制度がある経済を考えてみましょう。好景気のとき、家計の所得が大きく増加します。しかし、累進所得税制が働いて、所得の伸びほどには可処分所得（＝課税前所得－租税）は伸びず、その分だけ民間消費は増加しません。こうして景気の過熱を抑えることとなります。他方、不景気のとき、所得の伸びが小さく、失業者が多くなります。所得を失った失業者には、失業保険制度によって失業保険が給付されると、失業者でもある程度の所得が確保されることになり、その分だけ民間消費を増やすことができます。こうして経済活動を刺激して景気を押し上げるのです。

　社会保障制度が充実している欧州諸国では、財政政策の運営は、裁量的財政政策よりも、ビルト・イン・スタビライザーを重視する傾向があります。つまり、不景気になっても、裁量的財政政策で景気を刺激せずとも、失業保険をはじめとする社会保障制度の給付によって可処分所得が維持されるなど、ビルト・イン・スタビライザーの作用で景気の悪化を防ぐと認識されています。

　ビルト・イン・スタビライザーは、財政制度が自動的に景気変動を安定化

する点で望ましいですが、欠点もあります。それは、景気変動の安定化機能が働きすぎるために生じるものです。ビルト・イン・スタビライザーの強化が経済成長（ないしは景気回復）を抑えることを、**フィスカル・ドラッグ**といいます。

　たとえば、累進所得税制は、景気が回復しそうなときにも消費の減少を促し、景気回復を遅らせてしまう可能性があります。失業保険制度は、働かなくても保険が支給されるために労働意欲を失わせるから、景気が回復しそうなときに企業が生産を増やすために人を雇いたいと思っても労働供給が抑えられてしまい、景気回復を抑えてしまう可能性があります。

3　経済全体に占める財政の規模

3.1　日本経済における財政

　こうした政府の経済活動がわが国経済の中でどれほどの大きさであるかをみてみましょう。

　経済活動の大きさを示す指標として、**国内総生産**（GDP）があります。GDP は、日本国内で 1 年間に生み出される付加価値の合計です。その国内総生産を支出面からみると、政府が営む経済取引によって生み出された付加価値が含まれています。その金額は、内閣府『国民経済計算年報』にて公表されます。当然ながら、好況期には GDP は増え、不況期には GDP が減ります。また、本章 2 節でも述べたような財政政策が好不況期に講じられると、政府支出の規模も変化します。

　目安として、新型コロナウイルスの感染拡大前で消費増税の影響がない最新年度である2018年度において、GDP は名目ベースで約557兆円でした（本書では2015年基準の金額を掲載。以下同様）。そのうち、政府が支出することによって生み出された付加価値（公的需要と呼びます）は、約137兆円、日本の GDP 全体に占める割合は約25％になります。

　公的需要の内容をより詳細に見ると、政府部門が政府最終消費支出の形で貢献した額は約109兆円（GDP 全体の約20％）、公的固定資本形成と公的在庫変動の形で貢献した額は約28兆円（GDP 全体の約 5 ％）でした。要する

に、公的需要は、政府最終消費支出と公的固定資本形成と公的在庫変動の合計を指します。

政府最終消費支出とは、人件費や事務費のように、民間からモノやサービスを購入してそのまま使いきってしまう支出で、教育、警察、保健衛生など様々な政府活動に対応しています。また、公的固定資本形成と公的在庫変動は、政府が所有する有形資産を作り出す支出で、**社会資本**（インフラストラクチャー、公共資本とも呼ばれます）を整備するために政府が直接行う公共事業や、一部の独立行政法人等のように政府が所有し運営する企業が行う設備投資や在庫投資などがこれに含まれます。

ただし、これらには、補助金や社会保障給付などのように、単に資金が政府を通り抜けるだけの支出（移転支出とも呼びます）は含まれません。なぜなら、移転支出は、支出するだけでは付加価値を生み出さない経済活動なので、GDP の増加には貢献しないからです。

3.2 財政の担い手

わが国の財政は、主に国や地方公共団体が担っています。世界各国では様々な財政制度があって、様々な財政政策が行われていることを踏まえて、国民経済計算の世界共通の作成基準（国民経済計算体系（SNA）といいます）では、これらの経済取引をできるだけ統一的に扱えるように集計する基準を定めています。そのため、各国で制度などの差異があっても、SNA で測った経済取引は、そうした差異が修正されているので国際比較が可能となります。たとえば、先進国については、国際機関である経済協力開発機構（OECD）が各国の国民経済計算を取りまとめて公表しています。GDP も、これに従って推計されています。

SNA では、国を**中央政府**、地方公共団体を**地方政府**と称し、さらに国と地方公共団体の中にある社会保障を担う部局・会計だけを別にして、**社会保障基金**（社会保障の保険料を受け取り、給付を支払い、年金の積立金などを扱う機関）という部門を設けて、経済取引を集計しています。中央政府、地方政府、社会保障基金を合わせて、**一般政府**と呼びます。さらに、国や地方公共団体には、特殊法人、独立行政法人や地方公営企業など、国や地方公共

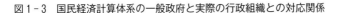

図1-3 国民経済計算体系の一般政府と実際の行政組織との対応関係

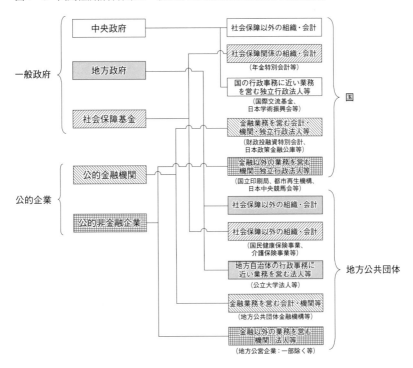

団体が運営する企業体があります。SNA では、これらを公的企業と呼びます。公的企業は、金融業務を営む公的金融機関（政策金融機関や財政投融資（第7章で詳述）など）と金融以外の業務を営む公的非金融企業があります。公的企業は、一般政府には含まれません。これらの関係をまとめると、図1-3のようになります。

　わが国の公共部門（一般政府と公的企業）で、たとえば2018年度における政府最終消費支出と公的固定資本形成と公的在庫変動の合計は、前述のように約137兆円です。そのうち、中央政府が約22兆円、地方政府が約60兆円、社会保障基金が約47兆円、公的企業が約8兆円となっています。わが国の公共部門の中で、生み出した付加価値が最も多いのは地方政府です。わが国では、中央省庁の影響力が強く中央集権的だといわれますが、経済活動の規模でみると、実は地方政府のほうが大きいことがわかります。

図1-4　一般政府部門別受け払い（2018年度）

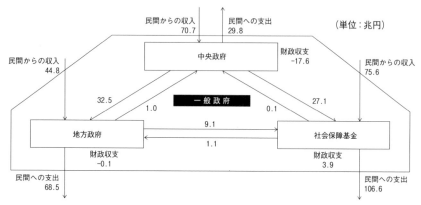

注：特殊要因による収支変動の影響を除去している。丸めの誤差あり。
資料：内閣府経済社会総合研究所『国民経済計算年報』。
出典：土居丈朗「中央政府・地方政府の資金の流れ」『フィナンシャル・レビュー』第86号をアップデート。

　政府の経済活動は、国内総生産に貢献する付加価値を生み出す取引だけでなく、財政移転（社会保障の現金給付など直接的に付加価値を生み出すものではない資金の流出入）もあります。その中には、国から地方公共団体への補助金の分配など、一般政府の3部門間での資金のやり取りもあります。その様子を示したのが、図1-4です。

　一般政府の受け取りは国民からの税金や社会保障の保険料などで、支払いは、公務員人件費や公共投資だけでなく、国民への補助金や社会保障の給付が含まれます。政府の受け取りから支払いを引いた収支尻を、**純貸出／純借入**といいます（かつては、貯蓄投資差額と呼びました）。一般政府の純貸出／純借入は、一般的にはSNAでの財政収支とみなされており、図1-4では財政収支と記しています。

　図1-4を総合すると、2018年度において、中央政府は全取引で、約71.9兆円受け取り、約89.4兆円（うち、地方政府へは約32.5兆円、社会保障基金へは約27.1兆円）支払い、約17.6兆円の支払超過（マイナスの純貸出／純借入、つまり財政収支赤字）となっており、中央政府から地方政府への財政移転が多いということがわかります。地方政府は、約78.4兆円（うち、中央政府から約32.5兆円）受け取り、約78.5兆円（うち、社会保障基金へは約9.1

兆円）支払い、約0.1兆円の支払超過（つまり財政収支赤字）となっています。地方政府の受け取りは、その約4割が中央政府からのものとなっています。社会保障基金は、合計で約111.7兆円を受け取り、約107.8兆円を支払い、約3.9兆円の受取超過（つまり財政収支黒字）となっています。この支払いの大半は、国民への社会保障給付です。

　一般政府全体では、一般政府内部の取引を相殺すると、政府収入は約191兆円（対 GDP 比約34.3%）、政府支出は約205兆円（対 GDP 比約36.8%）で、約14兆円（対 GDP 比約2.5%）の支払超過（財政収支赤字）となっています。この支払超過は、家計や企業や金融機関などからお金を借りて、前年度に比べて政府債務残高が増えている状態を意味します。

2 財政の現状と課題

1 わが国のこれまでの財政運営

　この節では、今日のわが国の財政制度を形づくったこれまでの経緯について説明します。今日の財政制度は、基本的に日本国憲法の下で、戦後のわが国の経済発展に沿って変わってきました。そして、バブル崩壊後の経済社会構造の変化を受けて、今なお改革が進められています。そうした変遷を時代に分けて説明します。

1.1　経済復興期の財政

　わが国の戦後は、経済復興から始まりました。しかし、当時は戦時中に戦費調達のため国債を日銀引受け（第3章 COLUMN 3.2で詳述）の形で大量発行したことと物資不足によって激しいインフレーションが進行し、経済は混乱しました。その中で、財政制度の再生と経済復興のための財政政策が求められました。

　1946年に日本国憲法が公布され、地方自治が明記され、戦前の中央集権的

な制度からより分権的な制度に改められました。そして、今日に至るまでわが国の財政に関する基本法となる**財政法**が、1947年に制定されました。財政法では、財政運営上の基本原則や、予算・決算に関する制度を規定しています。**国債の日銀引受け**の原則禁止も盛り込まれました。

　終戦直後のインフレはなかなか収まらなかったため、1949年にGHQ（連合国軍最高司令官総司令本部）は、ドッジ公使を招いて、歳出を抑制して財政赤字を減らすべく超均衡財政（黒字財政）の採用、補助金の大幅整理、公務員の大幅削減、1ドル＝360円の単一固定為替レートの設定など、一連の政策（ドッジ・ライン）を指導しました。これにより、インフレは急速に終息しました。さらに、同年、GHQの要請を受けたコロンビア大学のシャウプ教授を中心に、日本における長期的・安定的な税制と税務行政の確立を図るために調査を行い、**シャウプ税制改革勧告**が取りまとめられました。シャウプ勧告に基づき、1951年に税制改革が実施されました（第5章で詳述）。こうした一連の行財政改革により、わが国財政の基礎が築かれました。

　ドッジ・ラインによってインフレは終息したものの景気が大きく後退しました。しかし、1950年に朝鮮戦争が勃発し、日本において米軍の軍需が急増し生産が回復し始め、景気が拡大しました。この「特需景気」は高度成長の端緒となりました。

　吉田茂内閣の下で、1952年にサンフランシスコ講和条約が発効して連合軍の占領が終わり、戦後財政は一つの転機を迎えました。1953年度からは財政投融資計画（第7章で詳述）の策定が、1954年度からは地方交付税交付金制度（第9章で詳述）が始まり、国によって財政資金を計画的に配分する制度が整えられました。

1.2　高度成長前期の財政運営

　日本経済の成長路線は、1955年に景気拡大が本格化し、「神武景気」を皮切りに高度成長の時代へと突入しました。高度成長前期の景気循環は、固定為替相場下で国際収支・外貨準備に制約されたものでした。景気拡大期には、国内での生産を拡大すべく原材料や製造機械を中心に輸入が増加し経常収支が赤字となり、その支払のために外貨（主に米ドル）が流出しました。

固定為替レートを維持するには、円と交換する外貨の準備が十分になければなりませんが、当時の日本の外貨準備はまだ少なかったため、さらなる流出を防ぐ目的で金融引締政策（政策金利である公定歩合の引上げ）を採ることで、企業の設備投資を減退させて輸入を減少させ経常収支赤字を縮小させて、外貨準備を調整しました。これにより景気が後退すると、金融緩和政策（公定歩合の引下げ）に転じ景気拡大を促しました。こうした国際収支を調整するための金融政策をストップ・アンド・ゴー政策と呼びます。この時期の景気安定政策としては、主に金融政策が用いられ、財政政策は積極的に用いられませんでした。1960年代までの財政金融政策と景気の関係は、財政政策よりも金融政策のほうが経済成長率の動向との相関が強くあります。この時期は、金融引締政策を採り始めた後に景気が後退し始め、金融緩和政策を採り始めた後に景気が回復し始める関係を示しています。

1960年に池田勇人内閣は「国民所得倍増計画」を策定し、1960年代の経済政策を方向付けました。この計画は、実質国民総生産（GNP）を10年以内に2倍にすることを目標とし、日本経済が持つ潜在的な高い成長力を活かし経済を安定的に誘導する上で、財政規模の適正化と健全性の保持、国民負担の軽減、政府支出の効率化と重点化を図るものでした。

1961年には、全国民が公的年金に原則加入する**国民皆年金**、全国民が公的医療保険に原則加入する**国民皆保険**が確立しました。それまで公的保険に加入できなかった国民には、国民年金や国民健康保険を設けて強制加入するとともに、税財源も給付の原資としました。

この時期の国の財政は、高度成長に支えられ租税の**自然増収**（税率を上げなくても経済活動の拡大により税収が増加すること）が生じ、歳出を増やしても**均衡財政主義**（国債の不発行）を保ちました。高度成長によってもたらされた所得の増加と物価の上昇は、税率を上げずとも税収が増えるという租税の自然増収を生みました。自然増収を財源として、政府支出を増額したり、「物価調整減税」と称して物価上昇に伴って税負担の金額が増える影響を和らげる減税を行ったりするなどして、年度内に調整するべく補正予算（第3章で解説）を組みました。政府支出の増額や減税はさらに経済成長を刺激し、さらなる自然増収を生み出し、これが決算段階において一般会計で

剰余金が生じるのが好況期における財政状況でした。また、高度成長を促す観点から、企業の設備投資を税制面で特例的に優遇する租税特別措置（第5章で詳述）が多く設けられ、財政投融資が立ち遅れた社会資本建設のための資金や増大する産業資金を供給したのも、この時期でした。

1.3 高度成長後期の財政運営

　1960年代後半の政権を担った佐藤栄作内閣は、池田内閣での成長指向の路線から安定指向の路線へと方向転換し、高度成長の歪みの是正を重点目標として物価安定、低生産性部門の近代化を図る「中期経済計画」を策定しました。その転機となったのが「昭和40年不況」です。1963年頃からの国際収支の悪化に伴う金融引締政策に端を発し、1964年の東京オリンピックの後、1965年に景気後退が鮮明となって、税収は落ち込み歳入不足から1965年度補正予算で戦後初めて国債を発行することとなりました。翌年度以降にも建設国債発行を伴った政府支出による景気刺激策（総需要管理政策）を採りました。これ以降、均衡財政主義から離れ、裁量的な財政政策が景気調整に用いられるようになりました。この政策は、1970年までの長期にわたる「いざなぎ景気」の契機を与えました。積極的な財政政策を支えた国債発行は公債依存度（歳出総額に占める国債発行額の割合、第3章で詳述）を上昇させました。これを受けて、1967年度には国債の償還のための積立金を設ける減債制度（第8章で詳述）を確立し、1968年度からは「財政硬直化打開キャンペーン」を打ち出して、「いざなぎ景気」に伴って増加した租税の自然増収を用いて公債依存度を抑制するなど、本格的な国債発行への対策も講じられました。

　1960年代後半に入ると輸出産業が競争力を付け、経常収支黒字が定着するようになりました。他方アメリカは経常収支赤字の拡大に伴って、金の準備が不足して、ブレトン・ウッズ体制の金＝ドル本位制を維持できなくなり、1971年8月に金とドルの兌換を停止しました。これはニクソン・ショックと呼ばれ、その年末のスミソニアン協定で決定された1ドル＝308円への円切上げとも相まって、日本の輸出産業に打撃を与え、景気が後退しました。このため、政府は1971年度補正予算に公共事業の追加や減税を盛り込み、1972

年度にも積極的な予算編成を行い、総需要管理政策により景気回復を図りました。

1972年、田中角栄内閣は「日本列島改造」をかかげてさらに積極的な財政政策を展開しました。「列島改造」（交通網などを全国的に整備して、過疎と過密の同時解消をはかる）を促進するため、1973年度予算では公共投資を増やし、欧米並みの社会保障制度の確立を目指して「福祉元年」と称して、年金水準を大幅に引き上げて物価スライド制を導入しました。1973年1月に老人医療費支給制度が創設され、老人医療費が「無料化」され、70歳以上の高齢者の患者負担を税金で肩代わりすることにしました。この時期に、積極的な財政政策にあわせて、金融緩和政策も採られました。しかし、金融緩和は過剰流動性（市中の通貨量が過剰になること）を生んで物価上昇圧力が生じ、後に1973年10月に起きた第1次石油ショックで火がつく「狂乱物価」の元凶となりました。この高率のインフレを抑えるべく、政府は公共投資の大幅な抑制を中心とした総需要抑制政策に転換し、緊縮的な財政政策を採りました。

1973年の第1次石油ショックにより日本経済は物価急騰と景気後退に見舞われ、1974年度には戦後初のマイナス成長を記録するに至りました。この不況に対して、三木武夫内閣は引き続き総需要抑制政策を採ったことにより、物価上昇は沈静化したものの税収が予想以上に減少したため、建設国債を発行してもなお財源が足らず、1975年度補正予算でついに**赤字国債**（特例公債）を発行することとなりました。

1.4　安定成長期の財政

本来、財政法に基づき、公共事業費等の財源として発行する建設国債しか国債発行は認められていません（第3章2節で詳述）。しかし、政策に必要な歳出に対して、税収と合わせて建設国債を発行してもなお財源が不足する事態に陥りました。そこで、1975年度からは**特例公債法**を毎年度制定・成立させて赤字国債を発行し、財源不足を補うことにしました。この時期の予算編成は、安定成長期に入り高度成長期ほどには自然増収が見込めないにも関わらず、高度成長期に用いられていた自然増収に依存した予算編成から脱却

できずにいました。そのため、税収が不足する分を国債発行でまかなった結果、国債の大量発行が常態化し国債残高が累増するようになりました。

1970年代後半の日本は、石油ショックの不況からいち早く脱却し経常収支黒字が増加していました。1978年のボン・サミット（先進国首脳会議）では、「機関車論」（経常黒字国が政府支出を増加させて世界経済の景気浮揚を牽引すべきという考え方）が支持され、欧米諸国から日本の政府支出増加の圧力がかかりました。福田赳夫内閣は、この前後の時期に公共事業関係費を当初予算において毎年度20％台の伸びで増やしましたが、景気は高度成長期のようには回復せず税収が伸びなかったため、歳出の財源を支えていたのが国債発行でした。このころ、公債依存度は10％を超え、1979年度当初予算では39.6％に達しました。この年大平正芳内閣は、歳入強化を狙い1980年度から付加価値税である「一般消費税」の導入を図りますが結局断念し、大量の国債残高を抱えた政府は、方向転換を迫られることとなりました。

1979年に起きた第2次石油ショックにより、わが国の財政状況がますます悪化する中、大平内閣は1980年度を「財政再建元年」として、1980年度予算編成に当たり1984年度に特例公債からの脱却という目標を明らかにしました。大平内閣の後を受けた鈴木善幸内閣は、臨時行政調査会の「行政改革に関する第1次答申（臨調緊急提言）」で掲げられた「増税なき財政再建」（諸制度を改革することで歳費削減を行い増税によらずに財政赤字を抑制する）を目指しました。これを受けて、行財政改革による一般会計歳出の徹底した節減合理化、特に一般歳出（いわば政策的経費のこと。定義は、第3章を参照）の圧縮が予算編成上最大の課題とされました。1982年度には、予算の概算要求基準（来年度予算を要求する際に、財務省から各省庁に各費目の要求上限等を示す予算編成方針）における**シーリング**（要求上限）を厳格化して、一般歳出の伸びをゼロに抑えるゼロ・シーリングを導入しました。1983年2月には、老人医療費無料化をやめて、高齢者に一定額の患者負担を求める老人保健制度に移行しました。老人医療費無料化によって、高齢者の受診が必要以上に増えて病院の待合室がサロン化したり、高齢者の割合の高い市町村の財政負担が重くなったりしたため、税金で肩代わりする形での医療費の無料化をやめることにしました。1983年度には財政非常事態宣言を行い、一般歳

出の前年度比伸び率を経常的支出についてはマイナス10％、投資的経費については マイナス５％にするマイナス・シーリング（要求上限を対前年度比で 減額すること）を導入して緊縮財政路線を進めました。しかし、第２次石油 ショックを契機とする世界経済の低迷などから歳入不足が生じ、公債発行額 は必ずしも減少せず、1984年度までに再建目標は達成できませんでした。

1984年度の予算編成において、1990年度に特例公債依存体質からの脱却と いう新たな再建目標を設定しました。このため、概算要求基準でシーリング の一層の厳格化が図られ、1987年度まで継続してマイナス・シーリングを設 定しました。また、シーリング方式と並んで、一般会計での支出を抑えるた めに、一般会計から特別会計や地方公共団体等への移転支出のうち繰り入れ るべきこととされながら、財政再建の目標年次である1990年度以降に支出を 先送りするという削減手段も採られました。これは、現在支出するべき経費 を将来に繰り延べている債務とも見なせ、いわゆる「隠れ借金」と呼ばれる ようになりました。これらにより、1983年度から1987年度までの５年間、当 初予算で一般歳出の前年度比伸び率はゼロに抑えられました。

さらに、中曽根康弘内閣は財政再建を積極的に進め、当時米英で風靡した 新保守主義による「小さな政府」志向に同調し、行財政改革の一環として三 公社（電電公社、専売公社、国鉄）の**民営化**を行い、医療、年金、補助金等 の制度改革により歳出の効率化を進めました。こうした一連の改革により、 1987年度には公債依存度も16.3％にまで低下しました。

財政再建の影響は、1980年代後半になって意外なところに影響が現れまし た。この時期、わが国のフローの財政赤字は減少しましたが、同時に経常黒 字が拡大して貿易摩擦が激化していました。特に、日米貿易摩擦は深刻でし た。日本の緊縮的な財政政策が、内需拡大を抑制して、輸出依存を助長し、 経常収支不均衡を拡大させたと海外から批判されました。そこで不均衡を是 正するべく、1985年のプラザ合意で為替レートをドル安円高に誘導する国際 協調政策が採られました。これにより日本経済は円高不況に見舞われまし た。この不況からの脱却と海外からの批判に応えるべく、1987年のベネチ ア・サミットで日本は内需拡大策を国際的に公約し、公共投資を増額し金融 緩和政策（公定歩合引下げ）を採りました。これも相まって1986年からの

「バブル景気」が始まりました。この景気拡大に伴って税収が増加したことも手伝って、1990年度当初予算では赤字国債発行ゼロの目標を達成しました。

　この好況の間、これまで放置されてきた税制の歪みを是正するべく、抜本的税制改革が行われました。中曽根内閣が実施した税制改革では、所得税について、税率を引き下げて累進構造を緩和し税率構造を簡素化するとともに、内需拡大策に合わせて貯蓄優遇をやめるべく、マル優制度（利子所得の非課税制度）を原則廃止し利子所得の源泉分離課税（一律20％）を導入しました。法人税は、他の先進国の水準に近づけるべく税率を引き下げました。竹下登内閣が実施した税制改革では先の税制改革を補強するとともに、1989年度に**消費税**を導入しました。今も存する消費税は、大平内閣における一般消費税、中曽根内閣における売上税の導入失敗を経て、シャウプ税制改革以来の直接税中心の税制に間接税として付加価値税を導入した点で画期的でした。しかし、導入反対の圧力を緩和するために妥協的な内容を含んでいたため、益税問題（消費者が支払った消費税を業者が納税せずに手元に残す問題）などの不備な点も多くありました。これらの一部は、非課税品目や簡易課税制度を中心として1991年度に改正されました。また、この時期、バブル景気に伴い地価の大幅な上昇が問題となり、1992年1月から国税として地価税が導入されました。

1.5　バブル崩壊後の財政

　1990年から株価が下がり始め、1991年2月から景気後退期に入り、バブル崩壊が始まりました。景気後退に伴い、税収が減少し始め、1992、1993年度には2年度連続して国の決算で**歳入欠陥**（歳出総額が歳入総額を上回り収入不足となること）が生じました。

　景気後退に対して政府は、1992年以降数次にわたり景気対策を講じました。国債を増発して政府支出を増やすことで、経済成長率が高まることを期待しました。この時期は民間需要が低迷する中で公的需要を増やしましたが、その効果は経済成長率が下がるのを食い止める程度にとどまりました。

　1993年に非自民連立政権である細川護熙内閣が誕生して以来、わが国の内

閣は単独政党による政権から連立政権の時代に移り変わりました。1993年に非自民連立政権が誕生して以来、与党の政権基盤は不安定化し、政権交代の可能性が高まりました。それと連動するかのように、財政赤字も拡大しました。国の一般会計における公債依存度は、1992年度決算で13.6％でしたが、これ以降急上昇して1993年度決算には21.6％、そして1995年度決算には28.0％に達しました。1994年度当初予算から、再び赤字国債が発行されました。1994年に、自民党が社会党などと連立して政権を奪還した村山富市内閣は、1994～1996年に所得税の特別減税を先行させて、1997年度から消費税率を５％に引き上げる（うち１％を地方消費税とする）決定をしました。消費税廃止を公約していた社会党が、消費税率引上げを容認したことは、政治的に大きな決断でした。この税制改正は減税先行に重点を置いたもので、増税を先送りするとともに、政府支出（特に公共投資）を増加させる景気対策も打ち出しました。このように1990年代中葉の財政運営は、景気を刺激させるべく公共投資の増加と減税を行い、その代わりに増税を先送りして、増加する国債を将来に償還するというものでした。

　この状況の下で、「財政危機宣言」が発せられて財政再建への転換が図られました。橋本龍太郎内閣は、財政構造改革に取り組み、1997年度当初予算において「財政構造改革元年」と称して一般歳出が大幅に削減され、1997年11月に財政健全化目標を明記した**財政構造改革法**（財政構造改革の推進に関する特別措置法）が成立する形で進められました。

　財政構造改革法では、目標として2003年度までに国と地方公共団体の財政赤字の対国内総生産（GDP）比を３％以下にすること、2003年度までに赤字国債の発行額をゼロにすること、2003年度の公債依存度を1997年度に比べて引き下げることを掲げ、歳出削減の具体的方策を一体的に打ち出しました。

　これに先立ち、1997年度に入り、所得税の特別減税の打切り、社会保険料の引上げと消費税率の引上げ（３％から５％）を行いました。その後、1997年夏にはタイやインドネシアや韓国を中心に起きたアジア通貨危機の影響で、わが国からアジア諸国への投融資や輸出が落ち込み、11月にはわが国で大手金融機関の経営破綻に端を発する金融危機が起き、深刻な景気後退に陥りました。財政構造改革で謳った財政健全化策は、この金融危機が主因とな

った景気後退に配慮せざるを得ない政治状況の中で、1998年の参議院選挙で与党が敗北し橋本内閣が退陣したことから、方向転換を余儀なくされました。

　小渕恵三内閣となり、1998年度補正予算から国債増発を伴う積極的な財政政策に転換し、1998年12月には財政構造改革法停止法が成立するに至りました。こうして、わが国の財政は、公債依存度が戦後最高水準に達しました。

1.6　小泉構造改革とその後

　2001年1月に森喜朗内閣は中央省庁再編を実行し、大蔵省は財務省と名を変えました。2001年4月に発足した小泉純一郎内閣は、こうした未曾有の規模に達した公債残高に直面する中、財政健全化路線に転換しました。消費税の増税は行いませんでしたが、歳出削減を積極的に進めるとともに、道路公団民営化を含む特殊法人改革、郵政民営化、政府系金融機関の統合を含む政策金融改革、地方分権を狙いとした国の地方の税財政改革である三位一体改革（第9章で詳述）を行いました。小泉内閣では、こうした改革を、経済財政諮問会議を中心に取りまとめ、実行しました。

　そして、2006年6月に閣議決定された「経済財政運営と構造改革に関する基本方針2006（略して基本方針2006）」では、**歳出・歳入一体改革**として、2011年度までに国と地方の基礎的財政収支（本章2.7項で後述）の黒字化を目指して、歳出削減と歳入の確保の目標を設定しました。表2-1で示された各費目の歳出削減を基本としましたが、要対応額と削減額合計との差額である2.2〜5.1兆円は、増税を含む抜本的な税制改革を行うこととしました。

　小泉内閣の後、第1次安倍晋三内閣、福田康夫内閣では、歳出の抑制と税収の増加により、基礎的財政収支の赤字は縮小しました。しかし、2007年の参議院選挙で、自民党と公明党の連立与党が敗北し、野党の民主党が参議院で過半数を占めることとなり、衆議院では与党が、参議院では野党が多数派となる「衆参ねじれ」状態となりました。これ以降、予算案は衆議院の優越があるために国会の議決を経て成立するものの、税法などの予算に関連した法案は衆参両院の議決がなければ成立しないため、財政運営は迷走し始めました。

表 2 - 1 　今後 5 年間の歳出改革の概要

	2006年度	2011年度 自然体	2011年度 改革後の姿	削減額	備　　考
社会保障	31.1兆円	39.9兆円	38.3兆円程度	▲1.6兆円程度	
人件費	30.1兆円	35.0兆円	32.4兆円程度	▲2.6兆円程度	
公共投資	18.8兆円	21.7兆円	16.1～17.8兆円程度	▲5.6～3.9兆円程度	公共事業関係費　▲3％～▲1％ 地方単独事業(投資的経費)▲3％～▲1％
その他分野	27.3兆円	31.6兆円	27.1～28.3兆円程度	▲4.5～▲3.3兆円程度	科学技術振興費+1.1%～経済成長の範囲内 ODA　▲4％～▲2％
合計	107.3兆円	128.2兆円	113.9～116.8兆円程度	▲14.3～▲11.4兆円程度	
	要対応額 ：16.5兆円程度				

注：上記金額は、特記なき場合国・地方合計（SNA ベース）。備考欄は、各経費の削減額に相当する国の一般
　　歳出の主な経費の伸び率（対前年度比名目年率）等及び地方単独事業（地方財政計画ベース）の名目で
　　の削減率を示す。
出典：経済財政諮問会議「経済財政運営と構造改革に関する基本方針2006」。

　その上、2007年夏以降アメリカのサブプライムローン（低所得者向け住宅
融資）問題に端を発した**世界金融危機**（日本ではリーマン・ショックとも呼
ばれる）を受けて、麻生太郎内閣は、景気対策として積極的な財政政策を講
じることにしました。ここに、小泉内閣以来の財政健全化路線は転換を余儀
なくされました。麻生内閣は、2008～2009年にかけて、4度にわたる経済対
策で、総事業費規模にして約132兆円もの景気刺激策を打ち出しました。こ
れによって、財政収支は大きく悪化し、「基本方針2006」で打ち出した財政
健全化目標も達成できなくなりました。

　2009年の衆議院総選挙で、民主党が圧勝し、民主党中心の連立政権により
政権交代が実現しました。鳩山由紀夫内閣では、これまでの自民党中心の政
権の旧弊を断って新政策の財源を捻出するために歳出の見直しを行うべく行
政刷新会議を新設して**事業仕分け**[1]を実施しました。2010年度予算案にはそ
の成果を盛り込みましたが、衆議院選挙時の公約を前倒しで実現したため政
府支出がかさみ、財政収支は改善しませんでした。

――――――――――――――――――
1 ）事業仕分けとは、政府が行う事業ごとに、事業を実施する部局の担当者が事業の内容
　や目的、成果などを説明し、国会議員や民間有識者などが評価者となり、国民に議論を
　公開しながら、税金がどう使われ、その効果がどの程度あるのかを検討し、事業の必要
　性などを判定するものです。

翌年、鳩山内閣を引き継いだ菅直人内閣では、同時期にギリシャから始まった欧州政府債務危機（本章2節で詳述）が起きたこともあって、頓挫した小泉内閣時の財政健全化目標に代わる新たな目標を掲げて、2010年6月に「財政運営戦略」を閣議決定しました。「財政運営戦略」では、国と地方を合わせた基礎的財政収支について、2015年度までに対GDP比で2010年度の赤字を半減し、2020年度までに黒字化するという目標を掲げました。また、「財政運営戦略」には、財政健全化を実現するための具体的原則として、ペイアズユーゴー原則を遵守することを求めました。**ペイアズユーゴー原則**とは、新たな歳出増や歳入減を伴う施策（経費の自然増は除く）を行う際は、原則として、恒久的な歳出削減か恒久的な財源確保を行わなければならない、とするものです。

　さらに、菅内閣とこれに続く野田佳彦内閣では、**社会保障・税一体改革**を打ち出し、取りまとめました。わが国は、高齢化が進む中、社会保障費を中心に歳出が増大するものの、税収が大きく不足しており、政府債務残高対GDP比は本章2節でみるように、先進国の中で最も高くなりました。そうした中、社会保障費も聖域とせず効率化・重点化を図りつつも、必要な社会保障給付の財源を安定的に確保するべく消費税の増税を含む抜本的な税制改革を行うことを明示しました。

　そして、2012年8月には、民主党、自民党、公明党などの賛成により、社会保障給付の財源をまかなうための消費税増税を含む社会保障・税一体改革関連法が成立しました。社会保障・税一体改革では、社会保障に関する改革（第4章で詳述）とともに、消費税率を、2014年4月には8％、2015年10月には10％に引き上げることが盛り込まれました。その消費税率引上げに伴う増収分（税率5％分）は、すべて社会保障財源としました。待機児童解消、医療介護サービスの充実、低所得者対策など社会保障の充実のために消費税収1％程度を充て、社会保障の安定化のために消費税収4％程度を充てることとしました。社会保障の安定化として、基礎年金（第4章5節で詳述）の国庫負担割合を3分の1から2分の1に引き上げるための財源に充てたり、消費税率引上げに伴う物価上昇を反映して年金給付や医療・介護の給付を増やしたり、これまで赤字国債で賄ってきた社会保障給付に代わりの財源とし

て消費税の増税分を充てたり（後代への負担のつけ回しの軽減）することにしました。

2011年3月に東日本大震災が起こりました。震災復興のための政府支出を捻出するため、2011年度には4度にわたる補正予算を編成し、2012年2月に復興庁を設置し、2012年度からは東日本大震災復興特別会計が設けられました。復旧・復興費用を当面国債（復興債）でまかないつつ、その償還のために復興特別法人税と復興特別所得税を導入しました。

2012年12月の衆議院選挙で、民主党が敗れ、自民党と公明党を連立与党とする第2次安倍晋三内閣が発足しました。第2次から第4次までの安倍内閣は、2020年9月まで7年8ヶ月にわたる長期政権となりました。発足直後に、この時期長く続いていたデフレーション（持続的な物価下落）からの脱却を目指し、大胆な金融政策、機動的な財政政策、民間投資を喚起する成長戦略を同時に進める「アベノミクス」を打ち出し、日本銀行が採った**量的・質的金融緩和**とともに、補正予算で公共投資などを増額する財政政策を講じました。量的・質的金融緩和とは、政策金利がほぼゼロとなって金利を下げる形で金融緩和政策が講じられないため、政策手段を金利から通貨量に変えて、通貨量を増やす形で金融緩和政策（量的緩和政策）を行うとともに、通貨量を増やすために民間金融機関等が持つ国債だけでなく、上場投資信託（ETF）なども買い入れる（日銀の国債買入れについては第3章COLUMN 3.2で詳述）という質的緩和政策も加えた政策です。市中の通貨量を増やすことで、お金を借りたい企業や家計が借りやすくして、設備投資や消費を刺激して総需要を増やす効果が期待されています。

また、2013年6月に「経済財政運営と改革の基本方針2013」で、国と地方を合わせた基礎的財政収支について、2015年度までに2010年度に比べ赤字の対GDP比を半減、2020年度までに黒字化、その後債務残高対GDP比の安定的な引下げを目指すという財政健全化目標を閣議決定しました。

そして、2014年4月には、社会保障・税一体改革の一環として、消費税率が8％に予定通り引き上げられました。しかし、2015年10月に予定されていた10％への消費税率引上げは、衆議院を解散し2014年11月に衆議院総選挙を行うことと同時に2017年4月に先送りすることを決めました。2015年度には、

消費増税の影響もあって税収が増えたことから、2015年度の基礎的財政収支赤字を2010年度に比べて対 GDP 比を半減する前掲の目標は達成しました。

さらに、2017年4月の消費税率引上げは、2016年7月の参議院選挙を前にして、2019年10月に再び先送りすることを決めました。その後、2017年11月の衆議院総選挙を経て同年12月に閣議決定された「新しい経済政策パッケージ」で、消費税率の10％への増税時に増税分の使途を教育無償化などに拡大するのに伴い、2020年度の基礎的財政収支黒字化の達成が困難となりました。このことから、2018年6月の「経済財政運営と改革の基本方針2018」で黒字化の達成年次を2025年度にすることを閣議決定しました。そして、2019年10月に、消費税の標準税率を10％に引き上げました。

今後のわが国の財政運営は、未曾有の規模に達している政府債務をこれ以上累増させないようにしながら、高齢化の進展に即した社会保障の充実と財政健全化の同時達成を図るという、難しい財政運営を迫られています。

2   財政の国際比較

2.1   政府債務残高

この節では、前の節で見たわが国の政府活動を、他の先進国と比較してみましょう。そうすることで、わが国の政府活動の特徴を理解することができます。この節では、国際比較可能な形で各国共通の定義で推計された国民経済計算体系（SNA：第1章3節で紹介）で測ったものを用います。以下で紹介する指標のすべては、一般政府のものです。

わが国の財政で、世界的にも有名な現象は、政府が巨額の借金を負っているということです。各国政府の借金（政府債務）を示したのが、図2-1です。これは、政府債務残高を対 GDP 比で表したものです。

これを見ると、わが国の最近の政府債務残高対 GDP 比は、他の先進国でも過去に類を見ないほど突出して高いことがわかります。わが国の政府債務は、既に本章1節で述べたように、バブル崩壊後の1990年代に、税収が減る一方で公共投資などの政府支出を増やしたために、増えてゆきました。

日本以外の先進国でかつて最も高かったのは、ベルギーやイタリアでし

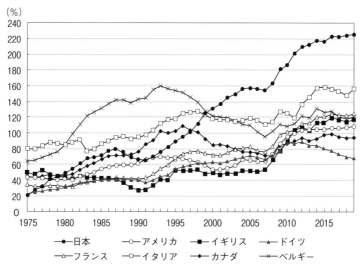

図 2 - 1　グロスの政府債務残高対 GDP 比

凡例：
──●── 日本　──○── アメリカ　──■── イギリス　──▲── ドイツ
──△── フランス　──□── イタリア　──◆── カナダ　──×── ベルギー

注：ドイツは、1990年末までは旧西ドイツ（以下同様）。
資料：OECD Economic Outlook.

た。しかし、ベルギーやイタリアは、加盟する欧州連合（EU）で、加盟国が共通して財政赤字削減に取り組むこととしたため、それに従い政府債務を抑制しています（詳細は後述）。

　2007年夏以降アメリカのサブプライムローン問題に端を発した世界金融危機の影響で、先進国経済で景気が大きく後退しました。この影響は財政面にも及び、税収が大きく落ち込む一方、景気対策を裁量的財政政策で行う要請が強まり、この時期に各国とも政府債務残高対 GDP 比が上昇しました。

COLUMN 2.1　グロスの債務とネットの債務

　わが国の政府債務残高について議論する際、しばしばグロスでみるかネットでみるかの議論が混乱しています。政府債務残高を、政府が保有する金融資産と相殺した大きさである**ネットの債務**（純債務）でみるか、相殺せずに純粋に債務そのものを示した**グロスの債務**（粗債務）でみるかという議論です。

図2-1で示した政府債務残高は、グロスの債務です。これに対して、グロスの債務残高から政府が保有する金融資産を差し引いた「ネットの政府債務残高」の対GDP比を示したのが、図2-2です。これを見ると、日本は他の先進国と比べて高い方ですが、「グロス」ほどには突出して高くはないようにみえます。

　では、グロスの債務とネットの債務は、どう理解すればよいでしょうか。それは、政府債務の返済財源を何に求めるかに依存します。もし、政府債務を将来の租税等の収入によってまかない、政府が保有する金融資産の売却収入を用いない方針で臨むならば、政府債務はグロスの残高で把握するのが妥当です。こうした状況では、ネットの残高はほぼ無意味なものとなります。机上の計算で相殺するのに用いた金融資産は、政府債務を返済するためでなく別の目的に用いるために保有しているのであって、金融資産の売却収入を返済財源として当てにはできないのです。

図2-2　ネットの政府債務残高対 GDP 比

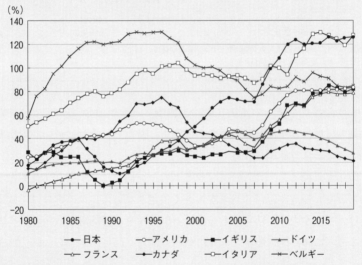

資料：OECD Economic Outlook.

　政府が保有する金融資産の具体例として、公的年金積立金があります。この積立金は、その売却収入（取崩し）を政府債務の返済財源に充てるのではなく、将来の年金給付に充てることを予定しています。むしろ逆に、将来の税収を元手に国債償還を行い、年金積立金は年金給付の財源とする予定なので、年金積立金と国債を相殺してよいはずはありません。ちなみに、SNA では、既に確定したとされる将来の年金給付

予定額（年金給付債務）は、グロスの政府債務には計上されていません（図2-3参照）。公的年金積立金は、年金給付債務との見合いで蓄えられています。本来、公的年金積立金と相殺できるのは、年金給付債務のはずです。したがって、負債側に年金給付債務が計上されていないのに、積立金と（年金給付債務を含んでいない）グロスの債務を相殺することは、辻褄が合わない計算をしていることになります。ただし、年金給付債務は、公式統計には示されていないので、一定の仮定をおいて推計しなければなりません。

　グロスの政府債務は、わが国では基本的に、政府が保有する金融資産が見合いとしてあるわけではなく、将来の税収によって返済することを大前提としているものです。そうなると、わが国の政府債務残高は、ネットの残高というよりグロスの残高に限りなく近い水準として把握するのが、政策スタンスと整合的で妥当なものなのです。

　なお、国が運営する財政投融資（第7章で詳述）による貸付金は、金融資産ですが、第1章3節でみたように、財政投融資は公的金融機関であって一般政府には含まれないため、財政投融資に関連する金融資産は一般政府の金融資産には含まれません。したがって、これは一般政府で国債と相殺できる金融資産にはなりえません。

図2-3　グロスの政府債務とネットの政府債務の関係

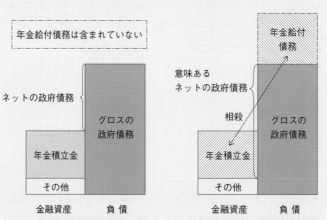

注：図中では年金給付債務と記しているが、年金以外の他の社会保障給付で既に将来給付することが確定しているものは、図中の年金給付債務と同様に扱うことができる。

2010年から2011年にかけて、政府債務が累増していた**GIIPS諸国**（ギリシャ、アイルランド、イタリア、ポルトガル、スペイン）で国債金利が急騰して、資金繰り難に直面するという**欧州政府債務危機**（欧州財政危機）が起きました。発端は、ギリシャ政府が、財政収支のデータを改竄して発表していたことを2009年10月に明らかにしたことでした。EU（欧州連合）加盟国では、1997年に締結された**安定成長協定**を順守することが求められています。安定成長協定は、ユーロ導入国で共通した金融政策を実施して統一通貨のユーロの価値を維持するために、各国の固有の景気循環を財政政策で過度に調整しないようにすることを狙いの1つとして取り決められました。この協定で、順守すべき基準として、単年度の財政赤字が対GDP比で3％を上回らないことと、政府債務残高が対GDP比で60％を下回ることが取り決められました。

　ギリシャは、この基準を満たしていませんでしたが、大きく逸脱していないように見せかけるようにデータを改竄していたのでした。このことに端を発して、ギリシャをはじめとする財政悪化が懸念される国々の財政運営が、金融市場で疑問視され、国債金利が急騰しました。

　GIIPS諸国の政府債務対GDP比を日本と比較したのが、図2-4です。これらの国々は、日本よりも政府債務対GDP比は低いですが、欧州政府債務危機が起きて国債金利が急騰した直後、財政収支を改善できず、政府債務が急増しました。

2.2　政府支出の規模

　以下では、こうした政府債務の背景となる政府活動について、細かく考察します。まず、政府支出の規模を国際比較してみましょう。政府支出の規模をみることで、その国の財政が経済全体の中でどれほどの役割を果たしているかがわかります。その規模が大きいと、その国の政府が他国と比べて、国民の経済活動に大きく関与する**大きな政府**であり、その規模が小さいと政府が経済活動にあまり関与しない**小さな政府**であるともいえます。

　図2-5には、第1章3節で紹介したSNAで測った政府支出総額を対GDP比で示したものです。ここでの政府支出総額には、一般政府における

図2-4　GIIPS諸国のグロスの政府債務残高対GDP比

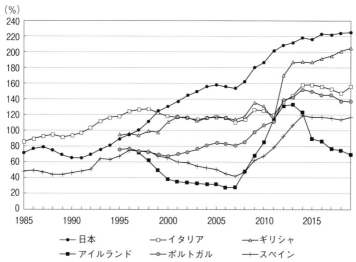

資料：OECD Economic Outlook.

図2-5　政府支出総額対GDP比

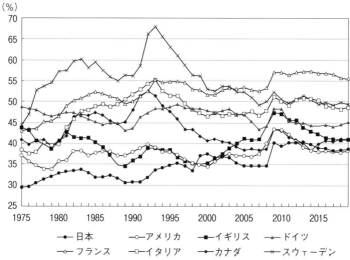

注：日本の数値は、特殊要因による収支変動の影響を除去している。1995年のドイツは、資本支
　　出の特殊要因による影響を除去している。2005年のイギリスは、公的固定資本形成における
　　一部資産の移転という特殊要因による影響を除去している（以下同様）。
資料：OECD Economic Outlook.

政府最終消費支出と（公的）固定資本形成と（公的）在庫変動と移転支出等が含まれます。日本の特徴をみると、1970年代後半以降、他の先進国に比べて政府支出の規模が小さいことがわかります。近年では、アメリカと並んで対 GDP 比は40％弱となっています。

　比較対象とした 8 カ国の中で最も比率が高いのは、2003年まではスウェーデンでしたが、直近ではフランスです。スウェーデンは社会保障が充実した国として知られ、政府支出の中でも年金や医療などの給付にかかる支出もこの中に含まれています。スウェーデンの政府支出対 GDP 比は、一時70％近くに達しましたが、その当時経済危機に直面して財政赤字を減らさなければならず、多くなっていた政府支出を抑制しました。その後もこの比率は低下傾向が続き、近年では約50％となっています。他の欧州諸国は45％〜55％と比較的似た水準となっています。カナダは、その当時金利上昇に直面して多くなった財政赤字を抑制するために政府支出を抑制したことから、1990年代以降低下して、日米より高く欧州諸国より低い約40％となっています。

　ここで、先進諸国における戦後の財政運営の流れについて触れておきましょう。1970年代までの欧米諸国の財政運営は、政府が必要な政府支出をその年の税収の範囲内でまかなう均衡財政主義にとらわれることなく、税収が低迷するときには公債（政府債務）によって政府支出をまかなう積極的財政政策（総需要管理政策）を行いました。それだけでなく、欧州諸国では日米に先駆けて高齢化が進展し、社会福祉のための支出を増やしてゆく必要に迫られ、国家的に社会福祉を充実させる「福祉国家」論が台頭し、政府支出は増加してゆきました。このように、政府が公共事業や社会保障に対して積極的に支出する大きな政府の財政運営が行われていました。

　1973年に石油ショックが起こり、世界的に景気が落ち込むと、各国政府は税収の低迷に直面し、収入不足を補うべく公債を発行し、財政の公債依存が強まりました。その結果、公債の元利償還費が漸増し他の政府支出を圧迫して柔軟に増減できなくなる**財政の硬直化**が生じ、公債残高の累増が財政運営の重荷となりました。1980年代に入り、先進各国では財政の硬直化への対策に迫られました。

　1980年代初め、アメリカではレーガン大統領、イギリスではサッチャー首

相が就任し、硬直した財政の打開に着手しました。政府支出が拡大して大きな政府となり、公債残高が累積した財政状況を建て直す方策として、社会保障などの政府支出を削減し、政府が行ってきた事務事業を民営化するなど大幅に縮小して、政府支出を必要最低限に限定する小さな政府を目指す路線に転換しました。この動きは、経済・政治的には新保守主義と呼ばれ、1980年代の財政運営の大きな流れとなりました。この英米の基調は、図2-5でも確認できます。

　1990年代以降の欧米先進国の財政運営は、この流れを引き継ぎ、財政赤字を過度に拡大させないよう、景気調整のために財政政策を用いることは限定的になりました。特に、EU加盟国では、安定成長協定に従い財政赤字の縮小に努めました。他方、日本では、1990年代前半にバブル崩壊による景気低迷と、税収の落ち込みに直面し、公債を大量に発行して景気対策を行いました。そのため、他の先進国と異なり、財政赤字が拡大してゆきました。2001年以降小泉内閣になって、日本も景気対策をやめて歳出削減を行う路線に転換し、財政赤字の増加を抑制しました。

　2007年夏以降アメリカのサブプライムローン問題に端を発した世界金融危機の影響で、先進国経済で景気が大きく後退しました。これに対して景気対策を裁量的財政政策で行う要請が強まり、2009年に各国とも政府支出総額対GDP比が上昇しました。

2.3　公共投資の規模

　この政府支出のうち、GDP全体に占める公的固定資本形成（公共投資）の割合が、わが国では先進諸国に比べて高いことが指摘されていました。その推移を示したのが、図2-6です。図2-6を見ると、欧米諸国では、1990年から2000年にかけてはほぼ2～5％で推移していますが、日本だけ顕著に高い状況でした。この公的固定資本形成には、戦車や艦艇などの防衛装備品の購入や一般政府内で行われる研究開発投資が含まれています。しかし、わが国では防衛装備品の購入が欧米諸国より少ないことから、防衛装備品の購入を除いて社会資本整備に資する公共投資だけでみると、この対GDP比が欧米諸国よりも特異に高いことがうかがえます。

図2-6　公的固定資本形成（一般政府）対GDP比

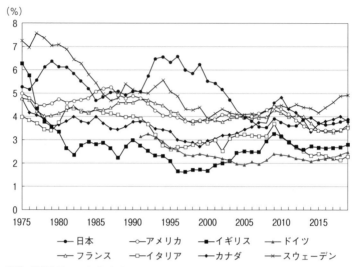

資料：OECD Economic Outlook.

　わが国では、社会資本が未整備だった高度成長期には、欧米諸国よりも多い公共投資が行われてきました。1970年代後半以降の安定成長期には、景気対策として公共投資が積極的に行われるようになりました。1980年代に入り、本章１節で触れたように、増加した財政赤字を抑制すべく政府は「増税なき財政再建」に着手し、公共投資も抑制され、対GDP比は６％から５％弱に低下しました。しかし、バブル崩壊後の景気後退に伴い、1990年代前半には再び景気対策として公共投資が積極的に行われ、７％近くまで上昇しました。この時期に、他の先進国と比べて顕著に対GDP比が高くなりました。1990年代後半には低下して、さらに小泉内閣で公共投資を削減したため一時は約3.5％まで低下しました。最近では東日本大震災の復興もあって４％弱となっています。

2.4　国民負担率

　他方、政府の収入をみてみましょう、政府の収入源は、税金と社会保険料（年金や医療、介護等の保険料）です。これらは国民の側からみれば財政負

担ともいえます。この財政負担を国際比較する際によく用いられるのは、**国民負担率**という概念です。まず、国民の財政負担を、租税と社会保障負担に分けます。**租税負担率**とは、国民所得に対する租税総額の比率のことです（分母は GDP ではなく国民所得です[2]）。**社会保障負担率**とは、国民所得に対する社会保障負担の比率のことです。社会保障負担とは、年金など社会保障の保険料（第 4 章で詳述）のことです。

国民負担率とは、租税負担率と社会保障負担率を足した合計です。

国民負担率＝租税負担率＋社会保障負担率

租税と社会保障負担は民間の経済主体（家計や企業など）から政府が徴収するものですから、国民負担率が高いほど、民間の経済主体が自由に使える所得の割合が少なくなっていることを意味します。このことから、国民負担率が高いほど、民間の経済活動を圧迫するとされています。

日本の国民負担率は、1980年代に30％台前半から30％台後半へと上昇し、1990年代には37％前後で推移した後、2000年代に次第に40％へと近づく形で上昇傾向になりました。世界金融危機のときには一時低下しましたが、2014年度に消費税率を 8 ％に引き上げて以降は、40％を超えるようになりました。

日本と他の先進 5 カ国の国民負担率を示したのが、図 2 - 7 です。ちなみに、分母を国民所得でなく GDP に置き換えて、対 GDP 比をとった値は、図中のかっこ内に表しています。国際比較すると、欧州諸国は、日米に比べて高い国民負担率となっています。アメリカは30％強、日本は40％強、イギリスとドイツは50％前後、スウェーデンは60％弱、フランスは70％弱となっています。アメリカが日本より低いのは、アメリカでは医療や介護などは多

2）国民所得は、国民総所得（GNI）の一部です。国民総所得は、国民が生み出した付加価値を分配面からみたもので、雇用者報酬と営業余剰と純間接税と固定資本減耗の合計です（純間接税とは、生産・輸入品に課される税マイナス補助金です）。そのうち国民所得は、雇用者報酬と営業余剰です。国民総所得と国内総生産（GDP）の違いは、

国内総生産＝国民総所得−海外からの所得の純受取

という関係になっています。

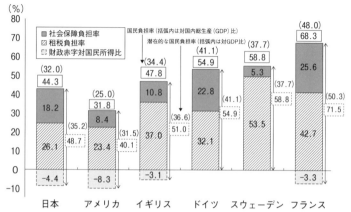

図2-7 国民負担率

注：2018年度実績。財政赤字対国民所得比は、日本およびアメリカについては一般政府から
社会保障基金を除いたベース、その他の国は一般政府ベースである。
資料：OECD "National Accounts"、OECD "Revenue Statistics" 等。
出典：財務省ウェブサイト（https://www.mof.go.jp/budget/topics/futanritsu/sy202102b.pd
f）を一部改編。

くが民間で行われており、政府が強制的に徴収する保険料を多く取っていな
いことも一因とされています。イギリスやスウェーデンは、医療費が（「無
料」と称され）患者負担がなく税金でまかなわれているため、社会保障負担
率が相対的に低い代わりに租税負担率が高くなっています。

　ただ、国民負担率には、今年とりあえず借金でまかなって、将来の税収で
返済することにしたものは負担として含まれていません。特に、わが国のよ
うに近年収入の多くを借金に依存している場合、国民負担率では一見すると
低い数値になります。そこで、国民負担率に財政赤字の分を加味した、潜在
的な国民負担率が、図2-7に示されています。

　　　潜在的な国民負担率＝国民負担率＋財政赤字対国民所得比

　わが国の国民負担率は、他の先進国と比べると低い水準ですが、潜在的な
国民負担率ではイギリスの水準に近づきます。この乖離は、わが国において
現在の国民が受益に応じた負担を行わず、財政赤字という形でその負担を将
来へ先送りしていることを示唆しています。

2.5　財政収支

　政府の収入から支出を差し引くと財政収支になります[3]。ここでは、一般政府に社会保障基金も含まれているため、政府収入には社会保険料も含まれます。この財政収支について、各国の推移を見たのが図2-8です。マイナスだと支出超過（財政赤字）、プラスだと収入超過（財政黒字）となります。

　わが国の財政収支の推移を見ると、1970年代は赤字でしたが、その後「増税なき財政再建」と称して財政赤字削減に取り組み、1980年代後半には黒字に転じました（本章1節で詳述）。1990年代に入り、バブル崩壊後の景気低迷に伴い、税収が減少するとともに景気対策のための政府支出が増加したことから、財政収支が急激に悪化しました。2001年以降の小泉内閣での財政健全化の取組みにより、2003年以降は財政収支の赤字は減少しています。

　他の先進国では、1980年代に多くの財政赤字に直面して、1990年代に入り財政赤字削減に取り組んだことが、図2-8で確認できます。同時期に財政赤字が拡大した日本とは好対照の推移を示しています。

　しかし、2007年夏以降アメリカのサブプライムローン問題に端を発した世界金融危機の影響で、先進諸国は軒並み税収が大きく落ち込み、財政赤字が拡大しました。その後、各国では財政赤字の縮小に取り組みました。ドイツでは、メルケル政権の下で2012年から2019年まで8年連続で一般政府の財政収支は黒字となりました。アメリカでは、2017年からのトランプ政権で大規模な減税を行った影響で、他国より財政赤字が多い状態となっています。

　先に紹介したGIIPS諸国でも、世界金融危機に次いで2010年からの欧州政府債務危機の影響で、財政収支が大きく悪化しました。これらの国で、ギリシャ、ポルトガル、イタリアは、（統計が取れる範囲で）過去に財政収支が黒字になったことはありませんでした。GIIPS諸国の財政収支対GDP比は、図2-9に示しています。GIIPS諸国の財政収支対GDP比は、EUなどと協力しながら財政健全化の取組みを進めており、2015年以降では日本よりも改善しています。

3）ここでいう財政収支は、第1章3節で説明した純貸出／純借入（旧名：貯蓄投資差額）と同じものです。

図 2 - 8 　一般政府の財政収支対 GDP 比

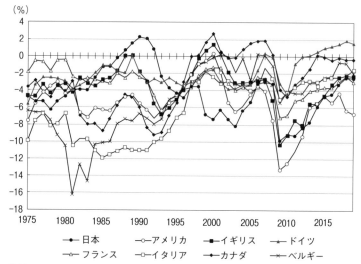

（%）

凡例：
── 日本　　──○── アメリカ　　── ■── イギリス　　──▲── ドイツ
──△── フランス　　──□── イタリア　　──●── カナダ　　──×── ベルギー

資料：OECD Economic Outlook.

図 2 - 9 　GIIPS 諸国の財政収支対 GDP 比

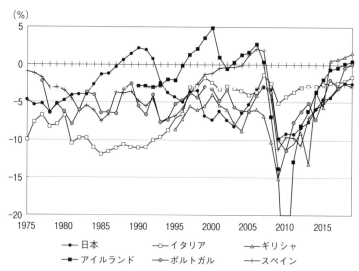

（%）

凡例：
── 日本　　──□── イタリア　　──△── ギリシャ
── ■── アイルランド　　──●── ポルトガル　　──＋── スペイン

注：枠外にある 2010 年のアイルランドは−32.1%。
資料：OECD Economic Outlook.

2.6 構造的財政収支

構造的財政収支（英語では structural fiscal balance または cyclically adjusted government net lending/borrowing）とは，政府の収入や支出の現在の構造を所与として現実の実質 GDP があたかも完全雇用状態にある GDP の水準（**潜在 GDP** または完全雇用 GDP と呼びます）になったときの財政収支を推計したものです（完全雇用 GDP の定義は第11章参照）。別の言い方をすれば，本章2.5項で説明した財政収支のうち，景気変動に依存する部分（循環的財政収支）を除いたものです。つまり，

財政収支＝構造的財政収支＋循環的財政収支

という関係になります。

構造的財政収支が赤字ならば現在の財政運営は拡張的、黒字ならば抑制的とみなすことができます。前に述べた通常の財政収支と比較すれば、構造的財政収支の赤字が財政収支の赤字よりも小さければ、会計上の赤字が大きく出ているのは景気変動によるもので、それを除去すれば会計上よりも抑制的な財政運営をしていると解釈できます。

各国の構造的財政収支（対潜在 GDP 比）を示したのが、図2-10です。わが国の構造的財政収支は、前述の財政収支と同様に、1980年代後半は黒字でしたが、1990年代には赤字が拡大し、2003年以降赤字が縮小する動きが見られます。それとともに、これと図2-7を比較すると、1980年代後半の黒字も1990年代の赤字も、通常の財政収支よりも構造的財政収支のほうが、概ね絶対値が小さくなっています。このことから、景気変動の影響によって、1980年代後半は収支がより改善し、1990年代は収支がより悪化したものと考えられます。

さらに図2-10を見ると、2007年夏以降アメリカのサブプライムローン問題に端を発した世界金融危機に伴い、各国とも構造的財政収支は悪化しました。その後、日本は、他国と比べて構造的財政収支の改善が遅れ、それだけ赤字構造を正す財政改革のペースが鈍かったことがうかがえます。わが国で、構造的財政収支が赤字であることは、実際の GDP が潜在 GDP にほぼ近くなるほど景気が回復しても、財政収支は引き続き赤字のままで、追加的

図2-10　一般政府の構造的財政収支対潜在GDP比

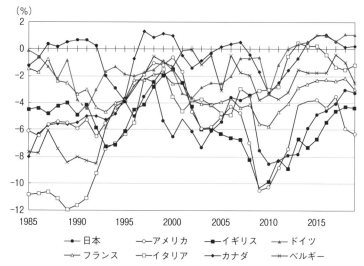

資料：OECD Economic Outlook.

な増税や歳出削減をしなければ財政収支が黒字にならない財政構造であることを意味しています。

　ただし、構造的財政収支は、潜在GDPの算出や経済成長に伴う税収の伸び方（税収弾性値）など様々な仮定を置いて算定されます。そのため、仮定の置き方によって構造的財政収支の値は変化する点に注意が必要です。

2.7　基礎的財政収支

　最後に、公債の発行、利払い、償還の影響を除いた財政収支をみてみましょう。政府の予算制約式、すなわち歳入＝歳出の関係は、

　　　　税収等＋公債発行収入＝政策的経費＋公債費

と表現できます。ここで、政策的経費とは、公債費を除く歳出を意味します。これを書き換えると

　　　　税収等－政策的経費＝公債費－公債発行収入

図 2-11　一般政府の基礎的財政収支対 GDP 比

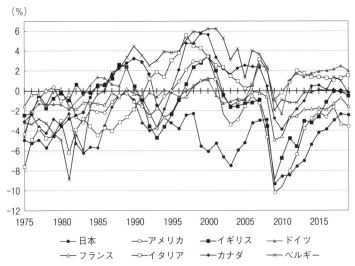

資料：OECD Economic Outlook.

となります。ここで、左辺の「税収等－政策的経費」は、**基礎的財政収支**（プライマリー・バランス）と定義される財政収支です。基礎的財政収支が黒字であれば、税収が政策的経費を上回っていて、その分を公債償還に充て公債残高を抑制する程度に余裕があることを意味します。実際に公債残高の額を減らすには、基礎的財政収支の黒字が利払費と同じ金額だけ確保されなければなりません。

　他方、基礎的財政収支が赤字であれば、税収が政策的経費を下回っており、その不足分を公債増発に頼らざるを得ないため、公債残高が増加することになります。そして、基礎的財政収支が赤字であることは、今年の政策的経費を今年の税収等だけではまかないきれず、その不足分を将来の税負担につけ回していることを意味します。

　図 2-11には、先進各国の基礎的財政収支対 GDP 比の推移を示しています。これを見ると、わが国の基礎的財政収支は、1970年代に赤字でしたが、1980年代後半には黒字になりました。しかし、1990年代には再び赤字になり、2003年以降赤字が縮小傾向でしたが、依然他の先進国に比して赤字の規

模は大きくなっていました。他の先進国の基礎的財政収支は、1990年代前半までに改善する方向に転じ、1990年代後半には黒字に転じました。2007年夏以降アメリカのサブプライムローン問題に端を発した世界金融危機の影響で、各国の基礎的財政収支は赤字に転じました。その後、各国では基礎的財政収支は改善しました。特に、ドイツとイタリアの基礎的財政収支は黒字になりました。他方、日本の基礎的財政収支の改善は、他の先進国と比べて遅れました。

　基礎的財政収支は、財政の持続可能性を検証する上で重要な意味を持つ指標です。政府債務残高が際限なく累増しないようにするには、一定水準の黒字になるまで基礎的財政収支を改善し続けることが必要となります。本章1節で紹介したように、わが国では近年、基礎的財政収支の黒字化を財政健全化の目標に掲げています。詳細は、第8章で説明します。

3 予算編成

1 予算制度

1.1 予算

　予算は、政府の経済活動を集計したもので、公共部門の経済活動のあり方を示しています。このため、予算制度は、憲法や法律によってその基本的な仕組みが決められます。

　予算とは、国や地方公共団体の1年間の収入と支出の見積りのことです。したがって、予算をみれば、国や地方公共団体の財政活動の全体や個々の政策のあり方が一通り明らかになります。つまり、予算は金額という数字で表現された、国や地方公共団体の財政活動の計画書といえます。この予算を、国民または住民の代表機関である国会、または地方議会が審議、承認することで国や地方公共団体の行政・財政をコントロールするところに、民主主義の眼目があります。政府の財政活動は、国民の代表で構成される議会の議決に基づいて行われるべきとする考え方を、**財政民主主義**といいます（日本国憲法第83条）。そして、日本国憲法は「内閣は、毎会計年度の予算を作成し、

国会に提出して、その審議を受け議決を経なければならない」（第86条）とも規定しています。これを、**事前議決の原則**と呼びます。

1.2　会計年度

　会計年度とは、政府が編成する予算の有効期間のことです。わが国の会計年度は、毎年4月1日から翌年3月31日までです。この会計年度に関連して、わが国の財政運営では2つの原則があります。

予算の単年度主義

　予算の単年度主義とは、予算は原則として会計年度ごとに編成され、次の会計年度以降の予算を拘束すべきではない、とする原則です。

会計年度独立の原則

　会計年度独立の原則とは、その会計年度の支出は、当該会計年度の収入でまかなわれなければならない、とする原則です。今年度の支出は、原則として翌年度以降の収入を充ててはなりません。

1.3　予算の種類

　予算は、予算の編成の時期によって3つの種類があります。

本予算

　本予算（当初予算）は、会計年度の初めに編成される予算です。通常、当該年度開始（4月）前までに国会の議決を経て成立することとされています。

暫定予算

　暫定予算は、本予算が年度開始前に成立しなかったとき、本予算が成立するまでの期間の国の支出に関して暫定的に組む予算です。暫定予算は、本予算成立と同時に失効し、本予算に吸収されます。

補正予算

　補正予算は、年度途中で、当初予定していなかった支出が必要になったときなど、本予算の内容を修正するために組む予算です。一会計年度内に補正予算が組める回数に制限はありません。補正予算は、たびたび編成されています。年度途中で、税収が当初の見込みよりも少なくなったときにも、税収の見積額を減額するために補正予算が組まれることがあります。

1.4　予算成立までの手続き

　国の予算について、予算案が編成され成立するまでには、法律で定められた次のような規定があります。

内閣の予算提案権

　予算案を編成し、国会に提出する権利があるのは、内閣だけです。ちなみに、通常の法律は、内閣だけでなく国会議員にも提案権があります。

衆議院の予算先議権

　国会に提出された予算案は、必ず先に衆議院で審議されます。衆議院を通過した後に参議院で審議されます。

両院協議会の開催

　参議院が衆議院と異なった議決をしたときは、両院協議会が開催されます。両院協議会においても両院の意見が一致しなかったときは、衆議院の議決が国会の議決となります。このように、予算案には衆議院の優越が認められています。

　ただし、税制改正法案や特例公債法案（本章2節で詳述）などの予算関連法案には、衆議院の優越は認められていません。そのため、予算関連法案は、衆参両院で可決しなければ成立せず、予算が成立しても予算関連法案が成立しなければ該当部分の予算は執行できません。

予算の自然成立

　参議院が衆議院で可決した予算案を受け取った後、30日以内（国会休会中の期間を除く）に議決しなかったときは、衆議院の議決が国会の議決となります。このことを、予算の**自然成立**と呼びます。

1.5　予算の形式

　国会に提出される予算の形式は、法律によって定められています。それは、**予算総則、歳入歳出予算、継続費、繰越明許費、国庫債務負担行為**の5つからなっています。

(A)　予算総則

　今年度の予算に関する総括的事項を規定し、今年度の公債発行の限度額やその発行対象経費、消費税の収入が充てられる経費の範囲（使途）など予算の執行に必要な事項について定めています。

(B)　歳入歳出予算

　予算の本体です。歳入とは一会計年度における国のすべての収入の見積りであり、歳出とは一会計年度における国のすべての支出の見積りです。このうち、歳入はあくまでも見積りなので、それを超える収入があってもいいのですが、歳出のほうは、単なる見積りではなく、政府が支出できる金額の上限を示します。

　一般会計の歳入歳出については、本章2節で詳述します。

(C)　継続費

　完成までに数年度を要する国の事業について、その経費の総額と年割額（毎年度の支出見込額）を定め、あらかじめ国会の議決を経て5カ年度以内の数年度にわたり支出される経費です。

　すでに説明したように、予算は一会計年度ごとに成立するのが原則です（予算の単年度主義）。ところが、経費のうちには、その対象となる事業が数年の期間を経てはじめて完成するという継続的なものがあります。そこで、

こうした経費の総額および年割額について、あらかじめ国会の議決を経て数年度にわたって支出できるようにしたものが、継続費の制度です（財政法第14条の二）。旧憲法では、継続費について明文をもってこれを認めていました。新憲法では、これに関する規定が置かれませんでしたが、1952年の財政法改正によってこの制度が規定されました。予算の単年度主義の例外となります。

　ただし、各年度の支出はその年度の歳入でまかなわれます。対象経費は工事、製造その他の事業に限定されています。近年の例としては、防衛省の警備艦、潜水艦の建造のみです。

(D) 繰越明許費

　その年度の経費のうち、その性質や事情により年度内に支出が終わる見込みのないもので、翌年度に繰り越して使用できるように、あらかじめ国会の議決を経て認められたものです。予算の単年度主義の例外となります。

(E) 国庫債務負担行為

　法律や歳入予算もしくは継続費に基づくもの以外で、支出を伴う契約を結んで国が債務を負担する必要がある場合、総額のみを明示する形であらかじめ国会の議決を経た経費です。

　国庫債務負担行為は、今年度の支出を必ずしも必要としないこと、年割額を必ずしも定める必要がなく弾力的に運用できること、対象経費には特に限定がないことが継続費との違いです。その意味では、継続費と同様に、予算の単年度主義の例外となりますが、継続費よりも例外性は弱いといえます。

　年度末に近い時期に、景気対策などの理由で補正予算が組まれることがあります。しかし、年度内の日数が残りわずかのため支出の執行が難しい場合、支出は今年度にまったく行わず、翌年度に行うものの契約は今年度に結んでおくことで、翌年度の予算執行を早期に行うことを狙って、補正予算において国庫債務負担行為を計上する場合があります。今年度の支出額がゼロである国庫債務負担行為のことを、略してゼロ国債とも呼びます。

1.6 予算の構成

　国の予算は、下記のように構成されています。

一般会計予算

　最も基本的な国の会計です。国が徴収する租税の大半を受け入れ、国の重要な政策を実施するための経費を扱います。詳細は、本章2節で後述します。

特別会計予算

　国が特定の事業や資金運用を行ったり、特定の歳入をもって特定の歳出を充てたりする場合、一般会計の歳入歳出とは別に経理するための会計です。特別会計は、財政法上での規定はありますが、特別会計法（特別会計に関する法律）の規定によって設置されています。2017年度以降、13の特別会計が存在します。

政府関係機関予算

　特別の法律によって設立された、全額政府出資の法人である政府関係機関の予算です。政府関係機関は、2012年度以降2公庫、1銀行、1独立行政法人（沖縄振興開発金融公庫、株式会社日本政策金融公庫、株式会社国際協力銀行、独立行政法人国際協力機構有償資金協力部門）が存在します。2004年度には6公庫、2銀行があり、主に民間部門や地方公共団体などへの投融資を行っていましたが、2008年に行われた政策金融改革を経て、現在の姿となりました。

1.7 予算の規模

　一般会計予算、特別会計予算、政府関係機関予算は、内閣が国会に提出し、一体として国会の審議、議決を経なければなりません。これらの予算は、相互に密接なつながりがあり、一般会計から特別会計や政府関係機関への財源繰入れや、特別会計や政府関係機関から一般会計への利益の繰入れなどがあります。

表 3-1　2018 年度主要経費別歳出決算
：一般会計、一般会計と特別会計との純計

(単位：兆円)

費　　目	一般会計のみ		一般会計と特別会計との純計	
	決算額	構成比	決算額	構成比
社会保障関係費	32.5691	32.9%	86.8773	38.3%
文教及び科学振興費	5.7482	5.8%	5.7745	2.5%
国債費	22.5286	22.8%	79.7709	35.2%
恩給関係費	0.2415	0.2%	0.2414	0.1%
地方交付税交付金等	16.0258	16.2%	19.3535	8.5%
防衛関係費	5.4750	5.5%	5.4603	2.4%
公共事業関係費	6.9135	7.0%	7.8992	3.5%
経済協力費	0.6418	0.6%	0.6418	0.3%
中小企業対策費	0.5249	0.5%	0.5398	0.2%
エネルギー対策費	0.9728	1.0%	1.0697	0.5%
食料安定供給関係費	1.1219	1.1%	1.4846	0.7%
財政投融資特別会計	—	—	10.9200	4.8%
その他	6.2116	6.3%	6.6283	2.9%
歳出合計	98.9747	100.0%	226.6613	100.0%

注：地方交付税交付金等には地方特例交付金と地方譲与税譲与金（一般会計と特別会計と
の純計のみ）も含む。丸めの誤差あり。

　国の一般会計予算の規模は、2007 年夏以降アメリカのサブプライムローン
問題に端を発した世界金融危機の影響を受ける前までは、80 兆円強でした。
しかし、第 2 章 1 節でも言及したように、世界金融危機に伴う不況に対する
景気対策や 2011 年の東日本大震災の影響で増加し、2009 年度以降は 100 兆円
前後となっています。

　新型コロナウイルスの感染拡大前で消費増税の影響がない最新年度である
2018 年度決算でみると、一般会計歳出総額は 98 兆 9794 億円、特別会計の歳出
総額（単純合計）は 368 兆 9360 億円で、これらの単純合計は 467 兆 9107 億円で
す。しかし、一般会計と特別会計の間や特別会計間の重複を除いた歳出の総
計（純計）は、226 兆 6613 億円となっています[1]。一般会計と特別会計の歳
出は、会計間の繰入れが多いため、歳出純計は単純合計額に比べてかなり小
さくなっています。

　2008 年度から、一般会計と特別会計の純計として、歳出の内訳が主要経費

1 ）国債整理基金特別会計における借換償還額を除いた金額を採用しています。

別（本章2.2項で詳述）に示されることとなりました。2018年度決算における その内訳は、表３－１のようになっています。また、主要経費別分類の詳細は、本章２節で後述します。

　一般会計と特別会計は、政府関係機関とも会計間の繰入れがあります。この三者の重複を除いた歳出純計は、当初予算ベースでのみ公表されています。2018年度当初予算では、一般会計歳出総額は97兆7128億円、特別会計の歳出総額（単純合計）は388兆4960億円、政府関係機関の歳出総額（単純合計）は１兆7272億円です。この三者の単純合計は、487兆9360億円ですが、それら重複を除いた純計は、240兆4764億円となっています。近年では、政府の行財政改革などの影響で、特別会計予算や政府関係機関予算の金額は年度によって異なっています。

COLUMN 3.1　「霞が関埋蔵金伝説」とは？

　予算編成時の財源確保の際に注目される話題の１つに、「霞が関埋蔵金」があります。これは、予算の表立ったところでは見えない形で、今すぐには必要ない積立金などがあって、それを取り崩せば、社会保障費などに使えたり、増税しなくてすんだりする、という話です。

　そもそも、徳川埋蔵金など日本各地にある「埋蔵金伝説」のように、根拠は定かではないが埋まっているとされる財宝を掘り出せば一攫千金であるかのごとく、国家予算において、帳簿上ついているが動かせないお金をあたかも使えるかのように錯覚して、財源が捻出できると勘違いしていると批判する言葉として、「霞が関埋蔵金伝説」が登場しました。霞が関と冠されているのは、「埋蔵金」と思しきものの所在地が中央省庁であることにちなんでいます。ところが、揶揄して「霞が関埋蔵金伝説」と称したはずが、埋まっている（帳簿上にある）のだから取り崩せば使えるお金？＝「霞が関埋蔵金」と、肯定的に使う人が多くなっていきました。

　さて、「霞が関埋蔵金」として指摘されるものの１つに、特別会計の積立金があります。特別会計の積立金は、図３－１のように、2019年度決算後で145.2兆円あります。この積立金残高は、2010年代前半までは取り崩しが進み減少傾向にありました。

　しかし、このお金は、すべてを今すぐに取り崩してよいものではありません。積立金の多くは、厚生年金や雇用保険や地震再保険などといった、社会保障などで国民への保険給付の支払いに備えたものとして積み立てられています。したがって、こうし

た140.7兆円分は、今すぐに使えるお金にはなりません。また、災害等によって国債が円滑に発行できなかった場合などのリスクに備えたお金が国債整理基金特別会計に3.0兆円あります（その詳細な理由は、第8章を参照）。しかし、これを取り崩すと将来国債の発行・償還に支障をきたすため、これも今すぐに使えるお金にはなりません。

「埋蔵金」としてよく話題になるのは、財政投融資特別会計の積立金です。まず、財政投融資特別会計の積立金は、財政投融資（第7章で詳述）に関連したものです。国が、低い金利で（国債を発行して）借りてきて、それを中小企業や地方公共団体に高い金利で貸せるなら、国は損をしません。近年は金利が低い時期なので、財政投融資制度を用いて、国が中小企業や地方公共団体に低い金利で長期に貸しています。しかし、今後何らかの理由で金利が上がったときに、国が財政投融資に必要なお金を高い金利でしか借りられなくなると、財政投融資の利払費が増加する一方で、これまで中小企業や地方公共団体などに低い金利で長期に貸しているため、金利収入は少ないままで、国が損をしてしまう恐れがあります。財政投融資特別会計の積立金はそうした金利変動に伴う損失に備えたもの（金利変動準備金）なのです。

図3-1　特別会計の積立金

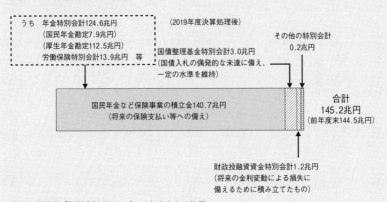

資料：財務省「特別会計ガイドブック」をもとに加筆。

2000年代以降ずっと低い金利が続いているので、そうした損失はほぼ出ず、逆に貸出の利子収入が多く得られていました。そこで、これを使って、2008年度補正予算以降の景気対策として行われた定額給付金などの財源や、2009年度予算と2010年度予算での基礎年金の国庫負担割合（第4章で詳述）引上げのための財源として取り崩すこととしました。こうして、財政投融資特別会計の積立金はほぼ払底しました。ところ

が、積立金がまったくないと、将来急に金利が上がった場合の損失に対応できなくなって、財政投融資で支障が出てくる懸念があります。

　外国為替資金特別会計の積立金は、かつて、外国為替相場で円ドルレートが急激に変動する場合に備えて、日本政府が為替相場に介入する場合に使う会計のお金で、為替や金利の変動によって損失が生じるリスクに備えたものでした。しかし、2013年度決算限りで積立金制度は廃止され、旧積立金相当額の円資金は順次、政府短期証券（第8章で後述）の償還に充てられることとなっています。

　日本政府が、円高を阻止する為替介入を行うとき、円を売ってドルを買う必要があるのですが、政府が介入に必要な円資金を、既に持っている円資金を用いるのではなく、一時的に金融市場から（政府短期証券を発行して）借りてまかないます。そして、為替市場で円を売ってドルを買う介入を行います。これに伴い、日本政府は米ドルを得ることになります。しかし、ドルを現金のまま所有していても利息は得られませんから、アメリカ国債などを買って運用します。したがって、外国為替資金特別会計は、ドル建てのアメリカ国債などの形で金融資産を保有することになります。そして、ドル建て金融資産から得る運用益（利息等）が毎年発生し、これが蓄積されて積立金となっていました。

　外国為替資金特別会計は、会計帳簿上は円建てですが、実際の源はドル建て金融資産の運用益です。運用益の収入は外貨建てで入ってきます。また、外貨建て金融資産を売却すれば売却収入が得られますが、外貨建てで入ってきます。これらの運用益や売却収入を「霞が関埋蔵金」として活用できるとの見方がありますが、為替市場でそのドルを円に交換しなければ、円資金として活用できません。ところが、ドルを円で交換する際に、先の円高阻止介入の逆の効果で、ドルを売って円を買うために円高を誘発する懸念があります。

　積立金があった時代に、為替相場に影響を与えないように外貨建ての運用益や売却収入を取り崩すには、（このドル建て金融資産をいわば担保にしながら）金融市場から円資金を（政府短期証券を発行して）借りる方法がありました。そうすることで、円高を誘発せずに積立金を事実上取り崩すことができました。実際には、そうした形で外国為替資金特別会計の外貨建ての運用益や売却収入を円資金に替えて活用することがありました。

　すると、積立金があった時代の外国為替資金特別会計は、資産としてドル建てアメリカ国債などの外貨建て金融資産を保有している状態で、負債として円建ての政府短期証券が積み上がる形となり、資産と負債が両建てで増えていきました。外国為替資金特別会計が為替介入や円資金を得るために負った借金残高は、2012年度末で約117兆円に達しました。

　そこで、今後生じる外貨建ての運用益（特別会計では剰余金と呼ばれる）は、外国

為替資金特別会計が負う円建ての政府短期証券の償還に充てることができるようにしました。したがって、積立金を保有する必要がなくなり、廃止されました。このように、特別会計の積立金といえども、安易に取り崩せるものではありません。

「埋蔵金」は特別会計だけではないという指摘もあります。国の独立行政法人などに遊休資産や剰余金があって、それが「埋蔵金」ではないか、ということです。確かに、独立行政法人の中では、必ずしも国民のために十分に仕事をしていないような形で資産を保有しているところもあるでしょう。

そうした独立行政法人については、その事務事業が一体どれぐらい必要なのかをきちんと見極め、不要なものは整理縮小して無駄遣いを減らすことによって初めて、「埋蔵金」と思しきものが出てくると思われます。

そうみれば、独立行政法人は、十把一からげに無駄だから、そこにあるものはすべて「埋蔵金」だというわけではなく、むしろ、不必要な事務事業をしている独立行政法人などはないかをきちんと精査した中で、無駄遣いを減らしていく方法で遊休資産や剰余金を活用することが重要です。

確かに、積立金や剰余金を過剰に貯めておく必要はありません。しかし、すべての積立金や剰余金が「埋蔵金」として、増税しなくても歳出増に使えるわけではありません。さらに、一度使ってしまえばなくなってしまうもので、「埋蔵金」は恒久的な財源にはなりえません。しかも、「埋蔵金」を取り崩して無駄遣いしてしまっては元も子もありません。積立金や剰余金が多めに生じた場合は、わが国の財政の現状に鑑み、そのお金は国債残高の抑制に役立てることを基本とした財政運営が望まれます。

特別会計にまつわるイメージとして、「埋蔵金」の話とは別に、無駄な支出が一般会計よりも多いのではないかという懸念がなかなか払拭できません。もちろん、特別会計は、受益者が特定できそうな支出を受益者負担などによる収入によってまかなうなど区分経理することで、受益と負担の対応関係をより明確にできる利点もあります。しかし、不必要に一般会計と分けても意味がありません。個々の特別会計の必要性については、小泉内閣、そして第2次安倍内閣でも精査され、統廃合が行われました。特別会計は、2001年度に37会計ありましたが、2012年度には東日本大震災復興特別会計が新設されたものの大幅に統廃合が行われ、2017年度からは13会計となりました。

2　国の一般会計

2.1　一般会計の歳入

　以下では、国の基本的な会計である一般会計について詳しくみることとします。第2章1節でもみたように、戦後のわが国の財政は、石油ショック以降国債の累増が進み、1980年代後半のバブル景気期には公債発行が抑制できたものの、バブル崩壊後の1990年代以降国債が大量に増発され、国債残高が累増しています。

　1975年度以降の国の一般会計の歳出総額と税収（租税及印紙収入）の額を比較したのが、図3－2です。この図で、国債発行額（棒グラフ）は、歳出総額と税収の差額にほぼ相当します。1970年代後半に国債発行額が増加したものの、1980年代には、税収が増加するにつれて国債発行額が抑制できました。1990年代には、前半に景気対策としての公共事業の増加、その後は高齢化の進展による社会保障費の増加により一般会計の歳出総額が増加傾向にあったのに対し、税収はバブル崩壊の影響もあって減少傾向となり、国債発行額が増加してゆきました。2000年代になってその傾向は止まるものの、依然として歳出合計と税収の差は大きく、国債発行額は大きく減りませんでした。そして、2007年夏以降、アメリカのサブプライムローン問題に端を発した世界金融危機の影響で日本経済は不況となり、国の一般会計でも税収が落ち込むとともに大規模な景気対策を講じたため国債発行額がさらに増加しました。その後、2014年度に消費税が増税されて税収が50兆円を再び超えたことで、国債発行額が減って40兆円を割りました。

　税収は、図3－2に示されているように、1997年度以降でみると、消費税率が3％から5％に引き上げられた1997年度の金額をしばらく超えたことはありません。しかし、これは消費税の増税によって日本経済が低迷したために国の税収が落ち込んだことが理由ではありません。国の税収は、1998年度と1999年度には法人税率引下げ、1999年度には所得税減税を行ったことで減り、さらに三位一体改革が行われ2004年度から始まり2007年度に恒久化した3兆円規模の税源移譲（第9章5.1項で詳述）で、国税の所得税を地方税の

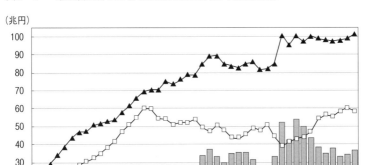

図3-2 一般会計決算における歳出総額と税収、国債発行額

注：2011年度には、東日本大震災からの復興のために実施する支出の財源として発行された復興
　　債11.2兆円（2012年度以降は東日本大震災復興特別会計の負担において発行）、2012年度と
　　2013年度には、基礎年金国庫負担2分の1を実現するための財源として発行された年金特例
　　公債（両年度とも2.6兆円）が含まれている。
資料：各年度決算書。

個人住民税に移譲したためさらに減ることとなりました。このように、1997
年度以降の税収は、その時期のデフレーションの影響よりも、このような累
次の減税や税源移譲といった不可逆的な制度改正の影響で、消費税が増税さ
れる2014年度まで1997年度の水準を超えることがなかったのです。

　この節では、一般会計の歳入項目を紹介します。一般会計の歳入は、租税
及印紙収入と公債金の2項目で全体の約9割を占めています。

(A)　租税及印紙収入

　原則として使途を限定しない国税と印紙収入です（使途を限定する租税は
特別会計の歳入となります）。この収入が、一般会計の最も基本となる収入
です。一般会計の税収は、1990年代以降、景気低迷や減税政策の影響で減少
傾向でした。そして、2007年夏以降、アメリカのサブプライムローン問題に
端を発した世界金融危機の影響で、さらに大きく減少しました。2013年度ま
では40兆円台が続いていましたが、2014年度に消費税を増税したことで50兆

円台に回復しました。そして、2018年度には60兆円を超えて過去最高となりました。主な税制については、第5章で解説します。

(B) 官業益金及官業収入

官業益金（印刷局特別会計受入金の廃止に伴い2003年度以降該当なし）と官業収入（病院収入と診療所収入）です。

(C) 政府資産整理収入

国有資産処分収入と回収金等収入です。

(D) 雑収入

国有財産利用収入、日本銀行や日本中央競馬会からの納付金、特別会計からの受入金などです。

(E) 公債金

国債発行に伴う収入です。国債発行には2つの原則があり、それに従って発行されています。

建設国債の原則：国の歳出は原則として公債、借入金以外の歳入でまかなわれます。ただし、公共事業費等の財源に充てる場合のみ国債が発行できます（財政法第4条ただし書）。その目的で発行される国債が、**建設国債**（四条公債）です。それ以外の赤字を補填するための国債は、原則として認められていませんが、特例法を制定して発行することがあります。特例法に基づいて発行する国債を、**赤字国債**（特例公債）といいます。

財政法第4条は次のような条文となっています。「国の歳出は、公債又は借入金以外の歳入を以て、その財源としなければならない。但し、公共事業費、出資金及び貸付金の財源については、国会の議決を経た金額の範囲内で、公債を発行し又は借入金をなすことができる。」

市中消化の原則：日本銀行が国債を直接引き受ける形で発行すること（**国債の日銀引受け**）は、原則的に禁止しています（財政法第5条）。これは、日銀が国債を引き受けると通貨供給量が増加して、インフレーションを引き

起こすことを避けるためです。ただし、特別の事由がある場合は、国会の議決の範囲内で可能となっています。1947年に財政法が制定されて以降、わが国では新規発行する国債を日銀に直接引き受けさせたことはありません。

　この財政法第5条ただし書きに基づいて、国会の議決を経て日本銀行が国債を直接引き受けているのは、日銀乗換を行う場合のみです。**日銀乗換**とは、日銀が保有している国債で償還期限（満期）を迎えるものの借り換える予定にしているものについて、政府が借換債を発行する形で引き続き日銀が国債を保有することです。これは、日銀にとって、保有する国債がいったん償還された後に再び市中から国債を買って、事実上借り換えるという手間を省くことにもなります。日銀乗換を行う場合には、既に日銀が国債を保有しているものを借り換えるだけなので、日銀が直接引き受けても通貨供給量は変化せず、前述のようなインフレーションを引き起こすことはありません。

　財政法第5条は次のような条文となっています。「すべて、公債の発行については、日本銀行にこれを引き受けさせ、又、借入金の借入については、日本銀行からこれを借り入れてはならない。但し、特別の事由がある場合において、国会の議決を経た金額の範囲内では、この限りでない。」

COLUMN 3.2　国債の日銀引受け

　1990年代後半以降、わが国は**デフレーション**（持続的な物価下落、デフレ）に直面しています。2012年12月に第2次安倍内閣が発足した後、2013年4月から、デフレ脱却を目的として、日銀は、量的・質的金融緩和（第2章1.6項を参照）を採用し、大量に国債を買い入れ始めました。2013年3月末では、国債残高のうち日銀が保有する割合は13.5%でしたが、2年間で2倍以上に国債の保有残高を拡大する方針のもと買い入れを増やしました。図3-3に示されているように、日銀が保有する割合は、2016年9月末には40%を超え、2018年9月末には50%を超えました。今や、国債残高の過半を、日銀が保有する状況となっています。

　日銀は、こうして国債を大量に買い入れると同時に、民間金融機関等に通貨を大量に供給しています（詳細は後述）。デフレは物価が下がり続けることであり、それと表裏の関係として通貨価値が上がり続けることを意味します。デフレを止めるには、適度に通貨価値が下落するように通貨供給を増やす必要があります。しかし、この国

債買い入れが、**財政赤字の貨幣化**（財政赤字ファイナンス）を惹起させるとの懸念が出ています。

図3-3　国債残高のうち日本銀行が保有する割合

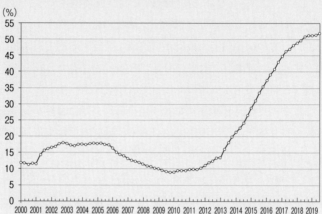

資料：日本銀行「資金循環統計」。

　もし、既発の国債を将来の税収を用いて償還しつくせないとき、財政当局が金融当局に対して、不足分を通貨供給によってファイナンスすることを求める可能性があります。世界の歴史上、こうした財政赤字の貨幣化（財政赤字ファイナンス）が原因となって引き起こされた**インフレーション**（持続的な物価上昇、インフレ）を何度も経験しました。財政運営の都合が優先されて、通貨供給が過剰になったことで、通貨価値が下落して金融当局が制御しにくい形で物価上昇が起きたのです。

　そうした現象から得た教訓により、無節操な財政赤字の貨幣化を排除するために、中央銀行による国債の直接引受けを禁止したり、**中央銀行の独立性**を強化したりする形で制度化しました。中央銀行の独立性とは、中央銀行が、どの政策手段をいつどのように行使するかを、政府（財政当局）から独立して意思決定できる仕組みであり、それを制度的に確保するようにしています。こうした制約を財政運営に制度的に課すことによって、政府に財政規律を維持する誘因を与えてきたのです。

　国債の日銀引受けが望ましくないのは、政府が国債増発と政府支出の金額とタイミングを決めることで、通貨供給の量とタイミングを政府が決めてしまうことになって、日銀が従属的にしか通貨供給を行えなくなるからです。国債の日銀引受けが行われるならば、図3-4のようになります。政府が国債増発と政府支出の金額とタイミ

ングを決めて、日銀に国債を直接引受けさせる（図3
－4の①）と、同時に日銀は同額の通貨供給を受動的
に行わなければならなくなります（図3－4の②）。そ
うして供給された通貨は、政府支出として民間に払い
出されます（図3－4の③）。これでは、通貨供給に関
する情報や知見を政府よりも多く有する日銀が、金融
政策を適時適切に行うことができなくなります。

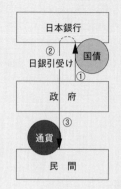

図3－4　国債の日銀引受け

　国債の日銀引受けは原則禁止されていますが、日銀
が国債を市中で買い入れることは認められています。
日銀が通貨を供給するためには、国債を市中で購入す
ることが必要です。通常、日銀が国債を市場で民間金
融機関から買う場合は、買いオペレーション（買いオ
ペ）を行います。この場合、政府の財政政策とは独立
して、日銀が独自の政策判断で買いオペの金額とタイミングを決め、通貨供給量を増
やすことができます。金融政策を司る日銀が国債を保有するとしても、独自の政策判
断でその金額とタイミングを決めています。2013年4月からの量的・質的金融緩和で
は、デフレ脱却を目的として、日銀がまさに国債を買い入れているのです。

　では、日銀が国債を買い入れることは、際限なく許されてよいものでしょうか。日
銀が国債を大量に買い入れて、そのまま保有し続ければ、国債の返済のための税負担
は生じないから、国民は税負担をしなくてよい、という誤解があります。デフレ脱却
のために日銀が国債を買い入れても、国債の返済負担はいずれ国民に及びます。その
理由は次の通りです。それは、国債の日銀引受けが仮に認められたとしても、同様で
す。

　わが国でデフレが止まらない状況が続き、金融緩和政策を進めた結果、これ以上利
子率が引き下げられないところまで下げて、利子率はほとんどゼロとなっています
（ゼロ金利政策）。そうした状況下で、政府が市中で発行した国債を、民間から日銀が
買い入れたとします（図3－5左）。このとき、日銀が国債を保有するとともに、民間
に通貨が供給されます。デフレでゼロ金利政策の下では、利子率がゼロなので、民間
の経済主体（家計や企業）はそれで得た通貨を現金のまま持っていても、（利子率が
ゼロの）金融資産で運用しても無差別になるので、通貨は民間（銀行の日銀当座預金
も含む）に退蔵されることになります。

　デフレの下では、物価が下がり続けるとともに、それと表裏の関係として通貨価値
が上がり続けるため、利子率がゼロでも民間が現金のまま持っていても損をしませ
ん。

　ところが、通貨供給が一定量を超えて増加し通貨価値が下落し始める、すなわち物

価が上がり始めると、デフレが止まりインフレに転じます。インフレになれば、通貨価値は下落し始めているので、お金を貸す側はその通貨価値の下落を補うためにインフレ率よりも高い利子率を付けて貸そうとします。デフレ期に預金利子率もほとんどゼロだったものが、インフレに転じるとプラスの利子率になります。すると、デフレ期に現金を持っていた民間の経済主体は、現金を金融機関に預けたりプラスの利子率がつく金融資産（国債を含む）に持ち替えたりしようとします。民間の経済主体から現金を受け取った金融機関も、現金のまま持つことは望まないので、日銀に現金を引き取ってもらおうとします。こうして、インフレになると民間の経済主体や金融機関はできるだけ通貨を持たなくなり、日銀は通貨を吸収するため国債を放出せざるを得なくなって、売りオペレーション（市場で国債を売る）を行います。

　インフレ期に市中の通貨を吸収するために、売りオペをしないとしても、日銀が保有する国債が満期を迎えても借換え（日銀乗換）をせず、新たに国債を買い入れない形で、日銀が保有する国債を減らすことでも、同様の経済効果が生じます。このとき、政府は、国債を日銀が借り換えない分を、市中で増発することになり、民間の経済主体が国債を保有することになります。

図3-5　日銀の国債買入れとインフレ

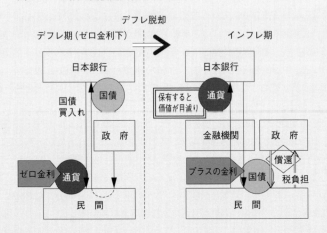

　インフレになると（それはハイパーインフレでなくとも）、プラスの利子率となるので、民間の経済主体は通貨でなく利息等が得られる金融資産を持とうとし、その中で国債は日本銀行ではなく民間が保有するようになります（図3-5右）。インフレになれば、日銀が半永久的に国債を持ち続けることが困難になります。民間の経済主体が保有する国債は、償還期限が来ると償還しなければならず、そのための税負担が国

民に生じます。したがって、かつて日銀が買い入れた国債といえども、デフレが止まると、民間が保有することになって償還のための税負担が生じることになるのです。ましてや、国債を日銀引受けさせればその返済のための税負担が生じない、ということはありえません。

　確かに、国民が均等に国債を保有し、均等に税負担をするなら、これに伴う所得再分配上の影響はほぼないでしょう。しかし、国債を多く持ち税負担をあまりしない国民と、税を多く負担するものの国債をあまり持たない国民（低所得者が多い）がいれば、この国債償還時に所得格差が拡大しかねません。こうしたデフレ脱却後の経済的影響も考慮すると、さかのぼってゼロ金利下（デフレ期）に日銀が国債を多く買い入れてくれるからといって、やみくもに国債を増発してはならないのです。

　公債金の収入の一般会計歳出総額に比した割合を、**公債依存度**と呼びます。図3-6には、公債依存度の推移とともに、一般会計での新発国債のうち赤字国債の発行に依存した部分を特例公債依存度（＝赤字国債発行額÷歳出総額）として示しています。近年では、建設国債よりも赤字国債に依存する度合いが高まっていることがわかります。予算時は歳出総額と歳入総額は等しくするので、公債依存度の分母は歳入総額と同じですが、決算時は歳計剰余金（この節で後述）があるため、歳出総額と歳入総額は等しくなりません。

　1965年度に（財政法制定後の）戦後初めて一般会計で国債が発行されました。この年度のみ（財政法に基づき建設国債を発行できる状態であったもの）赤字国債に相当する歳入補填債が発行されましたが、1966年度以降は毎年度建設国債が発行されています。

　1970年代に入り、高度成長期が終わりニクソン・ショック（第2章1.3項参照）による景気後退に対して、景気対策として財政政策が積極的に用いられ、1975年度には、第1次石油ショックの影響で税収の低迷が大きく、建設国債だけでは財源調達が不足する見込みとなったため、1966年度以降で初めて特例法に基づく赤字国債が発行されました。これを契機に、1970年代後半には国債の大量発行が行われ、1979年度には公債依存度がピーク（決算で34.7％）に達しました。

図3-6　公債依存度

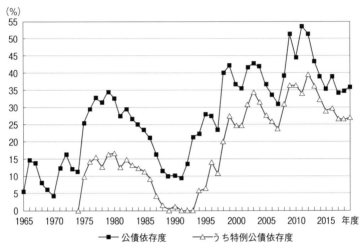

注：2011年度には、東日本大震災からの復興のために実施する支出の財源として発行された復興
　　債（比率にして11.2%）が含まれている（図中では建設国債として扱う）。2012年度と2013
　　年度には、基礎年金国庫負担2分の1を実現するための財源として発行された年金特例公債
　　（比率にして両年度とも2.6%）が特例公債として含まれている。
資料：各年度決算書。

　こうした状況の中、第2章1節でみたように、1980年代に入り財政再建に
着手して公債依存度は低下し、1990年度予算（決算ベースでは1991年度）で
は、赤字国債発行がゼロとなりました。1991年度には、公債依存度が1971年
度以降最低（決算で9.5%）となりました。

　しかし、バブル崩壊後の景気後退に伴い税収が伸び悩む中、建設国債を増
発して景気対策を始め、1994年度当初予算からは再び赤字国債が発行される
こととなりました。これ以後赤字国債が発行され続け、公債依存度は急上昇
して1995年度には28.0%に達しました。これを重くみて、第2章1節でみた
ように、財政構造改革を始めました。財政構造改革を始めた1997年度に、公
債依存度は23.5%まで低下しました。しかし、1997年秋の金融危機を契機に
不況となり、財政運営を景気対策重視に転換した1998年度には、国債の新規
発行額が30兆円を超えました。

　その後、2004〜2007年度には歳出削減と税収増加によって公債依存度が低
下しましたが、2007年夏以降のアメリカのサブプライムローン問題に端を発

した世界金融危機の影響で税収が落ち込み、国債増発を伴う景気対策を行ったことで、また公債依存度が急上昇しました。2009年度と2011、2012年度では、公債依存度は50％を超えました。つまり、一般会計の歳出の過半を借金でまかなっているという状態です。また、その国債発行の大半は赤字国債です。2014年度に消費税が増税されて税収が増えたことで、公債依存度が40％を割るところまで低下しました。

(F) 前年度剰余金受入

前年度の**歳計剰余金**（決算時に歳入総額が歳出総額を上回った差額）の受け入れ分です。歳計剰余金が生じる原因は、租税等の自然増収や歳出予算の繰越額や不用額（結果として使用する必要がなくなった額）が生じるためです。租税等の**自然増収**とは、予算での予想以上に景気が良くなるなどの要因で、増税によらずに租税等が予算で計上していたより増収となることです。

歳計剰余金のうち、翌年度に繰り越された歳出に充てるための財源などを除いた額を、純剰余金と呼び、純剰余金のうち2分の1を下らない金額は、原則として翌々年度までに、公債や借入金の償還財源に充てなければならない、とされています（財政法第6条）。

逆に、予見し難い税収の減少等により一般会計の決算上の歳入不足が生じる場合を、**歳入欠陥**と呼びます。その場合、不足額を決算調整資金から補填して決算を締めます。その補填額を、翌々年度までに一般会計から決算調整資金に繰り戻すこととされています。通常、年度途中に歳入不足が判明すれば、補正予算を組んだり歳出予算の執行を止めたりして、歳入欠陥が生じるのを避けようとしています。

歳入欠陥は、1981、1992、1993、1997、2001、2008年度に生じました。2008年度に生じた歳入欠陥は、2010年度において一般会計の歳出に決算不足補填繰戻という費目を立てて、決算調整資金に繰戻しました。

2.2 一般会計歳出の主要経費別分類

一般会計歳出は、使途の分類の1つである**主要経費別分類**でみると、社会保障関係費、文教及び科学振興費、国債費、恩給関係費、地方交付税交付

表3-2 一般会計歳出の構成比（決算ベース）

	1965	1975	1985	1990	1995	2000	2005	2010	2015
社会保障関係費	14.7%	19.8%	18.7%	16.6%	19.2%	19.7%	24.1%	29.6%	32.0%
文教及び科学振興費	13.3%	13.0%	9.2%	7.8%	8.8%	7.7%	6.7%	6.3%	5.7%
国債費	0.3%	5.3%	19.2%	20.7%	16.9%	24.0%	21.9%	20.5%	22.9%
地方交付税交付金等	19.2%	16.1%	18.3%	23.0%	16.2%	17.7%	20.4%	19.7%	17.1%
防衛関係費	8.2%	6.6%	6.0%	6.1%	6.2%	5.5%	5.7%	4.9%	5.2%
公共事業関係費	21.0%	16.7%	13.0%	10.0%	16.8%	13.3%	11.1%	6.1%	6.5%
その他	23.3%	22.5%	15.6%	15.8%	15.9%	12.0%	10.1%	12.8%	10.7%
歳出総額（兆円）	3.7	20.9	53.0	69.3	75.9	89.3	85.5	95.3	98.2
対GDP比	11.0%	13.7%	15.6%	15.0%	14.5%	16.6%	16.0%	18.9%	18.2%

注：地方交付税交付金等には地方特例交付金も含む。丸めの誤差あり。
資料：各年度決算書。

金、防衛関係費、公共事業関係費、経済協力費、中小企業対策費、エネルギー対策費、食料安定供給関係費、その他の事項経費などがあります。

一般会計歳出のうち、国債費と地方交付税交付金（地方特例交付金を含む）を除いた経費の総称を、**一般歳出**と呼びます[2]。一般歳出は、国が裁量的に行う政策に関する経費とみなされています。一般歳出が一般会計歳出総額に占める割合は、1970年度には約75％でしたが、次第に低下して1991年度には約55％に達しました。近年では約60％ですが、以前に比べて一般歳出の割合が減り財政の硬直化の傾向を示しています。

また、2010年度から、財政健全化の取組みにあわせて、一般会計歳出のうち国債費を除いた経費を、**基礎的財政収支対象経費**として定義する概念が用いられています。基礎的財政収支の定義は、第2章2節で示した通りです。

以下では、主な歳出項目について個別にみてみましょう。ちなみに、各費目の一般会計歳出全体に占める構成比の推移は、表3-2の通りです。

(A) 社会保障関係費

社会保障関係費は、社会福祉、生活保護、社会保険、感染症対策などに関

2）産業投資特別会計（現、財政投融資特別会計投資勘定）への繰入れがある年度には、これも除きます。

わる経費です。社会保障制度が整えられるにつれ、社会保障関係費は1970年代後半から1980年代前半にかけて一般会計歳出の最大の経費となりました。1990年代初頭の金利上昇と国債残高の累増の影響で、1990年代は国債費に次いで多い経費となりましたが、2000年代初頭には一般会計総額の20％を超える規模にまで増加して再び一般会計歳出の最大の経費となりました。近年では一般会計歳出総額の約3分の1を占めています。

　社会保障関係費は、年金給付費、医療給付費、介護給付費、少子化対策費、生活扶助等社会福祉費、保健衛生対策費、雇用労災対策費からなっています。一般会計での社会保障給付費は、介護給付費など一般会計から直接支出されるものもあれば、年金特別会計などにいったん繰り入れられてから、支出されるものもあります。社会保障制度の詳細については、第4章で紹介します。

(B)　文教及び科学振興費

　教育や科学技術の振興を図るための経費です。そのうち、教育振興助成費が40％強を占めて最大の経費であり、全体の30％弱を占める義務教育費国庫負担金を合わせると文教及び科学振興費全体の約70％を占めています。教育振興助成費には、国立大学法人運営費だけでなく、私立学校振興費、生涯学習振興費などが含まれます。義務教育費国庫負担金は、義務教育の妥当な規模と内容を保障するために国が必要な経費を負担する制度に基づいて支出される経費で、公立小中学校等の教職員の人件費などに充てられます。研究機関での研究開発を推進する経費などが盛り込まれる科学技術振興費は、文教及び科学技術振興費全体の30％弱を占めています。

(C)　国債費

　1965年度以降一般会計で発行されている国債の償還、利子支払の財源に充てるための経費です。

　国債費の一般会計歳出全体に占める割合が高くなるほど、限られた財源の中で政策的経費が抑えられるために歳出が硬直的になります。国債費の一般会計歳出全体に占める割合は、国債の大量発行がなされた1970年代後半以降

上昇し続け、近年では20%を超えています。

　国債費のうち、元本の償還に充てられる支出は、毎年度償還に必要な費用をその都度支出するのではなく、発行してから60年間で償還し終える**60年償還ルール**（詳細は第8章参照）に基づき、国債残高の約60分の1（1.6%）相当を国債整理基金特別会計に定率繰入れする形で支出しています。

　国債費のうち利払費は、近年では8兆円弱で、国債費全体の約3分の1を占めています。国債利子率が低下すれば利払費も減少するので、2000年代前半では利払費は減少傾向でした。しかし、国債残高が増えれば低金利であっても利払費は増加するので、2000年代後半以降、利払費は低金利でも増加傾向にありました。

(D)　恩給関係費

　文官等恩給費、旧軍人遺族等恩給費、遺族及び留守家族等援護費などに関わる経費です。

(E)　地方交付税交付金・地方特例交付金

　地方公共団体の行政に必要な財源は、その調達能力に著しい地域差がみられます。国が国民の租税負担の公平化や一定の行政水準の維持などの観点から、地方公共団体の財政力の格差を調整するため国税の一部を各地方公共団体に配分する資金を、地方交付税交付金と呼びます（第9章で詳述）。また、地方特例交付金は、1999年度の地方税の恒久減税などで地方公共団体の減収を一部補填したり、税源移譲などの調整をするために、国から地方公共団体へ支出する補助金です。

(F)　防衛関係費

　わが国の防衛力整備に関わる経費です。自衛隊の装備や施設の整備、人件費、在日米軍駐留経費、基地周辺地域向けの補助金などを計上しています。防衛関係費が一般会計歳出全体に占める割合は、1970年代後半以降1990年代までは約6%でしたが、その後低下して2010年度ごろには5%を割りました。近年では5%台となっています。

わが国の防衛予算は、長期的な戦略に基づきつつ、防衛力を整備する中期的な計画を立て、各年度に必要な経費を計上する形で組まれています。おおむね10年程度の期間を念頭に置き、外交政策と防衛政策に関する長期的な戦略として「国家安全保障戦略」（2013年12月）が策定されています。これを踏まえて防衛力のあり方と保有すべき防衛力の水準を規定する「防衛計画の大綱」が策定されます。この大綱に合わせて、5年間の経費の総額と主要装備の整備数量を明示する「中期防衛力整備計画」が策定されます。この計画では5年間の自衛隊に関する事業や所要経費などを定めています。これに沿いながら、各年度の防衛予算を組むという流れとなっています。

(G)　公共事業関係費

　国が経費を負担する公共事業に関わる経費です。経費を支出する公共事業は、国が直轄する直轄事業だけでなく、地方公共団体が行う公共事業に対して経費を補助する補助事業も含まれます。公共投資のさらなる詳細は、第4章で紹介します。

　公共事業関係費の内容（2020年度現在）は、治山治水対策事業費、道路整備事業費、港湾空港鉄道等整備事業費、住宅都市環境整備事業費、公園水道廃棄物処理等施設整備費、農林水産基盤整備事業費、社会資本総合整備事業費（社会資本整備に関する地域の総合的な取組みを集中的に支援するために、使途の限定を緩めた交付金）、推進費等（自然災害による被害や重大な交通事故が発生した場合など、予算作成後の地域の事象に柔軟に対応すべく弾力的な事業推進を図るもの）、災害復旧等事業費などとなっています。近年の予算では、これらのうち支出額が多いのが、社会資本総合整備事業費と道路整備事業費で、公共事業関係費の半分を占めます。

　公共事業関係費が一般会計歳出全体に占める割合は、高度成長期には約20%でしたが、石油ショック以降は比率が低下して、1990年度には10%まで低下しました。しかし、1990年代の景気対策で公共事業関係費が増加して一時15%を超えました。2000年代前半に抑制されて2000年代後半には10%を割りました。近年では7%前後となっています。

㈹　経済協力費

　食糧、医療・保健、教育、環境衛生などの発展途上国への無償資金協力や有償資金協力（円借款）、技術協力、国際機関への拠出金などに関わる経費です。経済協力費が一般会計歳出全体に占める割合は、一貫して1％前後です。

　ODA（政府開発援助）は、開発途上国に向けた、一定の条件以上に援助度合いの高い資金供与を指し、経済協力費の一部と重複しますが、経済協力費がODAと等しいわけではありません。

㈤　中小企業対策費

　中小企業の経営の安定化や近代化を促したり、創業を支援したりするための経費と、政府関係機関（日本政策金融公庫）等からの中小企業向け融資・保証を充実させるための支出です。

㈥　エネルギー対策費

　石油の備蓄、発電用施設の立地対策、原子力の安全対策、省エネルギー・新エネルギー対策などに関わる経費です。

㈦　食料安定供給関係費

　食の安全や消費者の食に対する信頼の確保に取り組み、主要食糧の買入れなどによりその需給や価格の安定を図り、農畜産業や漁業の経営安定を図ることに関わる経費です。

COLUMN 3.3　予備費

　国の歳出予算では、予備費が設けられています。予備費とは、予見し難い予算の不足に充てるための経費で、予算成立後に、既定経費について国会で議決された金額を上回って支出しなければならなかったり、新規に経費が必要となったりした場合に、それを充てることができます。日本国憲法第87条第1項「予見し難い予算の不足に充てるため、国会の議決に基づいて予備費を設け、内閣の責任でこれを支出することが

できる」に基づいています。予備費をどの費目に充当するかは、事前の国会の議決は不要で内閣の責任で決定できますが、予備費として計上して予算全体で議決を経る必要があります。

　予備費は、年度途中に、予期せざる自然災害が起きたときの復旧費や予定以上に支出がかさんだ経費に充てられています。一般会計予算にも特別会計予算にも政府関係機関予算にも設けることが認められています。

　予備費は、事前議決の原則の例外です。このため、日本国憲法第87条第2項には、「すべて予備費の支出については、内閣は、事後に国会の承諾を得なければならない」とされています。内閣は、予備費の使途を説明して国会に事後承諾を求めます。ただし、国会の承諾がない場合でも支出は有効です。

　予備費は、決算時には、使途が確定しているかどの支出にも充てず不用となるかのどちらかとなる。

　予備費は、新型コロナウイルス感染症に直面した2020年度に、第2次補正予算段階で過去最高の12兆円（うち11.5兆円が新型コロナウイルス感染症対策予備費）が一般会計で計上されました（第3次補正予算で減額されて10.15兆円）。例年は5000億円前後です。巨額の予備費を計上して、使途を国会で事前に議決しないで内閣の裁量で決められるようにすれば、財政民主主義を揺るがしかねません。不測の事態に迅速に対応するために備える程度の規模にすることが望まれます。

4 国の歳出

この章では、国の歳出のうち、社会保障関係費と公共事業関係費に焦点を絞って解説します。

1 社会保障予算の仕組みと現状

1.1 社会保障費の拡大

わが国は、人口の少子高齢化が急速に進み、社会保障の給付と負担が増大すると見込まれています。本章1〜5節では、社会保障に焦点を当てます。今後予想される状況は、表4-1の社会保障給付の将来見通しとして示されています。この給付は、年金、医療、介護、子ども・子育て支援とその他の福祉分野からなっています。わが国の社会保障給付は合計して、2015年度には約115兆円でしたが、団塊世代（1947年から1949年生まれのベビーブーム世代）が全員75歳以上となる2025年度には約140兆円、団塊ジュニア世代（1971年から1974年生まれのベビーブーム世代）が高齢者になり高齢者人口がピークを迎えるとされる2040年度には約190兆円に増えると見込まれています。

表 4 - 1　社会保障給付の将来見通し（計画ベー
ス・経済ベースラインケース）

（単位：兆円）

| | 実績 | 推計 | | |
	2015	2018	2025	2040
年金	54.9	56.7	59.9	73.2
医療	37.7	39.2	47.4	68.5
介護	9.4	10.7	15.3	25.8
子ども・子育て	12.8	7.9	10.0	13.1
その他		6.7	7.7	9.4
合計	114.9	121.3	140.2	190.0

注：地域医療構想に基づく2025年度までの病床機能の分化・
連携の推進、第3期医療費適正化計画による2023年度
までの外来医療費の適正化効果、第7期介護保険事業
計画による2025年度までのサービス量の見込みを基礎
として計算し、それ以降の期間については、当該時点
の年齢階級別の受療率等をもとに機械的に計算。

資料：「2040年を見据えた社会保障の将来見通し」（2018年
5月）、社会保障人口問題研究所「社会保障費用統計
2015年度」。

　社会保障は、生活する上で直面するリスクに備え、社会全体でその負担を
分かち合う仕組みです。医療保険は、病気にかかるリスクに対して備えるも
の、年金保険は、長生きしたときに生活に必要な資金が不足するリスクに備
えるもの、介護保険は、生活を営む際に他の人の介添えが必要となるリス
ク、あるいはそうした介護の負担を強いられるリスクに備えるものであり、
雇用保険は、失業して所得がなくなるリスクに備えるものです。

　このように、さらに増加が予想されている社会保障関係の給付を、誰がど
のように負担してまかなうかが、今後の重要な政策課題です。

1.2　国の社会保障関係費

　国の一般会計における社会保障関係費では、国税と赤字国債等でまかなわ
れた財源を、年金保険、医療保険、介護保険、労働保険（雇用保険と労災保
険）からなる社会保険、生活保護を中心とする公的扶助、少子化対策や障害
者福祉などの社会福祉、感染症対策などの公衆衛生のための支出に充ててい
ます。その多くは、社会保障の諸制度における国庫負担金の支出です。

　社会保障の給付は、税金だけでなく社会保険料によっても財源がまかなわ

れています。一般会計では、社会保険料による財源は含まれていません。

　わが国で課されている社会保険料のうち、年金保険料、全国健康保険協会（本章2節で後述）の医療保険料、労働保険料は、国の特別会計の収入となっています。全国健康保険協会以外の医療保険料と介護保険料は、国庫を経ずに、保険運営者（保険者）に支払われています。

　社会保障に関係する国の特別会計には、年金特別会計と労働保険特別会計があります。これらの特別会計では、社会保険料と一般会計からの国庫負担分の繰入れなどから収入を得て、それぞれの給付のために支出しています。

　年金給付は、年金特別会計の基礎年金勘定、国民年金勘定、厚生年金勘定を通じて支給されています。全国健康保険協会における医療の給付は、年金特別会計健康勘定を通じて支払われています。中学生以下の子供を持つ親に支給される児童手当などの子ども・子育て支援のための支出は、年金特別会計子ども・子育て支援勘定を通じて市町村等に向けて支払われています。

　労働災害に直面したり療養のために休業したりする労働者に、保険給付をしたり社会復帰を促進したりするための支出は、労働保険特別会計労災勘定を通じて行われます。失業したり職業訓練を受けたり育児休業を取得したりする労働者に支払われる給付は、労働保険特別会計雇用勘定を通じて支給されます。

　このように、国の社会保障関係費は、一般会計だけでなく、特別会計でも経理されています。特に、それぞれのリスクに応じて支払われる社会保険料は、他の目的と混同されないように、前述のように区分経理されています。

　社会保障に投じられる税財源は、後述するように、国だけから支出されるわけではなく、地方公共団体からも支出されます。

1.3　社会保障を政府が行う根拠

　では、なぜ社会保障を政府が行う必要があるのでしょうか。社会保障がカバーしようとするリスクに備える保険は、政府が営まなくても、民間の保険会社にでもできるかもしれません。しかし、公的な保険と私的な保険（民間で運営する保険）の根本的な違いは、保険への加入が公的保険では強制できますが、私的保険では任意である点にあります。強制加入であることの長所

は、アドバース・セレクション（逆選択）が回避されることです。保険である以上、リスクに直面すれば保険金が給付されますが、リスクに直面しなければ保険料を支払っても保険金が受け取れません。もし保険が任意加入ならば、低い確率でしかリスクに直面しないと思われる個人（低リスク者）は加入せず、より高い確率でリスクに直面する個人（高リスク者）が加入します。この状態をアドバース・セレクションと呼びます。高リスク者だけが加入すれば、保険金（給付）を払わなければならない人だけが加入することとなり、保険給付の支払いがかさむ分、保険の財政運営は苦しくなります。したがって、低リスク者も多く加入する状態と比べて、より高い保険料を課すか、より少ない保険金を給付するかにせざるを得なくなります。強制加入ならば、リスクに直面しなかった人が負担した保険料を、リスクに直面した人の保険金給付に充てられるので、それだけ低い保険料を課したりより多い保険金を給付したりすることができます。それとともに低リスク者も、確率が低いとはいえリスクに直面すれば保険金給付が受けられます。

　強制加入の長所には、保険会社のリスク選択の結果クリーム・スキミングを回避できることもあります。私的な保険では、保険加入者側のアドバース・セレクションがある反面、保険会社側が採算面で好都合な低リスク者だけを選別して受け入れて高リスク者を排除するという**クリーム・スキミング**が生じる恐れがあります。任意加入であれば、保険会社のクリーム・スキミング（いわば、いい所取りの意）を容易に禁止できません。このような点に、社会保障を公的に行う一つの根拠があります。

　また、社会保障給付には、第1章2.1項で触れた価値財の性質がある点に着目すると、これを公的に行う根拠になります。たとえば、強制加入の公的年金がなければ、勤労期に稼いだ所得をすべて消費し尽くして貯蓄を残さず、老後の生活費が工面できない人がいるかもしれません。そのとき、自発的に老後のために貯蓄をしない家計に対して、政府が公的年金に強制加入させて、老後の生活費がまかなえるように年金を給付することが考えられます。また、高カロリーの食べ物が好きな人が節制せずに食べ過ぎて健康を害する恐れがあるならば、政府が強制的に定期的な健康診断を受けさせて、健康に留意を促すことが考えられます。

だからといって社会保障は公的にしか行えないわけではありません。私的保険だと、民間の保険会社が所得再分配に配慮せずに、純粋にリスクを分かち合う機能だけを発揮するように運営すればよいでしょう。しかし、公的保険は、政治的要求として、単純にリスクを分かち合うだけでなく、公平性への配慮も求められることがあります。リスクにあまり関係なく低所得者にはより低い保険料を、高所得者にはより高い保険料を課すという所得再分配機能が、リスクを分かち合う機能とともに渾然一体となりえます。するとなおさら、下記の**モラル・ハザード**の問題を引き起こします。

　たとえば、公的保険として、個人が病気にかかるというリスクに直面したときには保険金を給付するとしましょう[1]。病気というリスクに直面したのは、病気を予防する努力を怠った（たとえば、高カロリーの食べ物を好きな人が節制せずに食べ過ぎて生活習慣病になるとか、タバコを吸い過ぎたことから肺の病気になる）としても、わが国の公的保険の場合、保険金は給付されます。つまり、病気になった理由が、運悪くリスクに直面したからなのか、努力を怠ったからなのかを問わず、保険金を給付します。

　そこで、もし保険運営者（保険者）がこれらを完全に区別できれば、モラル・ハザードは生じ得ません。たとえば、仮に病気を予防する努力を怠って病気になった場合は保険給付をしないという保険契約にすれば、保険加入者（被保険者）はなるべく病気を予防する努力をするでしょう。しかし、実際のところ、運悪くリスクに直面したからなのか努力を怠ったからなのかを、保険者である政府には厳密に区別できません。すると、理由を問わず、病気になった人には保険金を給付してしまうことになります。これをあらかじめ理解していれば、個人は運が悪くとも、努力を怠っても病気になれば保険金が受け取れますから、意図的に病気を予防する努力を怠ろうとします。これがモラル・ハザードです。先の例でいえば、高カロリーの食べ物を節制せずに食べ過ぎたり、タバコを吸い過ぎたりすることです。

　強制加入が前提の公的保険にまつわる問題点は、民間保険よりもモラル・

---

[1]　厳密にいえば、わが国の公的医療保険では原則的に、保険金は患者に直接現金で給付するのではなく、診察した医療機関に支払う形で給付されます。

ハザードが起こりやすい点です。民間保険なら（検証可能な形で）努力を怠れば保険給付をしないという契約を結ぶことが可能でも、公的保険には（政治的な理由も含めて）それができないことが多いのです。そう考えれば、社会保障は何でも公的に行うのがよいというわけではなく、民間で行ってもアドバース・セレクションが深刻でないものは公的に行う必要はないといえます。

1.4　社会保険方式と税方式

　社会保障に関する経費の財源をどのように負担するかは、社会保険方式と税方式の2つに大別されます。

　社会保険方式とは、社会保障制度の加入者がそれぞれ保険料を支払い、それをもとに保険金を給付する形で運営される方式です（給付財源の一部に税を投入することはあります）。その保険が対象としているリスクに直面したときには、保険料を払った人にのみ保険金を給付します。したがって、社会保険方式のメリットは、保険料負担の記録を残すことで、負担記録に基づいて給付を行うことができる点です。デメリットは、特別な配慮をしなければ、低所得の人にも保険料の負担を強いることになる点や、所得や資産に比例する形や定額という形でしか保険料を課せない（消費税のように消費額に比例する形で課すのは困難である）点が挙げられます。

　税方式は、社会保障制度における保険金給付の財源を租税でまかなう形で運営される方式です。この際の租税の課し方は、リスクに応じる必要はなく、給付に必要な財源を確保することができます。税方式のメリットは、社会保障制度において所得再分配をより強く配慮できる点です。税方式では、保険料の負担と無関係に税を財源とした給付を与えることができるので、保険料をほとんど支払えないほど困難な状態にある人に対しても給付を行うことができます。累進所得税を財源とすることも可能ですし、老若問わず世代を超えて負担する消費税を財源とすることも可能です。他方デメリットは、租税はすべての負担記録をとることができないので、負担と関連付けて給付を行うことが難しい点が挙げられます。

　わが国の社会保障制度は、社会保険方式を基本としているとされていま

す。つまり、保険料を払わない人には給付は与えない仕組みです。たとえば、後述する基礎年金は、全国民に支給されるのではなく、基準を満たす形で年金保険料を払った人にだけ給付されるのです。保険料を払わなかったか払う年数が基準に満たなかった人は、年金はもらえず、老後の生活に窮するなら生活保護の受給者となります。ただし、生活保護の給付は全額税で財源がまかなわれます。

わが国の社会保障では、社会保険料として徴収した財源と租税として徴収した財源の両方を用いています。表4-1の社会保障給付との対応で見ると、2015年度では、社会保険料が66.9兆円、（税財源を意味する）公費負担が46.1兆円となっており、社会保険料の収入が過半を占めています（残りはその他の収入です）。ただし、税財源が投じられるはずの公費負担は、そのすべてが税収でまかなわれておらず、不足分は公債発行による収入に依存して、将来に負担が先送りされている点には注意が必要です。

以下では、わが国における社会保障制度のより具体的な内容について概観します。本章では紙幅の都合で、社会保障制度として、医療保険、介護保険、年金保険、生活保護の制度を扱います。

2　医療保険制度

2.1　医療保険の仕組み

わが国の医療制度は、すべての国民が公的な医療保険制度に加入し、いつでも必要な医療を受けることができる**国民皆保険**制度を採用しています。公的な医療保険制度には、年齢、職域や地域に応じて次のような種類があります。勤労者に対する医療保険、退職者に対する退職者医療保険、そして主に75歳以上の高齢者に対する**後期高齢者医療制度**（長寿医療制度）に大別されます。勤労者に対する医療保険については、雇われた人（被用者）で一定水準以上就労する人向けの保険（被用者保険）として、組合管掌健康保険（組合健保）、全国健康保険協会管掌健康保険（略称、協会けんぽ：旧政府管掌健康保険）、共済組合があります。そして、自営業者や農業者、短時間労働者など被用者保険に加入できない勤労者に対する医療保険として国民健康保

表 4 - 2　主な医療保険制度（2017 年度（末）ベース）

	市町村国保	協会けんぽ	組合健保	共済組合	後期高齢者医療制度
保険者数	1716〔市町村が運営〕	1（全国健康保険協会）	1394	85	47
加入者数	2870万人	3893万人	2948万人	865万人	1722万人
加入者平均年齢	52.9歳	37.5歳	34.9歳	33.0歳	82.4歳
65～74歳の割合	41.8%	7.2%	3.2%	1.5%	1.9%
加入者1人当たり医療費	36.2万円	17.8万円	15.8万円	16.0万円	94.5万円
加入者1人当たり平均所得	86万円（1世帯当たり136万円）	151万円（1世帯当たり254万円）	218万円（1世帯当たり388万円）	242万円（1世帯当たり460万円）	84万円
保険料負担率	10.2%	7.5%	5.8%	5.9%	8.4%
公費負担（医療分）	給付費等の50%と保険料軽減	給付費等の16.4%	後期高齢者支援金等の負担が重い保険者等への補助	なし	給付費等の約50%と保険料軽減等

注：保険料負担率は、加入者1人当たり平均保険料を加入者1人当たり平均所得で除した額。国民
　健康保険組合（163保険者、加入者277万人）、船員保険（1保険者、加入者12万人）等は割愛。
資料：第119回社会保障審議会医療保険部会（2019年9月27日）配付資料、厚生労働省「医療保険
　に関する基礎資料」。

険（国保）があります（表4‐2参照）。

　被用者保険は職域ごとに運営されています。組合健保は、健康保険組合を設け、その組合員である被保険者の健康保険を管掌しています。単一の企業で設立する組合や同種同業の企業が合同で設立する組合などがあります。健康保険組合を設けられない民間企業（主に中小企業）の被用者は、協会けんぽに加入しています。共済組合は、国家公務員、地方公務員、私立学校教職員等がそれぞれに組合を設けて加入しています。これらの被用者保険では、被保険者本人だけでなくその被扶養者についても、病気・けが等に対する保険給付を行っています。被用者保険の保険料は、本人負担と事業主負担があって、原則労使折半となっています。

　他方、国民健康保険は、市区町村が中心となり、地域ごとに運営されています。被用者保険に加入していない74歳以下の人は、原則として国保に加入します。

　被用者保険に加入していた人が退職すると、被用者保険を離脱し、退職者

として前出の国民健康保険に入ることとなります。その保険の財源は、退職者本人の保険料だけでなく、被用者保険からの拠出金によってもまかなわれています。さらに、75歳以上になると、これら各保険とは独立した後期高齢者医療制度に移ることとなります。後期高齢者医療制度に対しても、各被用者保険と国民健康保険は、後期高齢者支援金としてその財源を拠出しています。後期高齢者医療制度についての詳細は、後述します。

　被保険者とその扶養家族が、病院などの医療機関に行って治療を受けると、一部を患者が自己負担して、その残りの医療費は診療報酬という形で医療機関から社会保険診療報酬支払基金（支払基金）に請求されます。支払基金は、社会保険診療報酬支払基金法に基づいて設置された民間法人で、診療報酬の審査支払の他に、退職者医療、高齢者医療制度、介護保険関係の業務も取り扱っています。医療機関では、患者ごとにカルテを作り、傷病名、投薬、注射などの診療内容を記入し、それを保険点数に置き換えます。そして、このカルテから**診療報酬明細書（レセプト）**を作成し、厚生労働大臣の定める診療報酬請求書を添えて、医療機関の所在する各都道府県の支払基金に提出します。支払基金では、医療機関から請求のあった診療報酬が適正であるかどうかを審査した上で、保険者に請求を行います。保険者は、診療報酬を支払基金に払い込み、さらに支払基金は医療機関にこの診療報酬を支払います。このように、医療費は、医療機関、保険者がそれぞれの請求・支払を個別に行うのではなく、支払基金を通して精算が行われています。

　公的保険が適用される医療費は、自己負担と医療給付でまかなわれ、医療給付は医療保険料と税金が財源となります。診療報酬として定められている保険点数は、国が慣例で2年に1回改定することとなっています。予算編成過程の中で、診療報酬改定が行われます。診療報酬が上がれば、医療機関の収入は増えますが、保険料と税金の負担と自己負担が増えます。診療報酬を抑制すれば、それだけ負担が抑えられます。診療報酬改定の度に、医療機関側と負担者側の主張が調整されます。

　医療保険における患者の自己負担割合は、図4−1のようになっています。原則として、6歳（義務教育就学前）未満の人は2割、6歳以上69歳以下の人は3割、70歳以上74歳以下の人は2割、75歳以上の人は1割となっていま

図 4-1　公的医療保険での自己負担割合

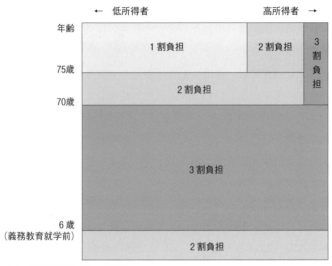

出典：厚生労働省資料を一部改編。

す。ただし、70歳以上の人で「現役並み所得」以上の所得者は3割となり、75歳以上の人で一定以上の所得を得る人は2割負担となります（2022年度後半からの予定）。現役並み所得とは、現役世代の平均的な所得に相当する金額で、それ以上の所得を得る高齢者には、現役世代と同じ自己負担割合としています。また、74歳までは2割負担であることから、75歳以上の人でも一定以上の所得を得る高齢者には引き続き2割負担とすることとしました。

　上記の負担割合で自己負担するにしても、高額な医療費がかかる患者もいます。月単位で高額な医療費がかかる場合には自己負担の上限を設ける仕組みがあります。それを、高額療養費制度と呼びます。負担上限額は、月に概ね6〜8万円ほどで、高所得者ほど高く、低所得者ほど低く上限が設定されています。その分だけ、自己負担はせずにすみ、税財源で補っています。

　ちなみに、図4-1の自己負担割合は、公的医療保険が適用される診療についてのものです。保険が適用されない医療行為（自由診療）もあります。保険外となる自由診療には、美容整形や治療効果が未確定な先進医療などがあります。自由診療は、公的医療保険と併用すること（混合診療）は原則認

図4-2　年齢階級別1人当たり医療費、自己負担額及び保険料の比較（年額・2018年度）

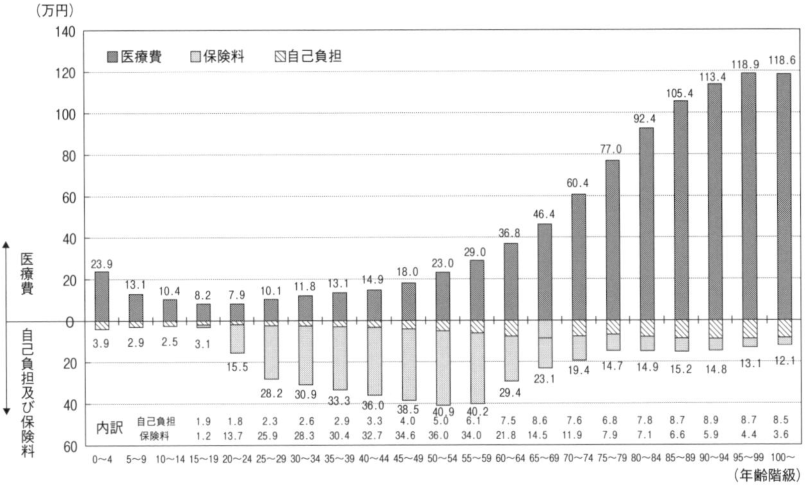

（万円）

凡例：■医療費　□保険料　▥自己負担

縦軸区分：医療費（上側）／自己負担及び保険料（下側）　横軸：年齢階級

年齢階級	医療費	下側合計（自己負担＋保険料）	内訳　自己負担	内訳　保険料
0～4	23.9	3.9	1.9	1.2
5～9	13.1	2.9	1.8	13.7
10～14	10.4	2.5	2.3	25.9
15～19	8.2	3.1	2.6	28.3
20～24	7.9	15.5	2.9	30.4
25～29	10.1	28.2	3.3	32.7
30～34	11.8	30.9	4.0	34.6
35～39	13.1	33.3	3.0	36.0
40～44	14.9	36.0	4.0	34.0
45～49	18.0	38.5	5.0	21.8
50～54	23.0	40.9	6.1	14.5
55～59	29.0	40.2	7.5	11.9
60～64	36.8	29.4	8.6	7.9
65～69	46.4	23.1	7.6	7.1
70～74	60.4	19.4	6.8	6.6
75～79	77.0	14.7	7.8	5.9
80～84	92.4	14.9	8.7	
85～89	105.4	15.2	8.9	
90～94	113.4	14.8	8.7	
95～99	118.9	13.1	8.5	
100～	118.6	12.1		

出典：厚生労働省「医療保険に関する基礎資料」。

められておらず、医療費は全額自己負担となります（したがって、治療の価格も自由に設定ができます）。ただし、一部の先進医療等は、保険外併用療養費制度として、公的医療保険との併用が認められています。

2.2　高齢者医療

　こうした医療保険の仕組みは、世界最高水準の平均寿命や高い保健医療水準を実現することに貢献し、国際的にも高い評価を受ける一方で、他の先進国が経験したことがないほどの急速な高齢化の進展に伴い医療費が増大し、医療保険の財源確保が厳しい状況に置かれています。

　医療費の給付と負担を年齢階級別にみると、図4-2のように顕著な差異があります。図4-2は、横軸（0円）よりも上側に1人当たり医療費、下側に1人当たり自己負担額と保険料負担額が表されています。医療のために税負担もしていますが、年齢階級別には示せないため図には含まれていません。

　もちろん、人はみな老いて病弱になるので、高齢者ほど1人当たり医療費が多くなるのは宿命的です。これまでは、数が少ない高齢者の医療費を数が

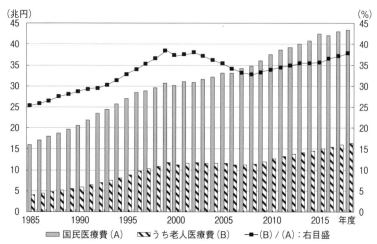

図4-3　国民医療費

（兆円）
（%）

国民医療費（A）　うち老人医療費（B）　(B)／(A)：右目盛

注：2002年9月から2007年10月にかけて、老人医療の対象年齢を70歳から75歳に段階的に引き上げている。2002年9月以前は70歳以上、2007年10月以降は75歳以上が対象。
資料：厚生労働省「国民医療費」、「老人医療事業年報」、「後期高齢者医療事業状況報告」。

多い若年者の負担で支えてきました。しかし、わが国の急速な少子高齢化で、高齢者の医療費が増大することが見込まれ、それを若年者の負担でまかなおうとすると、将来の若年者の負担は図4-2にある金額以上に増大する恐れがあります。そうなると、医療制度としては意図せざる形で、世代間での受益と負担の格差を拡大させる可能性があります。このような世代間格差を緩和しつつ、不可避な老人医療費の増大に対応するには、高齢化の進展を見据えた持続可能な医療保険制度を構築する必要があります。

　図4-3に示されているように、保険料と税を財源とした給付だけでなく自己負担分も含む国民全体での医療費を表す国民医療費は年々増加していますが、特に後期高齢者（老人）医療費も国民医療費の3分の1を超える状況となっています。2000年度に介護保険制度（本章3節で詳述）が創設されて、それまで医療費でまかなっていた高齢者の療養の一部を介護保険の給付で対応することとしたため、老人医療費の増加は一時的に抑制できました。しかし高齢化のさらなる進展とともに、後期高齢者医療費は2010年代に増加傾向となり、団塊世代が75歳以上となって今後さらに増加することが予想さ

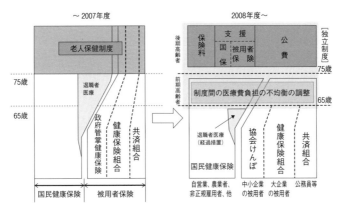

図 4 - 4　後期高齢者医療制度をめぐる制度改正

注：政府管掌健康保険は、2008年10月に全国健康保険協会管掌健康保険（協会けんぽ）
　　に移行した。
出典：厚生労働省資料をもとに改編。

れています。

　そうした中、様々な議論の末新設されたのが、後期高齢者医療制度でし
た。後期高齢者医療制度は、75歳以上の高齢者等（後期高齢者）が、既存の
健康保険を脱して独立した新しい保険制度に加入する仕組みとして、2008年
度から運用が開始されました。概要は図 4 - 4 に示されています。後期高齢
者からの保険料で全体の約 1 割、被用者保険や国保に加入する現役世代の保
険料を元手として拠出する「支援金」で全体の約 4 割、租税（公費）で全体
の 5 割の財源をまかなうこととしています。それ以前にあった老人保健制度
は、75歳以上の高齢者は国民健康保険などの健康保険に入りながら、老人保
健制度を通じた財政調整によって支援が受けられる仕組みでした。老人保健
制度の根拠となっていた老人保健法は、医療事業については高齢者の医療の
確保に関する法律へ、それ以外の保健事業は健康増進法に引き継がれまし
た。現在、後期高齢者医療制度の根拠法となっている高齢者の医療の確保に
関する法律は、2008年 3 月末まで老人保健法と呼ばれていたものでした。

　老人保健制度では、75歳以上の高齢者全員に保険料を直接課すことはあり
ませんでした。そのため、子と同居する高齢の親は低所得だと、子の扶養家
族として自ら保険料を払わずに医療保険に加入できる一方、子と別居する高

齢者は自ら国民健康保険等に入り保険料を払っていました。また、市町村単位での国民健康保険では、高齢者が多い過疎部の市町村では、給付がかさむため保険料を上げざるを得ない半面、高齢者が少ない都市部の市町村では保険料が相対的に低いという状況で、その保険料の差が最大約5倍にも達しました。このように老人保健制度の下では、同年齢でも保険料を払わない高齢者から高い保険料を払う高齢者までいるという状態でした。それでいて、受けられる医療は支払う保険料によって差別されることがないのは、以前も今も変わりません。

　老人保健制度は、市町村が運営していましたが、それ自体は「保険」ではありませんでした。高齢者が各々入っている保険の保険者と、高齢者が受診した医療機関に支払う給付とをつなぐ役割を果たし、医療にまつわる給付と負担について調整してきました。

　ところが、医療費が多くかかる高齢者の割合が多いために、老人保健制度で調整してもなお、中には財政が苦しくなる保険者も出てきました。そこで、75歳以上の高齢者だけを、扶養されているか否かや過去の職業を問わず皆同じ保険の仕組みで独立して運営することで問題を解決しようと考えたのが、後期高齢者医療制度創設の1つの動機となっています。

　後期高齢者医療制度は、老人保健制度に比べていくつか仕組みが改善されました。後期高齢者医療制度では、75歳以上の高齢者は、子の扶養家族であるか否かに関わらず、自ら保険料を払う形で独立した制度に加入することにしました。また、75歳以上の高齢者から保険料を徴収することとし、特に高所得の高齢者に対してしかるべき負担を求めることができる仕組みにしました。つまり、勤労世代の負担を相対的に抑制できる仕組みとなりました。さらに、都道府県単位で運営することで、高齢者が多く医療費がかさんで保険料が高い過疎部と、若年層が多い分保険料が低い都市部での保険料格差を同じ県内で縮小することができました。

2.3　今後の改革課題

　高齢化が今後さらに進展する中、医療保険制度を将来にわたって持続可能にするためには、公的保険給付の内容や範囲の見直し、世代間の給付と負担

の公平化といった医療制度改革が必要となります。

　高齢化が進み、人口減少が進んでいる市町村で、今後とも多くの財政調整に依存せずに医療保険を維持していくことはかなり困難な状況です。しかも、保険の性質から考えて、より多くの人とリスクを分かち合うほうが望ましいのですが、市町村が単位だとリスクを分かち合える人数に限りがあって、保険の性質がよりよく発揮できません。この観点から、市町村単位で営まれてきた国民健康保険を、都道府県も市町村とともに国保の保険者を担う都道府県単位化を2018年度から始めました。市町村は引き続き保険料徴収などの役割を担いつつ、都道府県が国保の財政運営の責任主体となって、事務の標準化や広域化を進め、同一都道府県内の市町村間で保険料水準の差をなくして、保険料水準の統一を進めてゆく取組みが進められています。

　他方、医療提供体制については、医師の偏在も顕在化しています。わが国では、患者（被保険者）は、医療機関を自由に選べてほぼ予約なしで受診できます（**フリーアクセス**）。また、医師も勤務・開業する地域や診療科を自由に選べます（**自由開業制**）。そうした中で、患者が多い割には医師の数が少ないと、ある地域やある診療科によっては「医師不足」という現象が生じたりしています。

　「医師不足」は、医師数が全体的に不足しているから起きているわけではありません。1996年から2006年の間に、医療施設に従事する医師数は全体で約14％増えましたが、外科は約8％減、産婦人科は5％減、小児科は7％増と全体の増加率よりも低くなったのに、皮膚科は15％増、泌尿器科は19％増、形成・美容外科は57％増と高くなっていました（厚生労働省「医師・歯科医師・薬剤師調査」における2007年度までの主たる診療科名に基づきます）。その後、最近10年間でも医師数は約15％増えており、診療科間での医師の偏在は改善されたものの、医師を養成する医学部では診療科ごとの学生定員が設けられているわけではありません。

　また、各地域で診療科ごとの医師の定員管理も厳格に行っておらず、患者数とのミスマッチを調整する仕組みがわが国にはありません。そのため、地域間での医師の偏在も顕在化しており、医師不足で病院を閉鎖する地域も出ています。

図4-5 地域医療構想と病床再編の位置付け

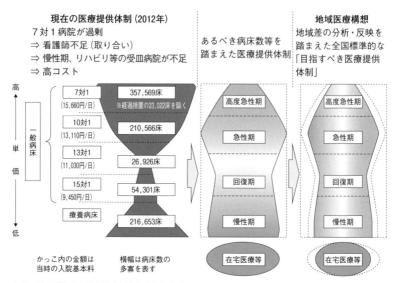

出典：財政制度等審議会財政制度分科会会合（2014年10月8日）配布資料を一部改編。

同様の地域間の偏在は、医療機関が持つ病床（ベッド）にもあります。患者が、急性期（手術直後や発症後早期の安静が必要とされる時期）、回復期（急性期を経過した患者への在宅復帰に向けた医療やリハビリテーションが必要とされる時期）、慢性期（長期にわたり療養が必要とされる時期）といった疾患の状態に応じた医療を受けようとするなら、各地域において対応した病床が用意されていなければなりません。元来、急性期の患者は若年者に多く、高齢者の患者は大半が慢性期の患者であるのが実態です。

　こうした人口動態に伴う医療需要を踏まえて、2015年度から各都道府県で**地域医療構想**を策定し、その実現に向けて取り組まれています。地域医療構想は、2014年に成立した医療介護総合確保推進法に基づき、地域（複数の市町村からなる二次医療圏など）ごとに、レセプトのデータ等に基づき根拠をもって推計した2025年の医療需要（入院・外来別の患者数等）、2025年に目指すべき医療提供体制（病院が設ける病床や外来の必要量など）、目指すべき医療提供体制を実現するための施策（病床の配置の再編、在宅医療等の充

92

実など）が盛り込まれました。地域医療構想が目指す方向は、図4-5に示されています。

　地域医療構想の中では、患者の医療需要を高度急性期（高度な手術等の医療措置が必要な時期）、急性期、回復期、慢性期という4機能に分化しますが、これまでは未分化でした。これまでの医療提供体制では、看護師1人に対する入院患者数で表される「7対1」病床（高度急性期などを想定）、「15対1」病床（慢性期などを想定）という形で表されてきました。入院患者に対してより多く看護師がつくことは、それだけ病状が悪く医療や看護が必要な患者ということで、当然ながらそれだけ医療資源が投じられているから単価が高い病床を意味します。全国的には、図4-5に示されているように、7対1病床が相対的に多いのが実状です。しかし、今後の人口動態からすれば、若年者は減少し高齢者が増加することが予想されますし、過疎部の地域では高齢者の人口さえ減少して患者数が減ることが予想されます。

　そうした状況で、現存する病床を一切減らさなければどうなるでしょうか。病院が病床を維持しようとすると固定費用がかさむのに、入院患者が減って医業収入が減れば、病院は赤字を抱えて経営が立ち行かなくなります。逆に、病院が無理に収入を確保しようとして入院の必要がない患者を病床に寝かせれば、寝たきりの高齢者を増やしてしまいかねません。どちらになっても、その地域のためになりません。したがって、地域医療構想で根拠をもって推計した入院医療の需要に合わせて病床を再編してゆくことが必要です。

　地域医療構想では、現在の医療提供体制を、患者のニーズに合わせて再編することを目指しています。2025年以降を見通せば、75歳以上の高齢者が今後さらに増えることから急性期病床が過剰となり回復期病床が不足すると見込まれています。こうした実態と合わない病床を、地域医療構想の策定を通じてうまく再編することが必要とされています[2]。

　次に、公的医療保険の給付の出し方にも、より一層の工夫が求められます。現在、医療機関を受診して医薬品を処方されると、6歳から69歳までの人なら3割の自己負担で医薬品が処方されます。その中には、薬局で自由に購入できる医薬品（市販類似薬）もありますが、薬局で買うと全額自己負担

となります。同じ医薬品が医師の処方なしに薬局で買えば全額自己負担なのに、医療機関で処方されると7割引（3割自己負担）となって、「1物2価」になっています。医療機関に受診できる時間的余裕のある人とそうでない人との間で不公平が生じています。

　どこで医薬品を購入してもほぼ同じ負担となるようにするには、市販類似薬を、医療機関で処方してもよいけれども、自己負担が薬局で購入するときとほぼ同じになる（それだけ保険給付を抑制する）ように改革する必要があります。

　また別の改革課題として、現役世代と高齢世代の間の自己負担割合の違いも、今後ますます是正が必要です。図4-1に示したように、患者の自己負担割合は、負担能力というより年齢によって決まっています。同じ年収の人が医療機関を受診して同じ治療を受けたのに、その人が6〜69歳だと自己負担が3割、70〜74歳だと2割、75歳以上だと1割ということになります。こうした世代間の不公平が残されています。

　加えて、75歳以上の自己負担割合が低いままだと、現役世代の保険料負担を増やすことになります。図4-4で示したように、後期高齢者医療制度には、被用者保険や国保からの支援金も財源となっており、自己負担割合が低いと給付される割合が高くなり、その分だけ支援金の拠出も多く必要となります。被用者保険では、被保険者とその扶養家族が医療給付で必要となった医療費に充てる分だけでなく、後期高齢者への支援に充てる分までも保険料

2）地域医療構想は、新型コロナウイルス感染症の対応で「病床不足」となり「医療崩壊」を招いた元凶との見方は誤りです。地域医療構想はそもそも、図4-5にもあるように、一般病床と療養病床（主として長期の療養が必要な患者のための病床）についての病床再編であって、感染症病床、結核病床、精神病床は含んでいません（これらの種類の病床は医療法で規定されています）。不足していたのは、感染症に対応できる病床です。加えて、東京都など都市部では、地域医療構想でむしろ増床・再編を求めていました。しかし、増床は2025年を目指しており、感染拡大期には間に合いませんでした。
　感染拡大期の病床不足は、地域医療構想で実現を目指した医療機能の分化・連携が進んでいなかったことも一因となりました。重症者を受け入れる病院に軽症者が入院しているなど、病状に合わせた医療機能の分化・連携がうまくできていなかったことが露呈したのです。

で負担しなければなりません。高齢者の自己負担割合が低いことによって、現役世代の保険料負担が重くなるという欠点も生じているのです。

こうした世代間の不公平を改めるには、年齢ではなく負担能力に応じて自己負担割合を定める形に改革する必要があります。

望まれる改革によって医療給付を抑制することは、医療の質を落とすことを意味しません。医療の質を落とさずに保険料負担や患者負担を抑制できる恩恵が国民に及びます。現役世代の人口が減る中で、負担軽減の恩恵は世代間の不公平を是正する意味でもますます重要となります。今後、限られた医療資源や財源を効果的に投じて、こうした課題をいかに克服してゆくかが、わが国の医療で問われています。

3 介護保険制度

3.1 公的介護保険制度の背景

高齢化の進展に伴って、介護を必要とする高齢者（要介護者）も増加しています。また、要介護者の増加と歩調を合わせて、家族だけでは介護の負担を負いきれなくなってきています。さらには、介護をする側も高齢化しているという問題（いわゆる老老介護）も顕在化しています。

他方、老人の医療へのアクセスが急増し、病院内で長期療養のための病床数が急増しました。こうした背景から、医学的には入院の必要がなく自宅で療養できる状態にも関わらず、家庭の事情などで自宅に戻れず病院で生活をしている状態を**社会的入院**と呼び、社会的入院の高齢者が多く見受けられるようになりました。つまり、医療保険で事実上の要介護者を支えるという状況が生じ、医療保険に追加的な負担を増やすこととなったとの認識が広まりました。

こうした状況を打開すべく、社会全体で介護を支えていくことを目的として、前身の老人福祉制度を改編しつつ、**介護保険制度**が2000年4月から実施されました。

介護保険制度は、加齢による疾病等で介護や日常生活の支援が必要となった人が、その人の持つ心身の能力を活かして自立した日常生活を営むことが

できるよう、40歳以上の国民から保険料を徴収し、介護が必要となったときに、介護サービスの給付を行う制度です。

3.2　介護保険の仕組み

　公的介護保険の運営主体（保険者）は市区町村で、加入者（被保険者）は40歳以上の国民です。仕組み全体の概略は、図4-6に示されています。被保険者は、保険料の設定や納付方法などの違いにより、65歳以上の第1号被保険者と、40歳以上65歳未満の医療保険加入者である第2号被保険者に区分されます。介護サービス受給者は、利用者負担として費用の1割を支払い（ただし、負担能力のある一定以上所得者の利用者負担割合は2割または3割）、残りを原則、半分が保険料、半分が税で財源をまかなう仕組みとなっています。

　65歳以上の第1号被保険者は、市町村ごとに定める「基準額」に基づき本人の所得水準に応じて毎月定額の介護保険料を納めます。所得が低い人には保険料の減免、所得の高い人には保険料を割り増しする仕組みとなっています。介護保険料と介護報酬の改定は3年に1度全国で同時に実施されます。各市町村は、今後3年間の介護サービスの見通しに基づき、標準的な介護保険料となる基準額や第1号被保険者の保険料を設定し、介護保険事業計画を策定することとなっています。

　40歳以上65歳未満の第2号被保険者については、保険料の計算の仕方や額は加入している医療保険によって異なりますが、いずれの場合も保険料のうち半額を本人が、もう半額を事業主もしくは市町村が負担することになっています。第2号被保険者の保険料は、図4-6で示されているように全国でプールし、それぞれの市町村の介護給付費に応じて交付することとし、高齢化率の高い市町村を支援することとなっています。

　高齢者介護に対する公的責任を踏まえ、税を財源とする公費の負担は総給付費の半分となっています。そのうち、国の負担割合は2分の1（総給付費の25%）、都道府県の負担割合は4分の1、市町村の負担割合は4分の1（それぞれ総給付費の12.5%）となっています。また、高齢者の所得水準等による第1号保険料率の市町村格差については、国費負担の中から捻出され

図4-6　介護保険制度の概略

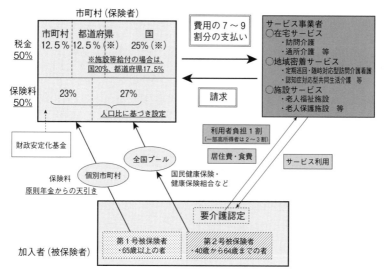

注：人口比に基づく設定の数値は2018〜2020年度のもの。
出典：厚生労働省資料を一部改編。

る調整交付金で調整しています。調整交付金が充てられる財源は、全体で国費負担のうち5分の1（総給付費の5％）となっています。

　さらに、見込みを上回る給付費増や収納率低下に起因する財政不足に直面した市町村に対応できるよう、各都道府県は財政安定化基金を設置し、資金をそうした市町村に貸付・交付します。これとは別に、市町村の求めに応じて都道府県が行う保険財政の広域化の調整とこれに伴う保険料基準の提示など、市町村に対する支援も実施しています。

　社会保険診療報酬支払基金では、介護保険関係業務として、第2号被保険者が負担することとなる介護保険料を各医療保険者から徴収する業務と、市町村へ交付する業務を行っています。

3.3　要介護認定

　介護保険では、介護を必要とする人に、その人が有する能力に応じて自立して生活ができるよう、在宅・施設の両面にわたって必要な介護サービスな

どを提供しています。介護サービスを受けられるのは被保険者の40歳以上の人です。65歳以上の人は介護が必要と認定されるとサービスを受けられますが、65歳未満の人は、原則としてサービスは受けられず、初老期の認知症や脳血管疾患など、老化が原因とされる病気により介護が必要になった人に限られます。

　介護保険のサービスを受けるには、保険者の市町村に申請し、**要介護認定**（要支援状態と認定されることを含む）を受けることが必要です。申請を受けた市町村は、市町村の職員や介護支援専門員（市町村から委託を受けた居宅介護支援事業者等）による訪問調査、医師の意見書をもとに審査判定をし、要介護認定を行います。要介護認定とは、介護保険が対象とするサービスを受けられる状態かどうかを認定することです。要介護認定は、全国統一の基準で行われます。要介護認定において、介護がどの程度必要かを、7段階に区分して認定します。最も状態の軽いケースが「要支援状態」（常時の介護までは必要ないが、家事や身支度など日常生活に支援が必要な状態）で2段階（要支援1・2）、次いで「要介護状態」（身体上又は精神上の障害があるため介護を必要とする状態）は5段階（要介護1・2・3・4・5）に区分されています。心身の状態が介護を必要とする状態にない場合は、「非該当」となり、介護保険を用いた介護サービスは受けられません（全額自己負担で私的に介護サービスを受けることは可能です）。

3.4　公的介護保険のサービス内容

　要介護状態もしくは要支援状態であると判定されると、要介護者の状態に応じて介護サービス計画（ケアプラン）が作成され、そのプランに沿って介護サービスが行われます。要介護者になったからといって、自由に介護保険でサービスを受けられるわけではありません。

　介護サービスには、大別して在宅サービスと施設サービスがあり、要介護状態の人は両方のサービスを受けられますが、要支援状態の人は在宅サービスしか受けられません。公的介護保険で給付されるサービスには、国が定める介護報酬が支払われます。

　介護保険では、介護サービス提供機関として民間事業者の参入を認めてい

ます。これまでの公的な老人福祉と異なり、地方公共団体からの委託を受けることなく、民間事業者が参入できることから、営利法人、さらには住民参加型の非営利組織など多様な事業者が積極的に参入できるようになっています。株式会社等が運営している有料老人ホームにおいて提供される介護サービスなども、介護保険の対象となっています。さらに、要介護認定やケアプランの制度の導入により、民間介護保険や民間事業者の事業展開が容易になっています。この他、公的介護保険の給付内容・給付水準を超えるものは、民間介護保険により対応できるようにしており、民間介護保険との連携・混合が図られるようになっています。このように、介護保険では民間活力の導入が積極的に行われています。

3.5　今後の改革課題

　最後に、介護保険における今後の改革課題について言及しましょう。介護保険でも、医療保険と同様に、高齢化の進展に伴い要介護者が今後増加して、介護給付費が増加することが予想されています。要介護者が多い市町村では保険給付支出がかさんで、保険財政の運営が厳しくなりつつあります。こうした市町村では、本来は第1号被保険者の保険料を引き上げることが考えられますが、負担に耐えられない高齢者が多いと、保険財政の収支を改善するのに足るほどには引き上げられない恐れもあります。

　こうした状況もあって、第2号被保険者の対象を40歳以上から20歳以上に広げる案が提示されました。しかし、現行の介護保険制度が、保険として若年者を対象とすることをどれほど正当化できるか、必ずしも自明ではなく、2021年度から3年間の第8期計画期間では被保険者拡大は見送られました。現行の介護保険は、これまでの保険の加入年数とは無関係に現時点で加入さえしていれば要介護認定や介護サービスが受けられます。その上に、介護サービスは、第1号被保険者は要介護認定を受けさえすれば受けられるのに対して、第2号被保険者は特定の事由がなければ受けられず、保険給付は自ずと第1号被保険者に偏ることになります。こうした状況を保険の性質から考えれば、20歳以上にまで被保険者を拡大しても、単に若年者から高齢者への所得再分配を行うことはできても、保険としてリスクをよりよく分かち合う

構造にはなっていません。

　現行制度のままでも、第1号被保険者の保険料を引き上げるとなると、連動して第2号被保険者の保険料も引き上げられることになりますが、前述のように第2号被保険者はほとんど介護サービスを受けられません。ならば、若い被保険者の保険料引上げの前に、受益者である介護サービス利用者の負担を増やすことを求める主張もあります。利用者負担を引き上げれば、それだけ介護にまつわる保険料や税による負担を抑制できます。そこで、制度発足当初、利用者負担は1割でしたが、2015年度からは、一定以上の所得がある高齢者の利用者負担は2割に、さらに2018年度からはより高所得者には3割とすることになりました。ただ、利用者負担が1割という原則が崩れ、軽度の要介護者の利用者負担が引き上げられることを警戒した反対論が根強く、全員の利用者負担を2割に引き上げることは実現していません。

　それ以外にも、介護サービスの内容について、軽度の要介護者に手厚い介護サービスが一部行われていることや、本当に必要な人が施設サービスを受けられない状況があることなど、再検討を要する問題があります。

　これまでの介護保険の改革は、医療での取組みも含めて、団塊世代が75歳以上となる2025年を目途に、地域包括ケアシステムの構築を推進する一環として行われています。**地域包括ケアシステム**とは、重度の要介護状態となっても住み慣れた地域で自分らしい暮らしを人生の最後まで続けることができるよう、住まい・医療・介護・予防・生活支援が一体的に提供されるシステムです。医療や介護などの人的・物的資源は、地域によって大きく差異があるため、地域包括ケアシステムは、国が主導するのではなく、地域の自主性や主体性に基づき、地域の特性に応じて構築されることが求められます。

4　生活保護制度

4.1　生活保護の受給要件

　生活保護制度は、資産や能力等すべてを活用してもなお生活に困窮する人に対し、その困窮の程度に応じて必要な保護を行い、日本国憲法第25条が意図するように健康で文化的な最低限度の生活を保障するとともに、自立を助

長することを目的とする制度です。

　生活保護は世帯単位で行い、世帯員全員が、その利用し得る資産や能力を最大限活用しているか否かが問われます。預貯金や生活に利用されていない土地・家屋等があれば活用すること、働くことが可能な人はその能力に応じて働くこと、年金や手当など他の制度で給付を受けることができれば活用すること、親族等から援助を受けることができる場合は援助を受けることが前提となります。こうした受給要件を満たすか否かを審査することを、**資力調査（ミーンズテスト）**と呼びます。資力調査の結果、なお生活に困窮する場合は、世帯の収入と厚生労働大臣の定める基準で計算される最低生活費を比較して、収入が最低生活費に満たない場合に、最低生活費から収入を差し引いた差額が保護費として支給されます。

　生活保護の申請窓口は、住む地域を所管する福祉事務所です。福祉事務所は、市区部では市区が、町村部では都道府県が設置します。

4.2　保護の種類と内容

　支給される保護費は、地域や世帯の状況によって異なります。保護費としては、生活を営む上で必要な各種費用に対応して扶助が支給されます。扶助の種類には、生活扶助（日常生活に必要な費用（食費・被服費・光熱費等））、住宅扶助（アパート等の家賃）、教育扶助（義務教育を受けるために必要な学用品費）、医療扶助（医療サービスの実費全額：医療保険を離脱し保険料負担と自己負担はなし）、介護扶助（介護サービスの利用者負担分等：65歳以上は介護保険に加入）、出産扶助（出産費用）、生業扶助（就労に必要な技能の修得等にかかる費用）、葬祭扶助（葬祭費用）があります。

　この中で、最も多く費やされているのが医療扶助で、生活保護費全体の約半分を占めています（図4-7参照）。次いで多いのは生活扶助で全体の約3分の1を占めています。

　生活保護費は、生活保護受給者（被保護人員）が増えるほど多くなります。被保護人員は、1990年代後半から増加傾向となり、2008年以降急増しており、2012年には210万人を超え、現行制度が発足して以来最高水準となりました（図4-8参照）。最近の被保護人員の数は、制度発足時の終戦直後の

図4-7　生活保護費負担金（事業費ベース）

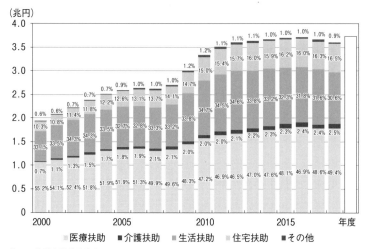

（兆円）

凡例：医療扶助　介護扶助　生活扶助　住宅扶助　その他

注1：施設事務費を除く。
注2：2018年度までは実績額、2019年度は補正後予算額。
資料：厚生労働省「生活保護費負担金事業実績報告」。

図4-8　生活保護の被保護人員、被保護世帯数、保護率

凡例：被保護実人員　被保護世帯数　保護率

注：保護率＝被保護人員÷人口。
資料：厚生労働省「福祉行政報告例」、「被保護者調査」。

混乱期よりも多くなっています。生活保護費は、2001年度に2兆円を超え、2009年度には3兆円を超えて高止まりしています。この財源は全額税金でまかなわれます。現在では、その財源のうち4分の3を国、4分の1を地方が負担します。

　被保護世帯のうち、約半数が高齢者世帯です。その理由は、後述する年金制度で、給付がもらえない（無年金）か、少額しか給付がもらえない（低年金）ために生活に困窮することが主因です。ただ、世界金融危機期の2007〜2009年には、若年層の失業率の上昇もあって、20歳代の被保護人員も急増しました。

4.3　今後の改革課題

　生活保護費が増加すると、それだけ財源となる税収を確保することが求められます。しかし、少子高齢化で生活保護制度以外の社会保障制度でも税財源が必要とされるだけに、生活保護費の増加にどう対応するかが課題です。

　当然ながら、景気がよくなり失業率が低下するのに伴い、被保護人員が減ることが期待できます。ただ、生活保護の受給者になっているときに職業訓練を受けるなどしていないと、景気がよくなったからといって就業できるとは限りません。そのため、稼働可能な受給者については、就労に向けた能力開発や就業紹介を生活保護と一体的に進めて、自立・就労支援を強化することが今後求められます。

　また、生活保護費は、受給者の生活を保障するセーフティーネットの役割を果たすというイメージで捉えられるのですが、実態としてはその費用の約半分は生活保護受給者の医療費の実費となっています。生活保護の受給者は、一定水準以上働かない場合は本章2節で説明した医療保険の適用除外となり、保険料負担も患者負担もない形で全額税を財源として医療費がまかなわれます。受診時に負担が一切ないため、過剰受診や単価の高い薬の使用を十分に抑制できていないことが懸念されています。ちなみに、本章3節で説明した介護保険は、65歳以上の生活保護受給者も第1号被保険者として加入し、生活保護で介護扶助の給付を受けて、介護保険料も利用者負担も支払っています。

なお、高齢の生活保護受給者は、低年金や無年金に起因しているため、今後の改革課題としては、後に詳述するように、年金制度と生活保護制度をどう整合的にするかが問われています。

5　公的年金制度

5.1　公的年金保険

　年金保険は、若年期に保険料を払い、老年期に保険金を受け取るものです。わが国は、今後さらなる少子高齢化の進展に伴い、保険料を払う若年者は減る一方、給付を受け取る高齢者は増えてゆく状況にあります。こうした状況の下で、年金保険料収入が先細りして、年金給付が多く出せなくなったり、年金財政に将来支障が出たりするのではないかとの懸念があります。ここでは、わが国の現行の公的年金制度が持つ性質と今後のあり方について焦点を当てます。まずは、現行の公的年金制度について、簡単に紹介します。

　わが国の**公的年金制度**は、**国民年金**と**厚生年金**からなっています。図4－9に示されているように、現在、国民年金は20歳以上60歳未満の全国民が加入して年金保険料を払い、「**基礎年金**」を支給するための年金制度です。厚生年金は被用者を対象とした年金制度で、民間企業の従業員や公務員が強制加入しています。自営業者、農業者、短時間労働の非正規雇用者とその家族、学生、無職の人などは、国民年金のみに強制加入しています。

　年金における第1号被保険者とは、国民年金のみに加入する人です。第2号被保険者とは、厚生年金の加入者です。厚生年金保険料として支払われた保険料の一部は、基礎年金の給付に充てられます。なお、国家公務員、地方公務員、私立学校教職員等を対象としていた共済年金は、2015年10月に厚生年金に統合されました。第3号被保険者とは、厚生年金に加入している第2号被保険者に扶養されている20歳以上60歳未満の無業の配偶者（いわゆる専業主婦）で、保険料は個別に納めなくとも年金受給権が得られ、その年金給付のための財源は第2号被保険者が加入している厚生年金全体で負担します。

　公的年金制度を補完する形の仕組みとして、国民年金基金とは、国民年金

図4-9　わが国の年金制度

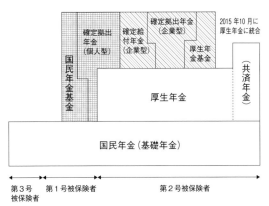

注：白色部分は公的年金、斜線部分は公的支援のある企業年金、格
　　子部分は公的支援のある個人年金。

第1号被保険者が、基礎年金に上乗せする形で任意加入する年金です。厚生年金基金とは、厚生年金に加入する事業所が、事業所単位で加入して独自の上乗せ給付を行う企業年金です。厚生年金基金は2014年度以降新設は認められず、既存の基金についても確定給付企業年金に移行するか解散するかの選択が促されています。公的支援のある企業年金として、確定拠出年金（企業型）や確定給付年金（企業型）があります（説明は後述）。

　このように年金制度は、純粋に公的年金の部分を取り出せば、国民年金（基礎年金）を基礎に、それに上乗せする報酬比例（給料が多い人は多く年金保険料を払い、多く年金保険金を受け取る）の被用者年金（厚生年金）が合わさるという、2階建てとなっています。1階部分の基礎年金は、半分が税で、半分が保険料で財源がまかなわれています。2階部分の報酬比例年金は、保険料で財源がまかなわれています。そして、その上に税制上の優遇などの公的支援がある企業年金や個人年金からなる3階部分もあります。

　わが国の公的年金は、**社会保険方式**で運営されています。つまり、年金給付は年金保険料の拠出に応じて行う仕組みです。現在、受給資格期間は10年とされ、10年未満しか年金保険料を納めていなければ年金給付は一切もらえません（本章4.2項で述べた無年金の状態）。年金受給資格期間は、2017年7

月までは25年だったので、期間が長い分無年金者や低年金者が多くいました。保険料納付の義務は20歳以上60歳未満までなので、40年間欠かさず保険料を払い続ければ、基礎年金は満額支給されます。保険料納付期間が10年以上40年未満だと、納付期間が短くなるほど年金給付が減額されます。

5.2 公的年金制度の変遷

わが国の公的年金制度は、全国民が何らかの年金制度に加入する「国民皆年金」を目指した1959年の国民年金法が成立して以降本格化しました。この年、年金保険料を支払わなくても全額国庫が負担して年金保険金を給付する福祉年金が発足しました。これにより、1961年には**国民皆年金**が全面施行されました。1973年には、「福祉元年」と称して、年金で生活ができる水準を実現すべく給付水準の大幅な引上げや、年金給付の**物価スライド**（毎年の年金給付額を物価変動に連動させる仕組み）や、給付額設定の根拠となる基準の**賃金スライド**（受給開始時の年金給付額を勤労者の賃金の変動に連動させる仕組み）などが導入されました。これで、年金給付は、物価が上がっても実質価値が目減りせず、また現役世代の賃金が上がればそれと連動して増える仕組みとなりました。

1985年の改正では、将来の高齢化に備えるべく公的年金制度の抜本改正が行われました。現行制度は、基本的にこのときに構築されました。1985年以前の旧制度では、国民年金、厚生年金、共済年金の各年金は制度的に独立していたために、転職して職場での年金制度が変わると受け取れる年金の額が著しく減ることや、制度間で負担と給付に関する格差があることや、被用者の無業の配偶者（いわゆる専業主婦）の年金が任意であることなどが問題となっていました。この制度改正によって、1986年度から全国民に共通の基礎年金を給付する新たな国民年金制度が確立し、専業主婦も国民年金が適用されて婦人年金権が確立し、第3号被保険者制度が導入されました。その後、1989年の改正では20歳以上の学生の国民年金加入などが行われました。

1990年代以降は、経済の低迷、年金積立金の運用環境の悪化、急速な高齢化に加え、政府の予想以上の少子化の進展によって、保険料の引上げや保険金給付の削減が避けられない状況となりました。1994年の改正では、基礎年

金の支給開始年齢を当時の60歳から徐々に引き上げて65歳にすることなどが決められました。

　ちなみに、支給開始年齢とは、標準的に受給が始まる年齢を意味します。自ら選択して受給し始める年齢を受給開始年齢といい、区別することがあります。支給開始年齢に達する前でも、自ら選択して繰り上げて受給することができますし、支給開始年齢に達した後でも受給せず、繰り下げて受給を開始することができます。わが国では、今でも60歳から繰上げ受給が可能です。繰上げ受給をすれば給付月額は標準的な給付月額よりも少なくなり、繰下げ受給をすれば給付月額は多くなります。

　1999年の改正では、厚生年金の給付水準を全体として５％削減し、厚生年金（報酬比例部分）の支給開始年齢を当時の60歳から徐々に引き上げて65歳とすることとしました。また、年金給付額の賃金スライド制を受給者の65歳以降の分を凍結し、65歳以上70歳未満の在職者には厚生年金保険料の負担を求めることとしました。65歳以上70歳未満で一定以上の所得がある在職者には給付額を減らす仕組み（在職老齢年金制度）を導入することなどが決められました。

　2004年の改正では、年金の負担と給付について、2017年以降の保険料水準を固定した上で、保険料収入の範囲内で給付水準を自動的に調整するという**保険料水準固定方式**を導入し、社会全体の保険料負担能力の伸びを反映させることで給付水準を自動的に調整するという**マクロ経済スライド**を導入しました。また、年金積立金の保有を前提とした財政運営を改め、100年程度の長期で年金の財政均衡を考えて積立金水準を年金給付の１年分程度（給付変動のバッファー程度）にまで取り崩す**有限均衡方式**に移行しました。基礎年金では、その財源として国庫負担割合（税財源の割合）を当時の３分の１から2009年度までに２分の１へ引き上げることとしました。また、2007年度から、在職老齢年金制度による年金給付の減額を70歳以上の一定以上の所得がある在職者にも適用することなどが決められました。その後、基礎年金の国庫負担割合は2009年度より２分の１となりました。

　マクロ経済スライドは、給付の世代間格差を是正する役割が期待されています。保険料水準固定方式により年金保険料（率）は2017年以降上がらない

ため、保険料を払う現役世代の人口に応じてしか年金保険料は入りません。その保険料収入の範囲で給付するとなると、現役世代の人口の減少（少子化）に応じて高齢者の年金給付を引き下げる方向で調整することになります。その調整を行う仕組みが、マクロ経済スライドです。

マクロ経済スライドによって、現役世代の減少に対応し、現在の高齢世代の給付水準を徐々に引き下げつつ、将来の高齢世代の給付水準を維持することを目指します。確かに、将来の高齢世代の給付水準は、現在の高齢世代よりも少子化によって低くならざるを得ませんが、過度に下がらないようにするのです。そうすることで、給付の世代間格差を是正できます。

マクロ経済スライドによる給付調整は、有限均衡方式に従い100年程度の長期で年金積立金が年金給付の1年分程度残るところまで行われます。できるだけ早期に（現在の高齢世代の）給付水準を引き下げて、年金積立金を温存して、将来の高齢世代の給付水準をこれ以上下げなくてよいように取り崩し、年金積立金が前述のように維持できるところで、調整が終わります。

5.3 賦課方式と積立方式

年金保険金を高齢者に給付するには、どこからか財源を調達しなければなりません。通常、将来の年金受給者に年金保険料を支払ってもらい、これを財源としています。その年金保険金のまかない方（年金の財政方式）として、主に2つあります。それは、賦課方式と積立方式です。

賦課方式とは、高齢世代への年金給付の財源を、その時の若年世代から保険料として徴収する方式です。つまり、同じ期の若年世代から保険料を徴収して、その資金をその期の高齢世代に年金として給付する方式です。そのため、年金財政のための積立金は原則として生じません。

積立方式は、若年期に保険料を支払い、将来（高齢期）の自らの年金受給のために積み立てておく方式です。つまり、その世代の保険料は自らの年金受給のためにのみ用いられます。その保険料を積み立てた資金は、様々な形で運用利子をあげ、元金とその利子を含めて将来の年金給付に充てられます。

わが国の公的年金制度は、2004年の改正前までは公式には「修正積立方式」と称し、無限均衡方式（将来にわたり運用収入を活用するために、巨額

の積立金を将来にわたって一定の水準に維持しておく方式）を採り、積立金を保持する年金制度でした（厳密な意味での積立方式ではありません）。しかし、これを維持すると、世代間格差が縮小できないことから、2004年改正で有限均衡方式に転換し、賦課方式の性質が強い仕組みとなりました。

わが国の公的年金は賦課方式の性質が強い仕組みですが、第2章COLUMN 2.1や第3章COLUMN 3.1で紹介したように年金積立金が存在します。それは、現役世代の人口が多く保険料収入が年金給付支出よりも多かった時期があって、その収入超過分が積立金となって積み上がったものです。高齢世代の人口が多く年金給付支出が保険料収入よりも多くなると、積立金は取り崩されることになります。現存するわが国の年金積立金は、年金給付の財源となるものの、特定の個人の将来の給付と直接ひもづいて存在するものではありません。

5.4 確定給付型と確定拠出型

年金の保険料負担と保険金給付の関係には、主に確定給付型（Defined Benefit：DB）と確定拠出型（Defined Contribution：DC）と呼ばれるものがあります。**確定給付型**年金とは、高齢期の1人当たり年金保険金をあらかじめ定める形で保険料負担を求める年金です。給付額が確定しているため、加入者は老後の生活設計がしやすい面があります。その反面、約束した給付を出すための財源が事後的に確保できなかった場合は、保険の運営者（国や企業）がその不足分を補填する必要が出てきます。

確定拠出型年金とは、若年期の1人当たり年金保険料をあらかじめ定める形で高齢期の保険金給付を行う年金です。保険の運営者が給付に必要な財源の不足を補填する必要はありませんが、加入者は給付額が事前に定まらないリスクを負うことがあります。その反面、給付が保険の運営者に依存しないので、加入者が途中で転職しても、自分の年金原資を転職先に移管して、通算した年金を受け取ること（ポータビリティー）ができます。

特に、アメリカでは401（k）と呼ばれる確定拠出型の私的年金が普及しています。わが国でも、2002年から個人型確定拠出年金（iDeCo：イデコ）が導入されています。iDeCoは、その掛金を拠出した年には所得税の計算上で

掛金分だけ課税所得から差し引かれれて所得税負担が軽減されたり、その後に得た運用益が非課税となったりする形で税制上の優遇があります。

COLUMN 4.1　年金の財政検証

　国民年金と厚生年金では、法律に基づき、政府は少なくとも5年ごとに、おおむね100年間にわたる収支の見通し（「財政の現況及び見通し」）を作成しなければなりません。この「財政の現況及び見通し」は、**年金の財政検証**とも呼ばれ、年金財政の健全性を検証することを目的としています。最新のものは、2019年8月に公表されました。

　2019年の財政検証の結果は、次のようなものでした。まず、年金財政の収支の見通しを立てる際に、今後の経済状況についての前提を設定しました。ここでの経済前提とは、物価上昇率、賃金上昇率や利子率（ひいては年金積立金の運用利回り）、全要素生産性（TFP）上昇率（いわば技術進歩率）といった経済指標の動きを左右する外生的な要因の将来見通しのことです。経済成長率に関しては、2019年7月に公表された内閣府「中長期の経済財政に関する試算」（略して内閣府中長期試算）で、「成長実現ケース」（2019～2028年度の平均名目成長率が2.8%）が実現してその後も継続すると想定するケース（表4-3のケースⅠ～Ⅲ）と、同試算での「ベースラインケース」（2019～2028年度の平均名目成長率が1.4%）が実現してその後も継続すると想定するケース（表4-3のケースⅣ～Ⅵ）を設定しました。表4-3には、その想定に合わせて物価上昇率や名目賃金上昇率や名目運用利回りの設定も示しています。

　2019年の財政検証の結果を要約した表4-3によると、より高い経済成長率を想定したケースⅠ～Ⅲでは、今後保険料（率）を上げずに、マクロ経済スライドを発動して少子高齢化に対応した給付抑制を行うとしても、所得代替率が50%を下回らないように給付でき、概ね100年後に年金積立金は払底しない結果が示されています。ここでいう**所得代替率**とは、受け取り始めるときの年金額が、その時点の現役世代の平均的な可処分所得に対してどの程度の割合かを示すものです。40年間厚生年金に加入し、その間に厚生年金加入者の平均的な所得（男性）と同額の収入を得る夫と、40年間専業主婦の妻がいる世帯を想定しています。その世帯の所得代替率が50%を下回ると見込まれる場合には、給付水準調整などについて追加的な措置を講ずるとともに、給付と負担のあり方について検討を行い、所要の措置を講ずることとされています。

　次に、より低い経済成長率を想定したケースⅣとⅤでは、マクロ経済スライドを所得代替率を50%まで引き下げるところで止めた後に、50%を下回らないように給付水準を据え置いたままにすると、2070年度前後に国民年金の積立金がなくなると見込まれることから、仮に積立金が払底しないように所得代替率が50%を下回っても給付水

準を下げて、年金財政の収支のバランスが取れるまで機械的に給付水準調整を進めた場合、表4-3にあるように所得代替率は40%台となる結果が示されています。ケースⅥでは、機械的に給付水準調整を続けて所得代替率が50%を下回るところまで下げても、国民年金の積立金が2052年度には払底する結果となっています。つまり、低い経済成長率を想定したケースでは、保険料負担に合わせて給付を調整すれば年金積立金は維持できるが所得代替率が50%を割ることになるか、所得代替率を50%に維持すれば国民年金の積立金が払底するかのどちらかということです。

　ただ、年金積立金が払底するケースⅥでも、年金給付がまったくなくなるわけではないことに注意が必要です。年金積立金がなくなれば年金財政が破綻するとみるのは誤りです。積立金がなくなれば、完全な賦課方式に移行して年金給付を出すことができます。完全な賦課方式に移行したときに、各年度で得た保険料収入と国庫負担で財源をまかなって出せる給付水準は、所得代替率にして36～38%であることが、財政検証で示されています。

表4-3　2019年の年金の財政検証における経済前提とその結果（人口推計中位）

	内閣府中長期試算	将来の経済状況の仮定		経済前提				所得代替率	備考
		労働市場への参加	全要素生産性上昇率	物価上昇率	名目賃金上昇率	名目運用利回り			実質経済成長率
ケースⅠ	「成長実現ケース」に接続	進むケース	1.3%	2.0%	3.6%	5.0%		51.9%	0.9%
ケースⅡ			1.1%	1.6%	3.0%	4.5%		51.6%	0.6%
ケースⅢ			0.9%	1.2%	2.3%	4.0%		50.8%	0.4%
ケースⅣ	「ベースラインケース」に接続	一定程度進むケース	0.8%	1.1%	2.1%	3.2%		46.5%	0.2%
ケースⅤ			0.6%	0.8%	1.6%	2.8%		44.5%	0.0%
ケースⅥ		進まないケース	0.3%	0.5%	0.9%	1.3%		36～38%	-0.5%

注：所得代替率が50%を下回る場合は、50%で給付水準調整を終了し、給付及び負担のあり方について検討を行うとされているが、ケースⅣとⅤについては、仮に財政バランスが取れるまで機械的に給付水準調整を進めた場合の値。ケースⅥについては、機械的に給付水準調整を進めると、2052年度に国民年金の積立金がなくなり、完全賦課方式に移行。その後、保険料と国庫負担でまかなうことができる給付水準での値。実質経済成長率は、2029年度以降20～30年のもの。
資料：厚生労働省「国民年金及び厚生年金に係る財政の現況及び見通し─2019年財政検証結果」。

　今後は、今回の検証結果を踏まえて、経済成長率が低かったとしても、公的年金で老後の所得保障がある程度できるように担保しなければなりません。そこで、今回の財政検証では、「オプション試算」が行われています。表4-3に示された「本体試算」は、現行制度を何も変えなかったらどうなるかを試算しています。これに対し、「オプション試算」では、次の2つの可能性について検討しています。

1つ目は、短時間労働者への厚生年金のさらなる適用拡大です。これにより、現行制度では国民年金しか加入できず基礎年金しか支給されないけれども、適用拡大により報酬比例部分の厚生年金も（保険料を負担してもらった上で）給付が受けられることになります。オプション試算によると、この適用拡大による所得代替率の改善効果はあるものの、週20時間以上の短時間労働者だけに適用拡大を限定すると効果は小さいものになっています。むしろこの取組みは、女性の就労促進（年収が130万円を超えて所得が増えると、自分で社会保険料を払わなければならず可処分所得が逆に減ってしまうという「130万円の壁」の解決）や非正規雇用者の処遇改善を通じて、国民年金しか入れない第1号被保険者数と、いわゆる「専業主婦（夫）」で保険料を払わず給付が受けられる第3号被保険者数とを、ともに減らす効果のほうが大きいでしょう。公的年金の第3号被保険者問題は、制度自体をなくす方向での解決は政治的に難しいため、女性の就労促進と厚生年金の適用拡大を通じて、第3号被保険者数自体を減らすことで、実態的に問題を小さくしてゆくことが現実的ともいえそうです。

　2つ目は、高齢期の就労と年金受給のあり方について、オプション試算での結果が示されました。欧州諸国を中心に、平均寿命が延びることに連動して（必ずしも定年延長とは連動しなくても）支給開始年齢を引き上げるべきとの考え方に基づき、支給開始年齢を引き上げた国があります。しかし、わが国では、定年、即年金受給開始という認識が強く、定年延長なくして支給開始年齢を引き上げるべきでないという主張が多くみられます。ちなみに、2019年の年金の財政検証で用いられた人口推計では、平均寿命は、2065年までに男女とも今より5歳弱延びると想定されています。

　ただでさえ、支給開始年齢引上げを政府が持ち出すと、とかく年金財政が苦しく、それを取り繕うために提起したのではないか、とみられてしまいます。しかし、2019年の財政検証では、2014年の財政検証に引き続き、「保険料拠出期間と受給開始年齢の選択制」というかなり慎重な前提で、受給開始年齢のオプション試算を示しました。このオプション試算は、全員一律に支給開始年齢を引き上げるわけではないことと、選択しない人は従来通りの受給開始年齢となるが、選択した人には保険料の納付年数が延びた分に合わせて基礎年金が増額されること、が大前提となっています。

　「保険料拠出期間と受給開始年齢の選択制」のオプション試算は、年金財政全体には何の影響もない形で計算されています。一個人でみると、高齢期に就労できて60歳を過ぎても保険料を納めた分、受給開始以降にもらえる給付額が増額されることで、どれだけ給付が増えるかがわかる試算結果となっています。そして、試算結果によると、現行制度で60歳になるまで保険料を払い65歳から受給しているところを、65歳になるまで（働いて）保険料を払い続けて65歳から受給すると、所得代替率は現行制度より約7％改善することが示されています。さらに、表4-3にある、低い経済成長率を想定して所得代替率が50％を割るとしたケースでも、この選択によって所得代替

率は50%を超えるところまで改善することが示されています。保険料拠出期間と受給開始年齢を変える効果はかなり大きいといえそうです。ただし、基礎年金は給付財源の2分の1が国庫負担（税財源）とされており、65歳まで基礎年金分も含む保険料を払い続けたとしても、その給付のためには国庫負担分の税財源が別途必要となり、増税を含む財源の確保策も不可欠です。

　このように、2019年の年金の財政検証の結果を踏まえ、どのように今後の年金制度改革の議論につなげるかが重要です。次回の財政検証は2024年です。

5.5　今後の改革課題

　前述のように、わが国の公的年金制度は、賦課方式の性質が強い仕組みとなっています。しかし、今後は少子高齢化と人口減少が予想されており、賦課方式は、人口減少局面では不利になります。より少ない若年者の保険料でより多い高齢者の保険金をまかなわなければならないからです。さらに、ベビーブーム世代は人口が多く少子化世代は人口が少ないというように、各世代の人口が異なるため、賦課方式に起因して世代間の給付と負担の不公平が顕著に生じます。こうした賦課方式の性質が強い年金財政にまつわる問題をどう克服するかが、重要な改革課題といえます。

　給付と負担の世代間格差を解消する方法としては、年金の財政方式を積立方式により近いものにする案も出されています。ただ、そうなると、移行局面で「二重の負担」を強いられる世代が出てくるという難点があります。つまり、賦課方式に従う形で前の世代の年金財源と、積立方式に従う形で自世代の年金財源の両方の負担を強いられるということです。

　現行制度において、給付の世代間格差を是正する役割が期待されるのが、マクロ経済スライドです。本章5.2項で述べたように、マクロ経済スライドは、現役世代の減少に対応し、現在の高齢世代の給付水準を徐々に引き下げつつ、将来の高齢世代の給付水準を維持することで、給付の世代間格差を是正します。

　しかし、マクロ経済スライドは2004年改正で導入されてから2015年度まで発動されませんでした。その理由は、デフレだったからです。マクロ経済スライドは、物価スライドと併用されます。物価スライドに従えば、物価が下

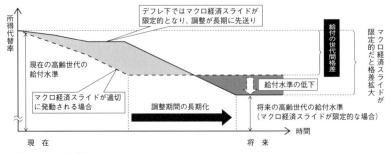

図4-10　マクロ経済スライドによる給付水準調整（イメージ）

出典：厚生労働省資料をもとに改編。

がれば、それと連動して年金給付も減らされます（物価が下がった分減るだけなので、年金給付の実質価値は減少しません）。ところが、2004年改正時に、年金給付が物価下落に連動して減るのに加えてマクロ経済スライド（年率マイナス0.9％：当時）でさらに減らすことはしないと決めました。つまり、デフレ下ではマクロ経済スライドは発動されないのです。

　そのため、マクロ経済スライドが2015年度（消費税が2014年度に増税されたことで物価が上昇）に初めて発動されましたが、それまで発動されなかったことによって、今の高齢者の給付水準（所得代替率）は高止まりしてしまいました。

　この状況を示したのが、図4-10です。マクロ経済スライドがほぼ毎年適切に発動される場合（図4-10の破線）、給付調整は早期に終わり、給付の世代間格差は、残るものの拡大しないようにとどめることができます。

　しかし、デフレ下でマクロ経済スライドが発動されない場合（図4-10の実線）、現在の高齢世代の給付水準が高止まりするとともに、その間に高い給付水準に対応した給付財源として年金積立金が取り崩されることから、将来の高齢世代の給付水準をその分引き下げなければ有限均衡方式を維持できなくなってしまいます。図4-10で実線が破線を上回る薄い灰色部分の面積に相当する大きさだけ、予定以上に給付を多く出すために年金積立金が多めに取り崩されてしまいます。その分、将来の高齢者の給付水準を引き下げることによって、将来において逆に破線が実線を上回る濃い灰色部分で帳尻を

図 4 - 11　マクロ経済スライドの影響

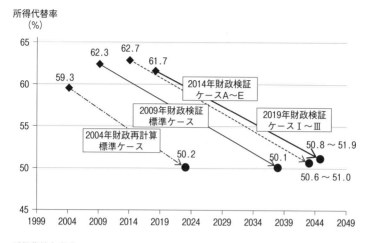

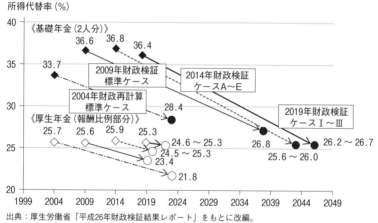

出典：厚生労働省「平成26年財政検証結果レポート」をもとに改編。

　合わせて、年金積立金を維持します。そのような形で、デフレ下で調整が先送りされる分、将来においてマクロ経済スライドが長きにわたり発動されて、給付水準がさらに下がることになります。

　その結果、マクロ経済スライドが限定的だと、給付の世代間格差が拡大してしまうことになります。それによって、目下どのような事態となっているでしょうか。

　それを示したのが、図4-11です。マクロ経済スライドが限定的だったた

め、調整期間が長期化するともに、給付の世代間格差が拡大していることが わかります。図4-11の上の図では、本章 COLUMN 4.1で示したように5 年に1度の財政検証（2004年だけは旧制度における財政再計算）を行った結 果、財政検証時の高齢者の所得代替率と、マクロ経済スライドによる給付調 整が終了した時点での所得代替率を示しています。2004年時には、所得代替 率が59.3%だったところからマクロ経済スライドを約20年間発動して最終的 に50.2%になる予定でした。ところが、その後デフレ下で、マクロ経済スラ イドが一切発動されなかった上に、現役世代の賃金が低迷したことから、所 得代替率の分母となる現役世代の所得が増えず、所得代替率がさらに高まり ました。次の2009年の財政検証時には、所得代替率は62.3%に上がった上 に、そこからマクロ経済スライドが約30年間発動して最終的に50.1%になる との結果が示されました。

その後もマクロ経済スライドが一切発動されず、2014年の財政検証時にも 先と同様に、所得代替率でみた給付の世代間格差が拡大するとともに、調整 期間が長期化する結果が示されました。

本章 COLUMN 4.1で示した2019年の財政検証では、2014年の財政検証以 後、マクロ経済スライドが発動されたことと、2016年にマクロ経済スライド の未調整分を翌年度以降に繰り越す仕組み（キャリーオーバー制度）を導入 したことなどにより、現在の高齢世代の所得代替率は低下し、所得代替率で みた給付の世代間格差が縮小しました。

その観点から、マクロ経済スライドをほぼ毎年発動できるようにすること が、今後の公的年金の財政運営で重要になります。

他方、マクロ経済スライドに関連して、新たな課題が浮かび上がりまし た。それは、基礎年金の所得代替率が大きく低下することです。

年金の財政検証では、所得代替率が50%を下回らないかを確認していま す。ただ、この所得代替率が50%超となるのは、本章 COLUMN 4.1でも述 べたように、40年間厚生年金に加入し、その間に厚生年金加入者の平均的な 所得（男性）と同額の収入を得る夫と、40年間専業主婦の妻がいる世帯にお いてです。この夫婦は、夫の厚生年金（報酬比例部分）と夫と妻の2人分の 基礎年金が満額でもらえます。

図4-11の上の図の所得代替率を、厚生年金（報酬比例部分）と2人分の基礎年金とに分けて所得代替率を示したのが、下の図です。これを見ると、マクロ経済スライドを導入した当初では、厚生年金にも基礎年金にもそれぞれマクロ経済スライドが効いて、所得代替率を下げる調整が行われる予定でした。ところが、2019年の財政検証では、厚生年金のマクロ経済スライドは数年で調整が終わり、それ以降所得代替率が維持されるのに対して、基礎年金のマクロ経済スライドは30年近く発動され続けて所得代替率が大きく下がって、両者を合計した所得代替率が50％を下回らないという姿になっています。

　つまり、これまでマクロ経済スライドが発動されなかった結果、年金積立金の残高が厚生年金より少ない国民年金に、調整期間の長期化と将来の所得代替率の低下のしわ寄せが集中することになったのです。

　国民年金（基礎年金）しか加入していない人は、自営業者や農業者だけでなく、職場で厚生年金には入れない非正規雇用の人たちも該当します。国民年金しか加入していない人が、40年間欠かさず保険料を払っていて給付を満額もらうことができても、将来の給付水準は所得代替率にして2人分で約26％、1人分だと約13％となります。保険料を納付していなかった時期があれば、所得代替率はさらに下がることになります。

　特に、目下、非正規雇用の現役世代で未婚者が増えているとされ、その世代では基礎年金しかもらえない単身高齢者が増えると予想されます。その世代で、低年金や無年金となる高齢者が増えれば、高齢の生活保護受給者が増え、その老後の生活保障は公的年金ではなく生活保護制度が中心となります。生活保護給付は、本章4節で述べた通り、全額税財源でまかなわれています。

　まさに、老後の生活保障をどこまで年金で行うかが、公的年金制度のもう1つの課題です。別の言い方をすると、老後の生活保障のために、税財源をどのように投じるか、ともいえます。現行制度での高齢者への給付（公的年金と生活保護）の状況を見たのが、図4-12です。

　図4-12の①には、横軸で左から右に低所得者から高所得者を並べ、縦軸で給付水準を表すと、それぞれの所得水準に応じた公的年金と生活保護の給付額を示しています。保険料を財源とした給付を斜線部で表し、税を財源と

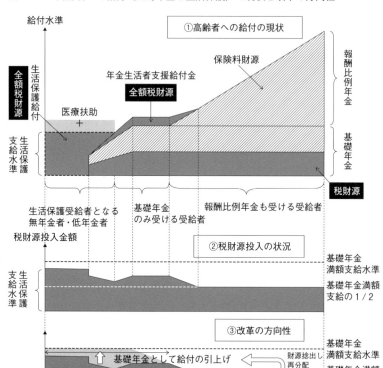

図 4-12　高齢者への給付（公的年金と生活保護）の現状と改革の方向性

した給付を灰色部分で表しています。基礎年金は給付財源の 2 分の 1 が国庫負担（税財源）となっています。2019年10月から、消費税率を10％に引き上げた際の増収分を用いて、低所得高齢者に年金生活者支援給付金を年金に上乗せして給付しています。また、生活保護受給者には税を財源として医療扶助が現金ではなく現物で給付されている（保険料負担や自己負担なく受診できる）ことに注意して下さい。

　①のうち、税財源が充当された部分（灰色部分）だけを取り出したのが、②の税財源投入の状況です。これを見ると、確かに低所得者により多く税財源が充当されていて、所得再分配上の政策的配慮がありますが、高所得者に

も基礎年金の国庫負担を通じて税財源が投じられており、その分だけ所得格差は是正されていないことになっています。しかも、この税財源は、生活保護制度、基礎年金、年金生活者支援給付金とそれぞれ別々の仕組みで投じられており、一貫した体系的な制度に基づいて投じられているわけではありません。

　そこで、今後の改革の方向性としては、税財源を確保しながら、所得に応じて低所得者にはより多く税財源を一貫した形で投じる仕組みに改めてゆくことが考えられます。無年金や低年金となる高齢者が生活保護受給者になれば、資力調査した上で、その給付は医療費も含めて全額税でまかなわれるのが現状です。それを踏まえれば、改革策として、対象者には資力調査せずに（払った保険料の多寡を問わず）全額税財源の給付を出して老後の最低限の生活保障を行う方策もありえます。医療扶助については、介護扶助の方法にならって、国民皆保険の方針の下、公的医療保険に加入したままにして、給付を出しつつ保険料や患者負担を自らが払うことにするのも一策です。

　その税財源の確保は、負担が過重にならないようにするなら、目下高所得高齢者にも基礎年金の国庫負担を投じているのをやめて、税財源でまかなう給付を所得に比して段階的に減らす（これをクローバックと呼びます）案もあります。これにより税財源を確保することで、より低所得者に基礎年金を充実させる形で給付することができます。

　老後のために現役時代に真面目に保険料を払っているのに、そうでない人にも給付をそれなりに出すとなると、真面目に保険料を払っている人が報われないとの見方もあります。しかし、現行制度を存置すると、無年金や低年金となる高齢者が生活保護受給者になり、その給付は医療費も含めて全額税財源で負担することになり、自らは十分な年金給付を老後に得ていても、その生活保護給付のために税負担をより重く負わされかねません。低所得高齢者に適切に給付を出すことで、高齢世代内の所得再分配を行いつつ、税負担を過重にしない方策が必要です。

　以上をまとめると、今後の公的年金制度において、マクロ経済スライドを発動しないのではなく、マクロ経済スライドを早期に発動して給付の世代間格差を是正するとともに、低所得高齢者への税財源の投入の工夫を合わせて

実施することが課題といえます。

6　公共事業予算の仕組みと現状

6.1　日本の公共投資

　この節では、公共投資について取り上げます。そもそも、公共投資とは、政府などの公的機関が、長期にわたって公共サービスを提供する施設等を建設することです。そして、公共投資によって建設された施設等は、経済学的には、社会資本と呼ばれます。社会資本の中には、直接的に行政サービスを提供するために用いられる官庁の建物もあれば、民間企業の生産活動に役立つ道路や工業用水や灌漑施設もあれば、家計の日常生活に役立つ上下水道や公営住宅もあります。

　公共投資は、国が行うものだけではなく、地方公共団体が単独で行う公共事業や、独立行政法人等が財政投融資資金を借りて行う公共事業もあります。ただ、国が日本全体の公共施設の整備計画を策定する権限を持っているため、全国津々浦々にある公共施設の建設には国の関与が大きいことが、わが国の公共投資の1つの特徴となっています。

　わが国の公共投資は、かつて欧米諸国よりも顕著に多く行われていましたが、1990年代後半から債務残高が累増した地方公共団体で削減が始まり、特に小泉内閣期や民主党政権期に公共投資予算の削減を行ったことから、最近では欧米諸国並みになってきています。その推移は、第2章の図2-6でも見ることができます。

　公共投資（公的固定資本形成）が蓄積された結果、ストックとして社会資本が構築されてゆきます。一般政府が保有する社会資本ストックの対GDP比の推移を示したのが、図4-13です。わが国は、高度成長期には社会資本は少なく、1970年代初頭は対GDP比で80%弱でした。その後、第2章1節で触れたように、景気対策などで公共投資が積極的に用いられて、この比率が高まりました。バブル崩壊後の1990年代には、図2-6で見たように、欧米諸国よりも高い対GDP比で公共投資を実施したこともあって、社会資本対GDP比は120%を超えて、ストックベースでも欧米諸国と比べ突出して

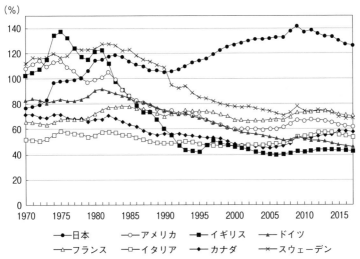

図4-13　一般政府の社会資本対GDP比

資料：IMF "Investment and Capital Stock Dataset, 1960-2017".

高くなりました。欧米諸国で1990年代にこの比率が低下しているのは、社会資本は増えたけれどもそれ以上にGDPが増えたことによるものです。日本は、社会資本が増えたほどにはGDPは増えなかったのです。

6.2　公共投資の経済効果

わが国では、公共投資を財政政策の手段として積極的に使う傾向がありますが、公共投資がもたらす経済効果をここで整理しましょう（図4-14参照）。

まず、マクロ経済学において、ケインズ経済学の立場から公共投資がもたらす効果として、**乗数効果**があります。これは、公共投資を行うとその年の総需要（支出面から見たGDP）が増えるから、それに伴い家計の可処分所得が増えて民間消費が増え、それがさらなる総需要を生み出して国民所得（GDP）が増え、最終的には公共投資を行った額の「政府支出乗数」倍だけその年の国民所得が増える、というものです（政府支出乗数は第11章で詳述）。たとえば、政府支出乗数が2ならば、公共投資を1兆円増やすとGDP

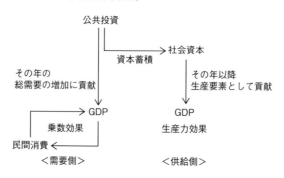

図 4 - 14　公共投資の捉え方

は 2 兆円増える効果が期待できます。景気対策のために公共投資を積極的に行うべきだという意見の背景には、基本的に乗数効果が大きいという認識があります。しかし、それ以外にクラウディング・アウト効果などが伴えば、公共投資の額の乗数倍以下しか実際には国民所得が増えないことには注意が必要です。

　公共投資がその年の総需要を増やす効果だけで終わってしまうなら、これで話は終わります。しかし、実際の経済ではそうではなく、公共投資を行えば、その後社会資本として残ります。つまり、公共投資は、行った年の総需要だけを増やして終わるわけではなく、その後社会資本として蓄積され、それが日常生活に役立てば家計の効用を高めたり、生産活動に貢献すれば生産量を増やしたりすることになります。

　そこで、公共投資が社会資本として蓄積され、生産活動に貢献する経済効果を捉える経済理論があります[3]。それは、ミクロ経済学で、社会資本を生産要素としてみなし、社会資本が増えると生産量（生産面から見た GDP）が増えるという考え方です。特に、社会資本が増えることで生産量が増える効果を、**社会資本の生産力効果**とも呼びます。

　社会資本の生産力効果は、企業の生産活動において生産要素として、通常

3）もちろん、社会資本が増えると家計の効用が高まるという経済効果も考えられます。
　ただし、ここでは生産要素としての社会資本についての議論に集中します。

のミクロ経済学で想定されている労働や民間企業が保有する資本（民間資本）だけでなく社会資本も含めて考え、社会資本が政府によって供給された場合、どの程度生産量が増えたかを捉えたものです。社会資本の生産力効果を計る指標としては、社会資本の限界生産性（社会資本を追加的に1単位増やしたときに生産量が追加的に増えた大きさ）があります。社会資本の限界生産性が大きいほど、社会資本の生産力効果が大きいと捉えます。

ミクロ経済学において、生産要素の投入量を増やすと限界生産性は次第に下がってゆくこと（限界生産性逓減の法則）が知られています。この法則に即していえば、社会資本の投入量を増やすと社会資本の限界生産性は低下してゆきます。図4-13で示したように、わが国の社会資本が相対的に多いと、社会資本の限界生産性は低くなっていることが考えられます。

公共投資はすでに十分行われているからこれ以上不必要に増やすべきではないという意見の背景には、今の日本では社会資本の生産力効果が小さくなっているという認識があります（つねに、どの社会資本でも、生産力効果が小さいというわけではない点に注意）。民間の経済主体が持っている財（資源）を税金などで徴収して政府が公共投資を行い社会資本として生産に貢献したとしても、社会資本の限界生産性が小さければ、生産量（GDP）はあまり増えないことになります。

社会資本の限界生産性が小さく民間資本の限界生産性が大きいときには、民間の経済主体から政府が税金で徴収したり借金したりするのをやめ（それだけ政府が公共投資をして社会資本を供給するのをやめ）、民間の経済主体が設備投資をして民間資本として生産に貢献すれば、生産量（GDP）がより多く増えるからそのほうが望ましいという可能性があります。

このように、公共投資の経済効果としては、需要面で総需要を増大させる効果があり、また生産要素として供給面で生産量を増加させる効果があると考えられます。それぞれの効果がどの程度大きいかを見極めながら、適切に公共投資を行うことが求められます[4]。

---

4) その理論的根拠について、詳しくは土居丈朗『入門｜公共経済学』（日本評論社）第13章を参照してください。

5 租税の制度

1 租税原則

1.1 日本の税制の租税原則

　わが国では、個人が所得を稼ぐとそれに対して所得税、消費者がモノを買うときには消費税、企業が利益を稼ぐとそれに対して法人税、日ごろ自宅として住む家には固定資産税などが課税されています。

　わが国では、どのような原則に沿って税金が課されているでしょうか。戦後日本の税制を支える租税原則として、**公平**、**中立**、**簡素**を掲げています。これは、戦後日本の税制の基礎を提示した1949年の**シャウプ税制改革勧告**で打ち出されたものです（第2章1.1項参照）。以下では、これらの原則について説明しましょう。

公平

　公平の原則には、水平的公平と垂直的公平があります。

　水平的公平とは、負担能力が同等な人は等しく租税を支払うべきであると

する原則です。

　ただ、わが国の所得税において、税務当局による所得の捕捉率が、「トウ・ゴ・サン（サラリーマンが10割、自営業者が5割、農家が3割）」、「クロヨン（同様に9割、6割、4割）」という言葉に象徴されるように、職業によって異なる実態があるとの見方があります。もし所得の捕捉率が異なるならば、実際の課税前所得は同じなのに、捕捉率が低い職業ほど税金を支払わずにすむという不公平が生じます。これが、水平的公平の原則からみて不公平といえるものです。本来的には、こうした不公平を是正することが求められます。

　垂直的公平とは、負担能力のある人ほどより多くの租税を支払うべきとする原則です。累進課税制度のように租税が所得再分配機能を果たすことは、この原則をより満たすものであるといえます。

　税負担が**累進的**であるとは、所得が多いほど税負担率が高くなることをいいます。反対に、税負担が**逆進的**であるとは、所得が少ないほど税負担率が高くなることをいいます。所得が多くても少なくても税負担率が変わらない場合は、**比例的**と呼びます。

中立

　中立の原則とは、租税が、経済主体の行動に歪みを与えて効率的な資源配分を妨げないようにすべきとする原則です。ここでいう効率的な資源配分とは、第1章2.1項で触れた、パレート最適な資源配分を意味します。このことから、中立の原則を効率性とほぼ同義と捉えることができます。

　どのような税がより中立的であるかは、第6章で詳述します。結論からいうと、最も中立的な税は、財の相対価格を歪めない一括固定税（あるいは、人頭税）であることが、経済学の理論で示されています。

簡素

　簡素の原則とは、租税制度は簡素でわかりやすいものにすべきとする原則です。

COLUMN 5.1　シャウプ税制改革勧告

　シャウプ税制改革勧告に基づいた税制改革の主な内容は、次の通りです。
(1)　国税 … 直接税中心主義
　①　所得税
　　・包括的な課税ベースの構成（譲渡所得の全額課税と譲渡損失の全額控除（1953年の税制改正で廃止））。
　　・最高税率引下げと税率構造の簡素化。
　②　法人税
　　・法人擬制説の立場から配当の二重課税を調整する方式（配当軽課税率）を採用。
　　・単一税率の導入
　③　事業用固定資産の再評価
　　・戦後インフレの歪みを是正するため時価で再評価して再評価益に課税。
　④　相続税、贈与税
　　・両税一本化し、税率を引上げ（累進課税方式の採用、遺産取得課税へ移行）。
　⑤　富裕税
　　・所得税を高額所得者に対して補完するために新設（1953年に廃止）。
　　・純資産に累進課税。
　⑥　間接税
　　・整理、合理化。取引高税の廃止（条件付）。物品税の税率引下げ。
　⑦　申告納税制度の整備
(2)　地方税 … 地方の独立財源の増強、市町村税重点主義
　①　道府県税
　　・住民税、地租、家屋税の廃止。
　　・事業税で、所得課税を廃止し、付加価値税を創設（付加価値税の導入を図ったのは世界初である。しかし執行上の困難から延期され、実施されないまま1954年に廃止）。
　②　市町村税
　　・住民税を市町村税とする。
　　・地租、家屋税と統合し、固定資産税を創設。
(3)　地方財政調整
　地方財政平衡交付金制度を創設（地方の財源不足を補填する目的）。

1.2 応益課税・応能課税

　租税を徴収する際の根拠となる学説として、応益課税原則と、応能課税原則の2つがあります。

応益課税原則（利益説）

　租税は政府が与える便益に応じてかけられるべきである、とする原則です。この原則は、経済主体の利益（便益）に基づいて租税と政府支出が選択できるため、民主主義的な予算決定に対して規範が示せる点や、政府支出の利益に応じて課税するという対応関係から、政府支出額と租税配分額を同時に決められる点などが、長所として挙げられます。他方、この原則に基づく課税では、所得再分配機能を必ずしもうまく果たせない点などが、短所といえます。

　応益課税原則は、特に地方税制において重視される原則です。地方公共団体が提供する行政サービス（あるいは公共財）がもたらす便益は、基本的にその行政区域内に及びます。そして、その地方公共団体の課税権は、原則として行政区域内に限定されています。したがって、便益が及ぶ範囲と課税権の範囲がほぼ一致すると、地方公共団体が住民に身近な行政サービスを提供するための財源を、応益課税原則を貫く形で課税することができます。また、そのような形で応益課税原則に即した課税を行えば、第1章で言及した公共財の最適供給条件とも整合的に課税できます。

応能課税原則（能力説）

　租税は経済主体の租税負担能力、あるいは租税支払能力に応じてかけられるべきである、とする原則です。

　政府は租税を強制的にかけられるので、支払い能力がある人からより確実に徴税できる点などが、この原則の長所として挙げられます。他方、何を「能力」とするかが不明確になると、租税負担の配分が不明瞭になる点や、徴税に関する規範は示されているが、政府支出に関する規範が示されないことから、政府支出による便益に見合わない租税負担が課される恐れがある点などが、短所として挙げられます。

2 わが国の税制

2.1 日本の租税体系

わが国で課税されている主な税目は、表5-1のようになっています。これらの税目を課税するには、事前に法令によって課税する根拠を定めなければなりません。国が課す租税は国の法律で、地方公共団体が課す税は地方の条例で、その根拠を定めます。事前に法令の根拠なしに、租税を賦課されることはないとする原則を、**租税法律主義**と呼びます。これは、財政民主主義の根幹をなすものです。

表5-1　日本の租税体系

		国税	地方税	
			道府県税	市町村税
直接税	普通税	所得税、法人税、相続税・贈与税、地価税	道府県民税、事業税、自動車税　他	市町村民税、固定資産税、軽自動車税　他
	目的税		狩猟税　他	都市計画税、事業所税　他
間接税等	普通税	消費税、揮発油税、酒税、たばこ税、印紙税、関税　他	地方消費税、道府県たばこ税、不動産取得税　他	市町村たばこ税他
	目的税	電源開発促進税他	産業廃棄物税、宿泊税　他	入湯税　他

2.2 国税・地方税

税目を、課税する行政体に着目して分類すると、次のようになります。

国税

国が課税する税を**国税**と呼びます。国税には、税収が多い税目として、所得税（税収全体の約3割）、法人税（全体の約2割）、消費税（全体の約3割弱）があります。この3つの税目で国税税収の7割強を占めよす。国税は、第3章図3-2に示した一般会計の税収が、その収入の大半ですが、加えて特別会計に直接入る税収もあります。2013年から課税され始めた復興特別所

得税と、2012年度と2013年度に課税された復興特別法人税は、一般会計を経ずに東日本大震災復興特別会計に税収が直接入ります。

　国税の税収総額は、1990年代初めは60兆円を超えていましたが、バブル崩壊後、税収が減少しました。景気低迷に伴って減少し、さらに所得税と法人税の減税策、三位一体改革（第9章で詳述）時に行った国から地方へ税源移譲（国の所得税約3兆円を地方の住民税とする）によっても減少し、2007年夏以降アメリカのサブプライムローン問題に端を発した世界金融危機の前までは50兆円強でした。しかし、世界金融危機の影響を受け大きく減少し、約40兆円まで減少しました。1997年度に消費税を増税しましたが、それ以降国税収入が減少傾向だったのは、消費税増税によって景気が低迷したからではなく、前述の国から地方への税源移譲や様々な減税策と、消費税増税とは関係がない世界的な景気後退によるところが大きいのです。

地方税

　地方税とは、地方公共団体が徴収する租税です。**道府県税**とは、都道府県が徴収する租税で、**市町村税**とは、市町村が徴収する租税です。「都道府県税」ではなく「道府県税」と言い慣わされています。

　戦後日本の地方の税制は、シャウプ税制改革勧告以降、市町村税中心主義を採っているため、税収総額は道府県税よりも市町村税のほうが多くなっています。

　地方税のさらなる詳細は、本章4節で説明します。

2.3　直接税と間接税

　税目を、法律上の納税義務者と最終的に租税を負担する人（担税者）に着目して分類すると、次のようになります。

直接税

　法律上の納税義務者が実質的な担税者と同一となることが予定されている租税を、**直接税**と呼びます。国税では所得税、法人税、相続税が、地方税では道府県民税、事業税、市町村民税、固定資産税がこれに含まれます。

間接税

　法律上の納税義務者は財・サービスの価格に転嫁して、実質的な担税者とならず、財・サービスの最終的な購入者が担税者となることが予定されている租税を、**間接税**と呼びます。

　わが国での間接税で、最も税収が多いのは消費税です。1989年度から付加価値税として消費税が税率3％で導入されました。付加価値税とは、付加価値（＝売上高－仕入高、あるいは収入－費用）に賦課する租税です。付加価値税は、欧州諸国など多くの国で導入されていますが、アメリカなど付加価値税を導入していない国もあります。その後、1997年度に5％、2014年度に8％、2019年10月の10％に税率が引き上げられました。課税の仕組みについての詳細は、本章3節で説明します。

　租税収入に占める直接税と間接税の比率を**直間比率**と呼びます。わが国の国税は、戦後1950年代から1970年代前半にかけて、直接税が税収総額に占める比率が約50％から約70％に上昇し、間接税等の比率が約50％から約30％に低下してゆきました。その背景には、高度成長期に個人も企業も所得が大きく増加して、それに伴い所得税や法人税の収入が大きく増えたことがあります。1970年代後半から1980年代にかけて直接税が約70％、間接税等が約30％で推移しました。直接税の比率が高く、所得が増えるとすぐに税負担が重くなるとの批判から、直間比率の見直し（間接税の比率を高める）も1つの動機となって、1989年度に消費税が導入され、1990年代にバブル崩壊に伴って所得税や法人税が減収となる影響もあって、間接税が占める比率が次第に高まりました。1997年度に消費税率が3％から5％に引き上げられたのと、不良債権処理の遅れからわが国で金融危機が起きたことによって法人税が特に大きく減少したことにより、直接税が60％弱、間接税等が40％強となって、今日に至っています。2014年4月と2019年10月に消費税率が引き上げられましたが、この時期に所得税と法人税の収入も増えたので、国税の直間比率はあまり変わっていません。

　わが国の地方税の直間比率は、高度成長期は直接税の比率が約80％、間接税の比率が約20％でした。石油ショック以後、次第に直接税の比率が上昇して約85％となりました。1989年度の消費税導入に伴い、地方税の間接税の多

くが廃止されたため直接税の比率が約90％に上昇しました。近年では、地方消費税の構成比が高まる一方、法人課税の構成比が低下したことから、直接税の比率が約80％、間接税の比率が約20％となっています。

2.4　普通税と目的税

税目を、使途に着目して分類すると、次のようになります。

普通税

普通税とは、税法では使途を限定せず一般の経費に充てられる租税です。普通税として課税される租税でも、税法以外の法律で使途を限定して経費に充てられる場合があります。たとえば、所得税、法人税、酒税、消費税の一定割合は、各税法ではなく地方交付税法の規定により、国から地方公共団体に使途を定めずに配分される地方交付税交付金（第9章で詳述）に充当されています。

また、社会保障・税一体改革において、消費税を社会保障給付の財源と位置付けましたが、消費税は課税目的を税法では規定していないので、消費税は普通税です。消費税の使途は、一般会計予算総則で規定しています。

目的税

目的税とは、課税する段階から使途を限定すべく課税目的を税法で明示して課税する租税です。

2.5　所得課税・消費課税・資産課税等

税目を、課税対象に着目して分類すると、次のようになります。

所得課税

所得の発生に対して課す租税です。所得税、法人税などがこれに含まれます。さらに、所得課税のうち個人所得に課税する税目を個人所得課税、法人所得（利益）に課税する税目を法人所得課税と分けることがあります。

図5-1 一般政府の税収構成（2004～2013年平均）

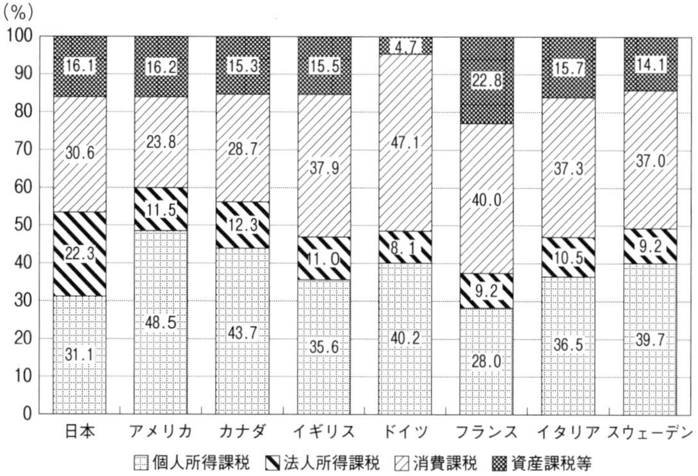

資料：OECD "Revenue Statistics".

消費課税

　消費支出に対して課す租税です。消費税、酒税、たばこ税、関税、揮発油税などがこれに含まれます。

資産課税

　資産の保有に対して課す租税です。相続税・贈与税、地価税、固定資産税などがこれに含まれます。

流通税

　取引や登録などに対して課す租税です。印紙収入、不動産取得税などがこれに含まれます。

　資産課税と流通税を合わせて、しばしば資産課税等と呼びます。近年の日本の国税では、所得課税が50％強、消費課税が約40％、資産課税等が約5％となっています。

　この分類に基づいて、日本と主要先進国における一般政府の税収の構成比を示したのが、図5-1です。図5-1は、主要先進国における国税と地方税

を合わせた構成比として、景況によって税収が増減することから、好況期と不況期をともに含む2004年から2013年までの10年間における各年の比率を国ごとに平均した値を示しています。これによると、日本の特徴は、他の先進国と比べて法人所得課税が相対的に多いこと、アメリカ以外の付加価値税を導入している先進国の中で消費課税が相対的に少ないこと、個人所得課税も先進国の中では構成比が低いほうであること、が挙げられます。

3　国税の仕組み

この節では、国税の基幹税である所得税、法人税、消費税の仕組みについて、どのように課税されているか、詳しく説明します。

3.1　所得税

所得税は、個人が稼いだ所得に対して課税されます。国税としての所得税は、所得税法に基づいて課税されています。地方税でも、道府県民税や市町村民税の個人分（通称、個人住民税）が、ほぼ同様の仕組みで課税されています。

わが国の所得税は、個人ごとの所得（1〜12月の暦年分）に対して課税する個人単位課税となっています。外国には、世帯員の所得を合算した世帯所得に課税する世帯単位課税をとる国もあります。

所得税法では、一般的に課税前所得と呼ぶものを収入と呼びます。そこから必要経費などの所得計算上の控除を差し引いたものを所得と呼びます。所得計算上の控除は、原則的には実費ですが、代表的には給与収入と公的年金等収入（公的年金給付と認定された企業年金給付）は、所得税法で定めた計算方法で必要経費を推計できることになっています。勤め先から受け取る給料や賃金は、給与収入とされ、これに対して必要経費としてみなされる給与所得控除が差し引かれて、給与所得となります。受け取った公的年金等収入から、必要経費としてみなされる公的年金等控除が差し引かれて、雑所得となります。

所得税は、給与所得、雑所得の他に、事業所得、不動産所得、配当所得、

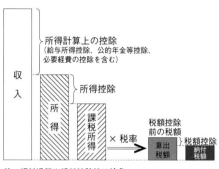

図 5-2 　所得税（総合課税分）の計算の仕組み

注：損益通算や繰越控除等は捨象。

利子所得、譲渡所得（土地や株式の売却所得）、一時所得、山林所得、退職所得の10種類に区分された所得が課税対象となります。これらの所得は、課税前の収入から必要経費等（退職所得については退職所得控除）の所得計算上の控除が差し引かれています。税額を確定させる前に、課税対象となる所得から所得控除が差し引かれます（図5-2参照）。**所得控除**とは、各納税者の個人的事情を加味して、課税対象となる所得額から一定額を控除するものです。所得控除には、基礎控除（納税者本人に対して無条件に適用）、配偶者控除（所得の少ない配偶者がいる場合に適用）、扶養控除（所得の少ない家族がいる場合に適用）、社会保険料控除（社会保険料の支払額を控除）などがあります。課税対象となる所得（これを**課税標準**あるいは**課税ベース**とも呼びます）から所得控除を引いたものが**課税所得**です。所得控除が多いほど、課税所得が少なくなります。

　そして、課税所得に税率をかけて税額が算出されます。通常、所得額が増えるにつれて適用される税率が高くなる累進税率が設けられています。現在の累進税率は、5％、10％、20％、23％、30％、40％、45％（最高税率）となっています。さらに、いったん算出された税額から、税負担を減免することを目的に**税額控除**が設けられています。実際に支払う税額は、この税額控除を差し引いた額となります。ちなみに、所得控除や税額控除は、**課税控除**（課税を免除するための控除）の方法の一つです。

　わが国では、所得税の額がマイナスの額になることはありません。したが

って、図5−2のような計算を行った結果、所得控除が多くて課税所得がマイナスになったり、税額控除が多くて税額がマイナスになったりしても、所得税額がゼロとなるまでです[1]。

　所得控除が多くて課税所得がマイナスになったり、税額控除が多くて税額がマイナスになったりする納税者はどんな状態でしょうか。それは、低所得者です。少ししか所得を稼がなかった人は前述のような税額計算の結果、所得税額がゼロとなり、ある一定額以上の所得を稼いだ人の所得税額がプラスとなって課税されることになります。所得税が課税される最低限の課税前所得額を、**課税最低限**と呼びます。課税最低限は、あらかじめその額が設定されているわけではなく、設定された課税控除に左右され、税額計算の結果決まります。

　こうしたことから、課税最低限以下の所得の人は、所得税の税率を下げるような減税政策の恩恵はありません。なぜなら、税率を引き下げられて恩恵があるのは、そもそも所得税額がプラスの人だからです。とはいえ、課税最低限以下となる低所得者にも、垂直的公平の観点から所得税制で恩恵が受けられるような政策はないのでしょうか。そうした発想から考え出されたのが、**給付付き税額控除**です。

　給付付き税額控除とは、税額控除を設けた結果、所得税額がマイナスとなる納税者には給付を与える仕組みです。たとえば、税額控除前の税額が4万円で、10万円の税額控除を受ける資格があった場合、計算される税額はマイナス6万円となります。そこで、給付付き税額控除がない状態だと計算される税額がマイナスでも所得税額がゼロとなるまでです。すなわち、使い残した税額控除が6万円もある状態です。これに対して、給付付き税額控除が設けられると、この6万円は給付として該当者に支払われます。そうすることで、このような低所得者でも所得税制に基づいて給付が受けられて、所得格差是正につながります。

1）所得税に関して、税務署からお金が戻ってくるという還付がありえます。しかし、それはあらかじめ仮計算して払った所得税額が実際に払うべき所得税額より多かったことに伴うもので、マイナスの所得税額となったからではありません。

給付き税額控除は、欧米諸国などでは導入されていますが、わが国では導入されていません。給付き税額控除のさらなる詳細は、第6章2節で説明します。

　累進税率が適用される課税所得は、10種類の所得のうち、給与所得、事業所得、不動産所得、一時所得と、利子所得と配当所得と譲渡所得と雑所得等のうち分離課税（後述）されない分を合算し、所得控除を差し引いたものです。このように様々な所得を合算した形で課税される方式を、**総合課税**と呼びます。これに対し、他の所得とは独立して、別に定める税率で課税される方式を、**分離課税**と呼びます。日本では、山林所得、退職所得と、金融所得（利子、配当、株式譲渡益など金融資産から生じる所得）は分離課税されていますが、金融所得だけを一体的に課税する方向で税制改正が行われました。

金融所得課税の一体化

　金融所得課税の一体化は、北欧諸国で1990年代に採用された**二元的所得税**の考え方に影響を受けたものです。二元的所得税論とは、資本は労働よりも流動的であることを前提として、勤労所得に対しては累進税率を適用する一方、資本所得に対しては勤労所得に適用する最低税率以下の税率で分離課税するのが望ましい、とする考え方です（図5-3参照）。実際に、北欧諸国では、資本所得を分離課税して累進課税はせず、勤労所得に累進課税しています。

　ここでいう勤労所得には、福利厚生（フリンジベネフィット）や社会保障給付、自営業者が受け取る所得のうち労務の対価に相当する部分も含まれています。資本所得には、金融所得の他、実物資産から生じる所得も含まれます。

　一見すると、資本所得を多く稼ぐ人を優遇しているようにみえます。しかし、資本所得も労働所得と合算して総合課税して累進税率を適用すると、資本所得に高率の課税がなされることとなり、金融所得を多く稼ぐ人が国外に移転してしまったり**租税回避**（脱税とは言えないものの租税法が想定していない方法で行う課税逃れ）をしたりして、結果的には累進課税が実現できな

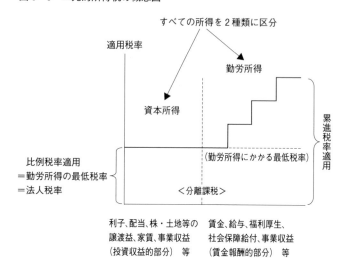

図5-3　二元的所得税の概念図

すべての所得を2種類に区分

適用税率

勤労所得

資本所得

累進税率適用

比例税率適用
＝勤労所得の最低税率
＝法人税率

（勤労所得にかかる最低税率）

＜分離課税＞

利子、配当、株・土地等の
譲渡益、家賃、事業収益
（投資収益的部分）　等

賃金、給与、福利厚生、
社会保障給付、事業収益
（賃金報酬的部分）　等

出典：政府税制調査会資料をもとに改編。

　い可能性が高まります。さらに、資本が国外に流出すると、国内の企業活動に支障をきたしかねません。こうしたことから、資本が国外に多く流出することがない程度に定率で課税することにしたのです。

　金融所得課税の一体化の利点には、不確実な株式の譲渡損益と確実に得られる公社債の利子との間で損益通算できることが挙げられます。資産運用の対象として株式と公社債を考えたときに、利子が確実に得られ満期まで保有すれば元本割れすることがない公社債と比べて、株価が変動する株式は運用リスクがあります。資産運用の対象を選ぶ際には、リターン（運用した結果どれだけ収入が得られるか）とリスク（価格変動がどれだけ大きいか）を見極め、リターンはできるだけ高く、リスクはできるだけ低いほうが望ましいといえます。

　金融所得に対して高い税率で課税すると、資産運用にとって不利になると思われますが、損益通算が広範に認められれば、必ずしもそうではありません。図5-4には、一例として、国債と株式に資産運用する場合を示しています。国債は利子が確実に10万円得られ、株式は確率50％で値上がりして譲渡益（キャピタル・ゲイン）が10万円得られ、確率50％で値下がりして譲渡

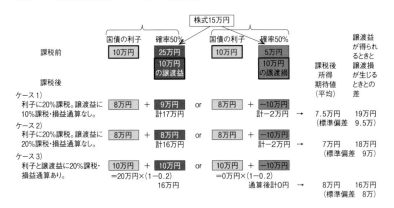

図5-4　金融所得課税の一体化（数値例）

損（キャピタル・ロス）が10万円生じるという状況を想定します。

　日本では、これまで利子所得には税率20％の分離課税、株式譲渡益には税率10％の分離課税がなされ、この両者の間で損益通算が認められていませんでした。この状況（図5-4のケース1）で、課税後所得がどうなるかを計算しましょう。国債の利子は20％課税されて手取りは8万円、株式が値上がりすれば10％課税されて手取りは9万円で、手取りの合計17万円となります。株式が値下がりすれば、譲渡損が生じて課税されないまでなので、課税後の利子所得が8万円と譲渡損のマイナス10万円で合計マイナス2万円となります。したがって、課税後所得の期待値は7.5万円となります。これが、課税後のリターン（の期待値）です。そして、譲渡益が得られるときと譲渡損が生じるときとの差は19万円です。これを、課税後のリスクとみなすことができます[2]。

　次に、利子所得だけでなく株式譲渡益にも税率20％の分離課税がなされ、この両者の間で損益通算が認められない状況（図5-4のケース2）では、

2）厳密には、リスクの指標としては標準偏差が用いられます。図5-4には、各ケースの標準偏差も合わせて計算して示しています。ちなみに、標準偏差は、ある課税後所得をx_i、その所得が生じる確率をp_i、課税後所得の期待値をμとして、
$$\sqrt{\sum_{i=1}^{n} p_i(x_i - \mu)^2}$$
と計算されます。

同様に計算すると、株式が値上がりすれば課税後所得は16万円、値下がりすれば、譲渡損が生じれば課税されないので課税後所得はマイナス２万円で、課税後所得の期待値は７万円となります。譲渡益が得られるときと譲渡損が生じるときとの差は18万円です。

　リターンは高く、リスクは低いほうがよいのですが、ケース２のほうが、ケース１よりもリスクは低くなりますが、リターンも低くなってしまいます。これは、株式譲渡益により高い税率が課されたためです。

　そこで、利子所得と株式譲渡益に税率20％の分離課税がなされ、この両者の間で損益通算を認める状況（図５-４のケース３）ではどうでしょうか。同様に計算すると、株式が値上がりすれば課税後所得は16万円ですが、値下がりすれば、利子所得と譲渡損を課税前に損益通算すると合計所得が０円となるので、所得税は０円となり、課税後所得は０円です。課税後所得の期待値は８万円となります。譲渡益が得られるときと譲渡損が生じるときとの差は16万円です。

　ケース３を見ると、ケース１よりもリターンは高く、リスクは低くなっています。これは、株式譲渡益の税率が高くなっても、譲渡損が生じるときに利子所得と損益通算できるために利子所得にかかるはずの所得税を払わずにすむことによるものです。損益通算によって、リスクが低くなるという利点がここにあります。税率を高くするほど、損益通算によるリスク低減効果は大きくなります。

　ただ、そもそもこれまでわが国の利子所得税率は20％でしたから、20％より高い税率にすると、課税後の利子所得が減ってしまうため、リターンが必ず下がります。ケース１と比べてリターンが高くなりリスクが低くなるような課税は、ケース３に勝るものはありません。

　日本での損益通算できる範囲は、金融所得課税の一体化が導入された2009年当時、上場株式等の譲渡損益と配当に限られていました。そして、2014年から税率を20％にするとともに、2016年から損益通算の範囲が公社債の利子などにも広げられ（ケース３の状況）、よりよく損益通算の利点が活用できるようになりました。

近年の所得税改革

　わが国の所得税制では、2010年代に累次の税制改正が行われました。税制改正が決まった年と、その税制が適用される所得を稼いだ年とが異なるため、適用された所得を稼いだ年で表すと、2011年からは、図5-5のように18歳以下の扶養控除が縮減・廃止されました。これは、民主党政権期に創設された子ども手当の支給と高校授業料の無償化等に伴い、控除をやめて給付に変える政策方針と財源確保のために実施されました。

　2000年代までは、低迷する経済状況もあって、わが国の歴代政権は所得税改革にほとんど着手しませんでした。しかし、民主党政権期のこの税制改正を端緒に、第2次以降の安倍晋三内閣で、ほぼ毎年のように所得税制の改正が実施されました。

　2013年からは、給与所得控除に上限が新設され、1500万円超の給与収入には控除上限を245万円とするとともに、復興特別所得税（所得税額の2.1％上乗せ）を導入し、個人住民税（個人均等割）では復興特別税として1人1000円の増税をしました。

　給与所得控除は、横軸に課税前給与収入、縦軸に給与所得控除適用額を表した図5-6のように、給与収入を得る人に対して、最低の控除額（最低保障額）65万円を与え、給与収入が増えるほど、控除額が増えるもののその増え方がより小さくなる形で与えられます。2012年までは控除に上限がなく、高額の給与収入を得る人にも際限なく控除が与えられ、その分だけ税負担が軽減されていました。しかし、高所得者に控除上限を設けることで、図5-6で右上がりの太実線と水平の細破線の差額分だけ給与所得控除が減額されることとなり、対象となる高所得者には所得税が増税されますが、それを下回る所得層では所得税負担は変わらず、所得格差が縮められました。

　2014年からは、譲渡所得課税の軽減税率（税率10％）を廃止して税率が20％となりました（図5-4参照）。2015年からは、累進課税での最高税率を、それまで40％だったのを、課税所得が4000万円超で45％に引き上げました。2016年からは、給与所得控除の上限を、給与収入1200万円超で230万円に引き下げ、2017年からはさらに給与収入1000万円超で220万円まで控除上限を引き下げました（図5-6参照）。控除上限を引き下げることで、対象と

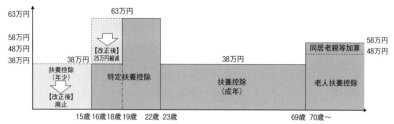

図5-5 扶養控除の見直し（2011年所得～）

出典：財務省「平成22年度税制改正」。

図5-6 給与所得控除の縮減

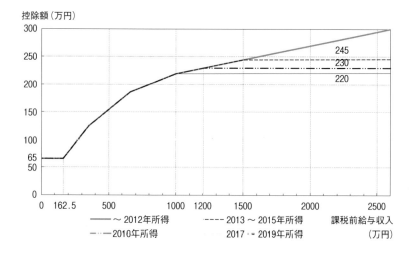

なる高所得者は増税になり、所得格差が縮められました。

　2018年からは、図5-7のように配偶者控除と配偶者特別控除を見直しました。（課税前給与収入で103万円以下となる）所得の少ない配偶者がいる場合、納税者本人がその配偶者を扶養しているとみて、図5-5に示した扶養控除と同額の38万円の配偶者控除が与えられています。

　税制改正の当初の動機は、女性活躍の促進でした。控除金額にあわせて女性が就労調整を行うことがあって、働きたいのに働く時間を抑制することを懸念して企画されました。課税前収入が103万円を超えて働くと、課税前収入が増えても可処分所得が減る形で「手取り所得の逆転現象」が起きるとい

図5-7　配偶者控除・配偶者特別控除の見直し

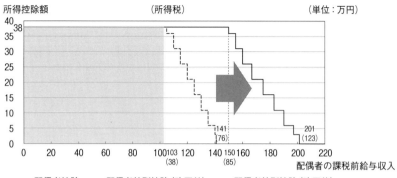

注1：上記は、配偶者が69歳以下の場合。
注2：カッコ内は合計所得金額。合計所得金額とは所得税法上の10種類の所得（損益通算後）の源泉分離課税されるものを除く合計金額。
注3：控除上限は、納税者の合計所得金額が900万円以下の者は上記の通りで、900万円超950万円以下の者は26万円、950万円超1000万円以下の者は13万円となる。1000万円超の者は控除が適用できない。

う「103万円の壁」が注目されました。確かに、1987年に配偶者特別控除が新設される前はそうでした。図5-7の配偶者控除（網掛け部分）は、配偶者の課税前給与収入が103万円を超えると、控除額がまったくなくなり、これだけだとその境となる103万円で「手取り所得の逆転現象」が起きます。そこで、階段状に控除額が逓減する形の配偶者特別控除が設けられ、「103万円の壁」はなくなりました。

　それでも、この時期に「103万円の壁」が取りざたされたのは、所得税制のせいではなく、無業や低所得の配偶者に対する手当の支給を企業や官庁が独自に行っていて、それが103万円を境に支給するか否かを判定していたからでした。

　結局、所得税制では「103万円の壁」は既になくなっていたのですが、図5-7のように配偶者特別控除の適用対象を拡大するとともに、合計所得金額（所得税法上の10種類の所得（損益通算後）の源泉分離課税されるものを除く合計金額）が多い納税者に配偶者控除や配偶者特別控除の適用額を減らす仕組みに変えました。控除の縮小によって所得格差を縮めることにはなりましたが、女性活躍の促進に結びつくかは自明ではありません。

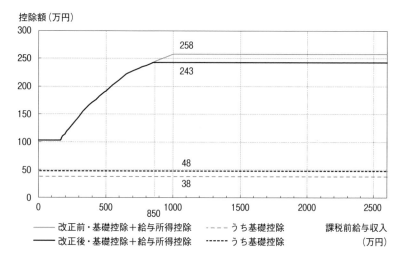

図 5 - 8　基礎控除と給与所得控除の見直し（2020 年所得から）

控除額（万円）

258
243
48
38

0　　　　　500　　　850　1000　　　　1500　　　　2000　　　　2500
課税前給与収入
（万円）

―――― 改正前・基礎控除＋給与所得控除　　‐‐‐‐‐ うち基礎控除
―――― 改正後・基礎控除＋給与所得控除　　‐‐‐‐‐ うち基礎控除

　2020年からは、図5-8のように、基礎控除を10万円増やす代わりに、給
与所得控除と公的年金等控除をともに10万円減らす見直しが行われました。
これは、被用者と同じ仕事をしながらも、雇用関係がない形で働く就業者
（フリーランスや請負労働などの雇用的自営業者）が増えたことが背景の一
つにあります。被用者として給与所得を得れば、給与所得控除が受けられま
す。しかし、雇用的自営業者は、同じ仕事の対価でも給与所得ではなく事業
所得として受け取るので、必要経費は控除できるものの、給与所得控除は受
けられません。働き方に中立的でない控除の仕組みを見直すべく、納税者全
員に適用される基礎控除を増やし、給与所得控除を減らすことにしたので
す。同様に概算で控除が設けられている公的年金等控除も、同じく10万円減
らすこととしました。

　その際、給与所得控除は、図5-6のように控除上限を順次引き下げてき
た流れを受けて、給与収入850万円超で195万円（10万円の減額の影響を含
む）まで控除上限を引き下げました（図5-8参照）。基礎控除を10万円増や
す代わりに給与所得控除を10万円減らすだけでは、給与所得控除が適用され
る納税者にとって合計した控除額に変化がなければ、増減税はありません。
しかし、給与収入が850万円超の人は、控除上限が引き下げられた分、控除

が減って増税になりました。

　また、基礎控除について、合計所得金額が2400万円超で控除額が段階的に逓減し始め、2500万円超で消失する仕組みを導入しました。給与所得控除の上限引下げと基礎控除の逓減・消失化は、所得格差是正（所得再分配機能の回復）を狙いとしたものです。

　このような一連の所得税改革は、わが国の所得税制が、一連の改革前に所得再分配機能が弱いという欠点を持っていたことに端を発しています。わが国の所得税制で所得再分配機能が弱い原因は、所得控除が多用されていることです。

　2018年度の課税状況に基づくと、課税対象となる収入は約260兆円あります。その収入から、所得計算上の控除として、給与所得控除や公的年金等控除が合計で約80兆円差し引かれています。加えて、所得税制上の所得控除が合計して約70兆円差し引かれています。その結果、課税所得は合計して約110兆円となります。これは、課税対象となる収入に比して40％強しかなく、残りの60％弱は課税所得から外れているのです。その上で、所得税率を乗じて税額が計算されて、所得税が12.9兆円納められています。そこには税額控除として約0.4兆円差し引かれています。

　このように、わが国の所得税制では、広義の所得控除（所得計算上の控除を含む）が多用されている割には、税額控除が少ないという所得税制となっているのです。その結果、課税対象となる収入のうち過半が課税所得から外れて、累進課税で所得再分配機能を働かせようとも強くは働かない構造になっています。

　所得再分配機能を発揮するには、累進課税を強化すればよいとの見方がありますが、このように所得控除が多用される税制の構造では、累進税率を上げても是正できる所得格差は限定的です。現に、2018年の課税状況では、所得税の累進税率で最も低い５％に直面する納税者が全体の６割弱、10％以下の税率に直面する納税者が全体の８割強を占め、最高税率を引き上げても、それに直面する納税者は極めて少数です。

　そこで、所得再分配機能を回復すべく講じられたのが、所得控除の縮小でした。前述のように給与所得控除を中心に所得控除の縮小が図られました。

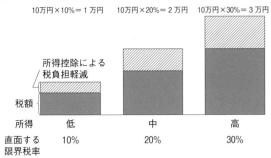

図5-9　所得控除の税負担軽減効果

〈全員に10万円の所得控除〉

10万円×10%＝1万円　　10万円×20%＝2万円　　10万円×30%＝3万円

所得控除による
税負担軽減

税額

所得　　　　低　　　　　　中　　　　　　高

直面する　　10%　　　　　20%　　　　　30%
限界税率

　しかし、所得控除の縮小によって是正できる所得格差は限定的です。それは、累進税率と関係があります。図5-9は、所得控除による税負担軽減効果を示しています。いま、納税者全員に10万円の所得控除が与えられたとします。このとき、（限界）税率が10%の人が、たとえば課税所得は200万円の人は、これにより課税所得が190万円となります。10%で納税しているとなると、課税所得が200万円のときは所得税額は20万円だったけれども、190万円となると所得税額は19万円となり、1万円税負担が軽減されます。つまり、（限界）税率が10%の人は、10万円の所得控除によって1万円の税負担軽減効果が得られます。

　同様に計算すれば、10万円の所得控除によって、より所得が多い人で（限界）税率が20%の人は2万円、高所得者の（限界）税率が30%の人は3万円の税負担軽減効果が得られます。このように、所得控除は、累進税率が適用される前に控除されることから、（限界）税率が高いほど同額の所得控除の税負担軽減効果が多くなります。つまり、累進課税の下では高所得者ほど所得控除の税負担効果が大きくなります。それでは、是正できる所得格差は限定的となります。

　他方、同じ課税控除でも税額控除ではどうでしょうか。図5-10を見ると、納税者全員に1万円の税額控除が与えられたとすると、低所得の納税者も高所得の納税者も、同じ1万円の税負担軽減効果となり、図5-9と比して、高所得者により多く課税できることから、所得格差がより是正されることに

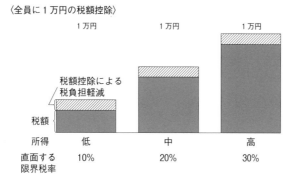

図5-10　税額控除の税負担軽減効果

〈全員に1万円の税額控除〉

なります。

　確かに、2010年代に前述のような一連の所得税改革が行われました。これにより、所得格差はある程度是正されました。しかし、所得格差をもっと是正するには、所得控除のまま存置するのではなく、低所得者の税負担を増やさない形で所得控除を税額控除に改めることが効果的です。所得控除の逓減・消失化は、税額控除がもたらす効果に似てはいますが、所得税額の計算を複雑にします。

　所得控除を税額控除に改められない一因は、所得税法の解釈として、所得控除に一定の含意を持たせているためとされています。たとえば、給与所得控除は、給与所得者の必要経費を概算で控除するという含意があります。ところが、税額控除だと、そうした含意は持たせにくい面があります。

　しかし、所得控除と税額控除が持つ経済的含意は、図5-9と図5-10の通りであり、その差異に起因してわが国の所得税制で所得再分配機能が弱くなっています。欧米諸国の所得税制では、累進税率をフラット化する（最高税率を引き下げて累進構造を緩やかにする）とともに、税額控除にシフトさせていきました。これに倣うと、わが国でも、所得控除の多用を改め、前述の給付付き税額控除を含め、いかに税額控除化するかが今後の課題です。

3.2　法人税

　法人税は、法人の企業活動で得た利益（法人所得）に課税されます[3]。法

人所得の定義は、売上などの収入を益金、売上原価などの経費を損金と呼び、益金から損金を差し引いた額が法人所得となります。基本的には、企業会計でいう収益が益金と対応し、費用が損金に対応します。しかし、税法上の規定により益金に算入しない収益もあれば、損金に算入しない費用もあるので、企業会計での決算利益と法人所得とは、通常は一致しません。

　法人税は、法人所得に一定の法人税率を課したもの（基準法人税額）から、税額控除分を差し引いた金額が課されることになります。つまり、

$$税額 ＝ 税率 \times (益金 － 損金 － 所得控除) － 税額控除$$

です。損金が益金を上回ると、その差額を欠損（あるいは赤字）と呼び、法人税は課されません。また、税額控除のほうが多い場合も法人税は課されません。

　企業会計上収益に含まれるが税法上益金に算入しないことを、益金不算入と呼びます。益金不算入としているものは、持株割合が一定以上である子会社からの受取配当や海外子会社からの受取配当などです。これは、企業支配的な関係に基づくいわば同一企業の内部取引とみなせる配当を、益金に算入して課税すると二重課税になるのを防ぐためです。

　また、法人税での所得控除には、欠損金の繰越控除などがあります。欠損金の繰越控除は、ある年に生じた欠損は、定められた期限内なら、翌年度以降に生じた各年度の法人所得金額からその一定割合を限度に控除できるとともに、使い残した欠損はさらに後年度に繰り越せる仕組みです。

　たとえば、表5－2のように、法人税率が25％だとして、0年目に300の欠損金が生じたが、1年目以降毎年200の控除前法人所得（利益）を上げる企業があったとします。このとき、欠損金の繰越控除が控除前所得の50％まで適用できる仕組みだったとすると、1年目は控除前所得200の50％の100まで繰越控除が適用され、残り100に25％の税率で法人税が課税されます。300の繰越欠損金のうち、1年目に100を使ったので、残る繰越欠損金は200となり

3）法人税は、国税である地方法人税とあわせて課されています。地方法人税は全額、国から地方に配る地方交付税（第9章で詳述）の原資となります。

表5-2　欠損金の繰越控除の数値例

	0 年目	1 年目	2 年目	3 年目	4 年目
控除前法人所得	-300	200	200	200	200
控除額	―	100	100	100	0
法人税額（税率25%）	0	25	25	25	50
繰越欠損金	300	200	100	0	0

ます。このように、2年目以降も欠損金の繰越控除が適用されて、最終的に3年目で繰越欠損金は使い尽くして0となります。4年目以降は、控除できる繰越欠損金はないので、（他に控除できるものがなければ）控除前法人所得にそのまま25%の税率で法人税が課税されることになります。

　欠損金の繰越控除は、企業がゴーイング・コンサーン（企業が将来にわたり継続するという前提）であるかぎり、課税前利益が現在価値で同じ企業には同じ法人税負担を課すために不可欠です。より簡素な例でいえば、毎年10万円の黒字を出す企業と、ある年に10万円赤字になり次の年に30万円黒字になる企業は、利子率がゼロなら2年間合計の利益（の現在価値）は両企業とも同じ（20万円）です。しかし、他の条件が同じで欠損金の繰越控除がない形で法人税が課されると、後者の企業は2年目の大きな黒字に対して多く課税されるため、前者の企業より後者の企業のほうが合計して多く法人税を払わなければならなくなります。

　法人税における税額控除として代表的なものには、投資税額控除があります。投資税額控除は、設備投資や研究開発投資を促進する政策目的から、これらの投資を実際に行った額の一定割合を税額控除として認めるというものです。

　こうして計算された税額に基づいて課税されますが、近年のわが国では、所得金額が正の値で法人税を納税している法人（利益計上法人あるいは黒字法人と呼びます）は、全法人の3割弱で、残りは所得金額がゼロ以下で法人税を納税していない法人（欠損法人あるいは赤字法人と呼びます）です。つまり、7割強が欠損法人です。ただ、当年度の所得は正の値でも、欠損金の繰越控除があったため控除後所得がゼロになった法人は、全体の3割弱あって、当年度の所得もゼロ以下である法人は全体の4割強です。当年度の所得

は正でも欠損金の繰越控除があったため控除後所得がゼロになった法人は、業況が回復して利益が増えてくれば、繰越欠損金を使い尽くして間もなく黒字法人になると見込まれます。

法人税率の国際比較

　法人税は、企業活動のグローバル化が進むにつれて、企業の立地に影響を与えるようになってきました。企業は、国境を越えた取引をするだけでなく、企業の本拠地自体も国境を越えて移動するようになりました。つまり、企業は、世界各国の取引相手に販売して利益を上げますが、法人税率が高い国を本拠地とすると、その国でより多く法人税を払わなければなりません。しかし、世界中で同じように利益を上げながらも、法人税率の低い国を本拠地とすれば、それだけ法人税の支払いは少なくてすみます。法人税負担が軽い分、利益を株主や従業員に還元できたり、次なる収益機会を創るための投資に充てたりできます。

　企業は、グローバル化に伴い、できるだけ法人税率の低い国を選ぶ傾向が強くなりました。その中で、日本の法人税率が国際的にみて高く、これが日本企業の国際競争力を弱めているとの指摘がなされるようになりました。図5-11では、先進5カ国と中国・韓国・シンガポールの法人税の実効税率を比較しています。図5-11には、2010年1月現在の法人実効税率（国・地方計）を■、2015年1月現在の税率を○、2020年1月現在の税率を棒グラフで国税と地方税に分けて示しています。1990年代以降、経済のグローバル化が進み、欧州諸国やアジア諸国の法人税率は、次第に引き下げられていきました。日本も、1998年度と1999年度にかけて税率を引き下げたことで、法人実効税率[4]は約50％から約41％になりました。さらに、2012年度に引き下げたことで、法人実効税率は2014年度には約35％となりました。

　その後、2015年度と2016年度の税制改正において、法人実効税率の引下げが決まりました。ただ、税率を下げただけでは税収が減る恐れがあるため、あわせて課税標準の拡大（外形標準課税の拡大（本章4.3項で詳述）や欠損金の繰越控除の縮小など）が決まりました。この法人税改革によって、国の法人税率は2014年度の25.5％から2018年度には23.2％まで段階的に引き下げ

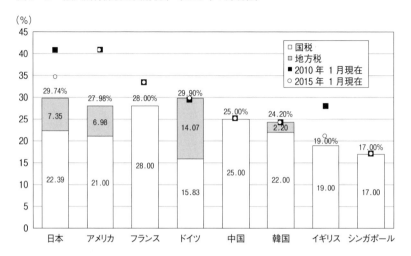

図5-11　法人所得課税の実効税率（2020年1月現在）

注1：上記は法人所得に対する税率。なお、法人所得に対する租税負担の一部が損金算入されることを調整した上で、国・地方それぞれの税率を合計している。

注2：日本では、国税として法人税率が23.2%、地方税として法人住民税（地方法人税を含む）が法人税額×17.3%、法人事業税（特別法人事業税を含む）の税率が外形標準課税の対象となる資本金1億円超の法人に適用される税率で3.6%である。地方税は、標準税率（超過課税は含まない）を用いる。この他、法人事業税の付加価値割と資本割、資本金額と従業員数に応じた法人住民税の法人均等割などが課される。

注3：アメリカでは、連邦法人税率が21%、州法人税率が6.98%（カリフォルニア州）である。州税に加えて、一部の市では市法人税が課される場合がある。また、一部の州では、法人所得課税が課されない場合もある。

注4：フランスの法人税率（基本税率）は28%である。この他、年間売上高が763万ユーロ以上で法人税額が76.3万ユーロ超の企業は、法人税額から76.3万ユーロを控除した差額に対し3.3%の社会保障負担金が課せられる。

注5：ドイツの法人税は税率が15%で連邦と州の共有税（50：50）で、連帯付加税は連邦税で法人税率×5.5%である。営業税は市町村税であり、営業収益の3.5%に対し、市町村ごとに異なる賦課率を乗じて税額が算出される。ここでは、連邦統計局の発表に従い、全ドイツ平均の値に基づいた場合の係数（14.07%）を用いている。

注6：中国の法人税は税率が25%で中央政府と地方政府の共有税（原則60：40）である。

注7：韓国では、国税として法人税率が22%、地方税として地方所得税率は2.2%（ソウル）である。この他、地方税として資本金額と従業員数に応じた住民税（均等割）などが課される。

資料：財務省「国・地方合わせた法人税率の国際比較」など。

られ、地方税の法人課税（本章4節で詳述）もあわせた法人実効税率は、2014年度の34.62%から2018年度には29.74%にまで引き下げられました。図5-11に示されたように、2015年1月現在では、日本が法人実効税率を先行して引き下げたことでアメリカよりも低くなりましたが、2017年にアメリカ

のトランプ政権が税制改革を成立させ、連邦法人税率を引き下げました。アメリカだけでなく、フランスやイギリスも、2010年代に法人税率を引き下げたことで、わが国の法人実効税率は、主要先進国ではドイツと同水準となっています。

3.3　消費税

　日本の**消費税**は、一般に付加価値税といえる税です。**付加価値税**とは、原則として、すべての財・サービスの取引について流通の各段階で生じる付加価値（＝売上高－仕入高、あるいは収入－費用）に応じて課す税です。課税対象となる事業者が納める消費税額は、売上時に受け取った消費税額から、事業に必要な物品購入など仕入のために支払った消費税額を差し引いた額を納めます。仕入時に支払った消費税額のほうが多かった場合は、国から払いすぎた分の還付を受けることができます。このように、仕入時の税額を売上時の税額から控除することを、**仕入税額控除**と呼びます。仕入税額控除があ

4）法人実効税率とは、法人所得に対する租税負担の一部が損金算入されることを調整した法人所得課税負担率です。具体的には、以下のようになります。地方税である事業税の負担額（特別法人事業税（2019年9月までは地方法人特別税）を含む）が、わが国の法人所得課税の税額計算上で損金算入される仕組みとなっていることから、

$$事業税所得割税額＝所得割税率×（事業税額損金算入前所得－事業税所得割税額）$$

と計算されます。この式で、事業税所得割税額について解くと、

$$事業税所得割税額＝\frac{所得割税率}{1＋所得割税率}×事業税額損金算入前所得$$

となります。わが国での法人所得課税は、事業税所得割の他に、国税である法人税額と法人特別税と地方税である法人住民税法人税割があります。後三者の課税標準も同じなので、

$$法人所得課税負担額＝事業税所得割税額$$
$$＋法人税率×（事業税額損金算入前所得－事業税所得割税額）$$

となります（ここでの法人税率には、地方法人税と法人住民税法人税割分の負担も含めます）。この式に、前掲した事業税所得割税額の式を代入すると、

$$法人所得課税負担＝\frac{法人税率＋所得割税率}{1＋所得割税率}×事業税額損金算入前所得$$

と表されます。したがって、事業税額損金算入前所得に対する法人所得課税負担額の比率は$\frac{法人税率＋所得割税率}{1＋所得割税率}$となり、これが法人実効税率を意味します。他方、法律で定められた税率を、法定税率あるいは表面税率といいます。

図5-12　消費税の仕組み（税率が10％の場合）

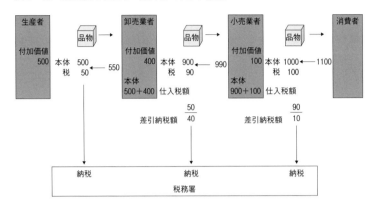

ることで、**課税の累積**を防ぐことができます。課税の累積とは、取引の回数が増えるにつれて税額が累積的に増加することです。

たとえば、図5-12のように、税率が10％の付加価値税（消費税）の場合、生産者が500の付加価値をあげて卸売業者に品物を販売すると、この取引に50（＝500×10％）の付加価値税がかかります。卸売業者は生産者に、本体価格500に付加価値税50を加えて計550を支払います。そして、生産者は卸売業者から受け取った付加価値税50を納税します。

続いて、この品物を卸売業者が小売業者に、400の付加価値を乗せて販売すると、生産者の500に卸売業者の400が加わり900の付加価値が品物本体の価格（税抜価格）となるから、この取引には90（＝900×10％）の付加価値税がかかります。小売業者は卸売業者に、本体価格900に付加価値税90を加えて計990を支払います。卸売業者は、90の付加価値税を小売業者から受け取りますが、生産者に50の付加価値税を既に支払っています。この50が仕入税額控除となり、卸売業者が実際に納税するのは40だけとなります。

同様に、小売業者が100の付加価値を乗せて消費者に販売すると、本体価格は1000となり、この取引には100（＝1000×10％）の付加価値税がかかります。消費者は小売業者に、本体価格1000に付加価値税100を加えて計1100を支払います。小売業者は、100の付加価値税を消費者から受け取りますが、卸売業者に90の付加価値税を既に支払っています。この90が仕入税額控除と

なり、小売業者が実際に納税するのは10だけとなります。

　結果的にみると、消費者は、本体価格1000に対して10％に相当する100の付加価値税を支払っているから、付加価値税（消費税）は、消費者が直面する本体価格に課税されているかのように見えます。しかし、実際には、消費者が直面する本体価格は、生産者と卸売業者と小売業者の付加価値の合計と等しくなります。したがって、この税の仕組みは、消費者が直面する価格に課税しているようでいて実はそうではなく、流通の各段階における付加価値に課税されているものといえます。

　付加価値税は、小売売上税（売上高税）とは異なります。小売売上税は、小売段階の取引にだけ売上高に比例して課税され、生産や卸売の流通段階では課税されません。付加価値税は流通の各段階で課税の処理を行わなければならないことから、小売段階だけ課税する小売売上税のほうが事務処理は簡素です。しかし、小売売上高に比して課税されるので、小売段階までに仕入にいくらかかっても、仕入高は控除されません。そのため、小売業者は、最終消費者にだけ販売しているわけではないことから、小売売上税は課税の累積を排除できません。たとえば、小売の文房具屋で文具を買うのは、最終消費者だけでなく、小売の洋服屋が業務上の必要性から買うこともあります。すると、小売の洋服屋が文具購入時に払った税は、付加価値税ならば仕入税額控除できますが、小売売上税は控除できず、それを小売の洋服屋が洋服の最終消費者に転嫁すれば、小売段階の洋服にも小売売上税がかかると課税の累積が起こります。課税の累積が起こることで、流通経路次第で小売価格が変わり、資源配分に歪みを与えるという支障をきたします。

　課税の累積を排除する仕入税額の控除方式には、前段階取引高控除方式（アカウント方式）と、前段階税額控除方式（インボイス方式）があります。前段階取引高控除方式は、帳簿上で売上高から仕入高を差し引いて税額を算定して控除する方式です。日本の消費税はこの方式を採用しています。この方式は帳簿上でできるため簡単ですが、業者が簡単に税額を偽ることができる欠点もあります。前段階税額控除方式（インボイス方式）は、取引する際に業者が「**税額票（インボイス）**」を発行することによって控除する方式です。EU型付加価値税はこの方式です。取引する度に税額票を発行しなけれ

ばならないため面倒ですが、税額がきちんと把握でき脱税を阻止できます。

　付加価値税の制度として、実務上次のような仕組みがあります。

付加価値税の非課税

　付加価値税の非課税とは、取引に付加価値税が課されないことをいいます。非課税となるのは、あらかじめ定められた品目・取引であったり、一定の条件を満たす事業者だったりします。日本の場合、土地、家賃、授業料、医療や介護サービスなどが非課税品目とされていますが、非課税業者の規定はありません（非課税品目ばかりを扱う事業者は存在しますが、どんな品目を扱っても非課税となる事業者はありません）。もし非課税業者が存在した場合、すべての事業者が付加価値税を完全に転嫁できるならば、前段階の取引までにかかった付加価値税額と非課税業者の付加価値の合計額が、非課税業者から購入する者の価格となります（非課税業者の付加価値には付加価値税が一切かかりませんが、仕入税額控除は認められません）。

　図5-13は、図5-12と同じ状況で、小売業者が扱う品目が非課税品目とされた場合を表しています。このとき、小売業者がこの非課税品目を扱う際に生じる付加価値100には付加価値税が課されないので、小売業者が既に払った仕入税額分90を消費者に転嫁できなければ、消費者の価格は1000となり、小売業者は仕入税額控除が認められないため、仕入時に負担した税額90の分だけ小売業者の利益が減ってしまいます。

付加価値税の免税（ゼロ税率）

　取引した際に付加価値税がいったん課されて納税するが、その納税額がそのまま還付されることを、付加価値税の免税と呼びます。免税とは、納税義務が免除されるという意味です。免税となるのは、あらかじめ定められた品目・取引であったり、一定の条件を満たす事業者だったりします。

　日本の場合、輸出する品目は国際慣行に従い免税とされています。輸出する品目が免税とされるのは、付加価値税の国際慣行で、生産・輸出国では課税せず消費国で課税するとする消費地課税主義が採用されているからで、EU諸国等でも同様の扱いとなっています。もしこの輸出免税がないと、付

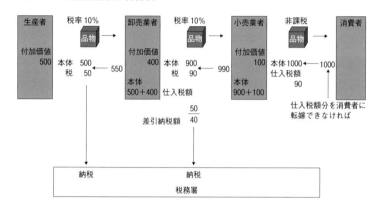

図5-13　付加価値税の非課税

加価値税率が各国で異なることで、最終消費国の消費者に品物を売る際、国産品と（外国から輸出される）輸入品に有利不利が生じ、付加価値税率が高い国の産品が国際市場で不利になってしまいます。

　図5-14において、消費者を国外の輸入業者とみなし、小売業者を輸出業者とみなすと、付加価値税での国境調整の事例とみることができます。前述の通り、輸出時には免税となり、国外の輸入業者に売ることができます。そして、輸入業者は、仕入時に付加価値税を支払っていないので、付加価値税がある輸入国で仕入税額控除なしに付加価値税が課されることになります。

　また、日本の場合、扱う品目に関わらず前々年の課税対象となる売上高が1000万円以下の事業者は納税の義務が免除される免税事業者となります。付加価値税が免税されても、仕入税額控除は認められます。免税事業者が偽らなければ、前段階の取引の付加価値（付加価値税分を含まない）と免税事業者の付加価値の合計額が、免税事業者から購入する者の価格となります。

　このことから、付加価値税の免税は、実態として税率がゼロの付加価値税を課すのと同じになるため、**ゼロ税率**ともいいます。図5-14は、図5-12と同じ状況で、小売業者が免税事業者、または小売業者が扱う品目がゼロ税率とされた場合を表しています。このとき、小売業者の付加価値100には付加価値税が免税となる（ゼロ税率が課される）ので、前段階までの付加価値税の額を問わず、本体価格である1000が消費者の価格となります。小売業者が

図5-14　付加価値税の免税（ゼロ税率）

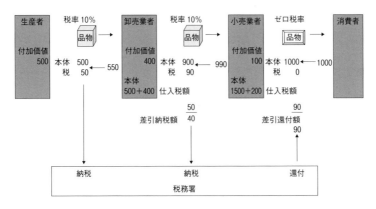

仕入段階で支払った付加価値税90は、仕入税額控除が認められるので還付されることになります。

　このゼロ税率を、非課税とした図5-13と比べると、小売業者の付加価値に付加価値税が事実上課されない点では同じで、消費者が直面する価格も1000で同じですが、非課税の場合は仕入税額控除が認められない分、小売業者が仕入税額を消費者に転嫁できないと小売業者の利益が減ってしまうのに対して、免税（ゼロ税率）の場合は仕入税額が還付されるので、小売業者の利益（付加価値）は維持できています。

　ゼロ税率になった小売業者への仕入税額の還付（輸出時には輸出免税）は、生産者や卸売業者が納税した税を、小売業者（あるいは輸出業者）が奪ったとみるのは誤りです。なぜなら、図5-14にも示されているように、小売業者は仕入時に90の付加価値税を支払っているからです。生産者や卸売業者が納税した税は、小売業者（あるいは輸出業者）が仕入時にいったん支払ったものです。ゼロ税率に伴う仕入税額の還付は、単に仕入時に支払った税が戻ってきて相殺されるだけのことで、免税となる小売業者がそれによって得をするという話ではありません。

簡易課税制度

　わが国の消費税では、中小事業者の納税事務の負担を軽減するべく、**簡易**

課税制度を設けています。課税対象となる売上高が5000万円以下の事業者（免税事業者を除く）は、届け出れば、付加価値額（＝売上高−仕入高）を計算する際に、仕入高を法令で定める「みなし仕入」で計算できることにしました。みなし仕入とは、売上高に対して仕入高の割合を法令で定めた率で計算したものです。たとえば、小売業を営む事業者では、売上高の80％をみなし仕入率としており、簡易課税制度の下での付加価値額は売上高の20％となることを意味します。

　しかし、みなし仕入の額が実際の仕入高より多いと、みなしの付加価値額が正しい付加価値額より少なくなり、実際に納税する消費税額は正しい付加価値額に基づく納税額より少なくなります。このとき、その課税されない分は業者の収入となります。このように、売上時に預かった消費税でありながら、実際には納税されずに事業者の手元に残るものを、**益税**と呼びます。益税は、消費者から消費税として徴収していながら、結局は納税する必要がなくなったために業者の収入になってしまうという点で問題です。みなし仕入率が実際の仕入の割合より高いと益税が生じやすくなります。

COLUMN 5.2　消費税の軽減税率

　2019年10月から、日本の消費税制では、大半の品物に課される税率（**標準税率**）より低い税率を**軽減税率**と呼び、こうした複数の税率で消費税を課す複数税率が導入されました。消費税率を引き上げると、低所得者の税負担が重くなることから、その対策として軽減税率が、酒類・外食を除く飲食料品と週2回以上発行される新聞を対象品目として、消費税率を10％に引き上げるときに導入されました。

　軽減税率が導入されると、図5-15のような仕組みとなります。図5-15は、標準税率が10％で、軽減税率を8％としたときに、小売業者が軽減税率を適用する品物を販売する場合のものです。

　飲食料品には軽減税率が適用されていますが、流通の各段階ですべて軽減税率が適用される品物ばかりではありません。たとえば、プラスチックのトレーに乗せた魚を売る小売業者は、それを売る段階では食料品として軽減税率が適用されますが、小売業者が魚を乗せるまで、プラスチックのトレーは工業製品であって食品にはならず標準税率が適用されることになります。そうなると、小売段階では軽減税率が適用さ

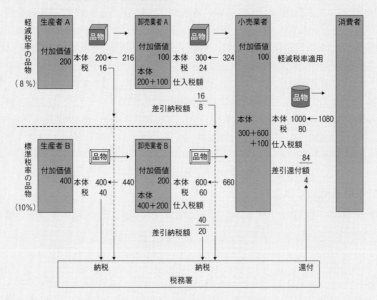

図5-15 複数税率での付加価値税

れるとしても、卸売段階までででは軽減税率が適用される部分と標準税率が適用される部分が混在することになります。

図5-15は、そうした状況を表しています。小売段階で軽減税率が適用されるとしても、卸売段階までは標準税率が適用されると、その部分では標準税率に基づいて仕入税額控除が行われます。そして、売上時に受け取った消費税額より仕入時に支払った消費税額のほうが多い場合は、その差額が還付されることになります。この還付は、図5-12のように単一税率では生じません。

ただ、図5-15にも表されているように、品物のうち流通の過程で標準税率と軽減税率がそれぞれどのように適用されたかが、つぶさにわかるようにしておかなければ適切に課税ができません。したがって、軽減税率を導入すると、前述のように取引時にインボイスの発行を義務付けなければ適正な課税ができません。現在の日本の消費税ではインボイスは導入していませんから、軽減税率を適正に実施するとなると、事業者にはインボイスの発行という事務処理費用が追加的に生じることになります。しかも、図5-15での小売業者のように、標準税率の品目と軽減税率の品目をあわせて扱う業者は、必ず還付を受けるとは限らず、仕入と売上が完結しないと還付か納税かが確定しません。それだけ、事業者は納税に関する見通しが立ちにくくなる欠点があります。

他方、軽減税率は、低所得者対策とされていながら、低所得者でなくてもその恩恵を受けることができます。高所得者も、軽減税率が適用される飲食料品を買えば、その恩恵が受けられます。そして、軽減税率が適用された分だけ、消費税の税収は減ることになります。低所得者だけでなく高所得者にまで恩恵が及ぶ形で、かつ税収が減ることまでして、軽減税率を導入することが望ましいか否か、その効果が問われるところです。軽減税率を適用せずにいったん標準税率で課税して消費税収を確保したのち、低所得者に限定して給付措置や所得税など他の税の減税を行うと、より的確に低所得者の税負担軽減が図られます。したがって、軽減税率は、低所得者対策としても、給付措置よりも不向きな面があるのです。

消費税は逆進的ではない

　消費税は、巷間で「逆進的」であるといわれることがあります。消費税は、本当に逆進的でしょうか。表5-3を見て確かめましょう。

　たとえば、AさんとBさんの2人がいて、1年目と2年目に所得を稼いで消費をするとします。ここでは、1年目を若年期、2年目を老年期と見立てて、生涯を通じた所得と消費の関係を議論しているとみなしても構いません。そこで、この2人が払う消費税額をみてみましょう。いま、消費税率は10％であるとします。また、簡単化のため利子率は0％と仮定します。

　今、Aさんは、表5-3のように、所得が1年目に110、2年目も110だけ稼いでいるとします。他方、Bさんは、所得が1年目に440、2年目も440だけ稼いでいるとします。BさんはAさんよりも所得を多く稼いでいます。

　そして、Aさんは、稼いだ所得をすべてその年の消費に回し、1年目に110、2年目に110だけ税込みで消費したとします。すると、消費税率は10％ですから、Aさんは1年目に10、2年目に10だけ消費税を払い、2年間を通じて消費税を20だけ負担します。

　これに対して、Bさんは稼いだ所得のうち、1年目には220だけ税込みで消費して、残りの220を貯蓄したとします。そして、2年目には、その年に得た所得440と合わせて660の消費を税込みでしたとします。このとき、Bさんが負担する消費税は、1年目に20、2年目に60だけ負担することになります。

　ここで、1年目の状態だけに注目するとどうでしょう。Aさんは110の所

表5-3　消費税の異時点間の負担

Aさん	1年目	2年目	計
所得	110	110	220
貯蓄	0	-	-
消費（税込）	110	110	220
うち消費税	10	10	20

Bさん	1年目	2年目	計
所得	440	440	880
貯蓄	220	-	-
消費（税込）	220	660	880
うち消費税	20	60	80

注：消費税率は10％、利子率はゼロとする。

得を得て、消費税を10だけ負担しているので、所得に対する消費税の負担率は約9.1％（＝10÷110）となります。これに対して、Bさんは440の所得を得ながら、消費は220しかしないので、消費税を20だけ負担し、所得に対する消費税の負担率は約4.5％（＝20÷440）となります。

　1年目だけをみると、低所得のAさんのほうが高所得のBさんよりも消費税の負担率が高くなっていて、逆進的であるようにみえます。しかし、AさんとBさんは1年目だけ税を負担しているわけではありません。2年目の負担も合わせて考えなければ、議論としては正しくありません。では、1年目と2年目の負担を合わせてみるとどうでしょうか。

　Aさんは2年間合計（の現在価値）で220の所得を稼ぎ、220の消費をして、消費税を20だけ負担しているので、所得に対する消費税の負担率は約9.1％（＝20÷220）になっています。これに対して、Bさんは2年間合計（の現在価値）で880の所得を稼ぎ、880の消費をして、消費税を80だけ負担しているので、所得に対する消費税の負担率は約9.1％になっています。

　つまり、2年間を通じた負担でみると、低所得のAさんも高所得のBさんも消費税の負担割合は同じです。したがって、消費税は少なくとも逆進的ではなく比例的であるといえます。これを生涯通してみれば、所得のほぼすべてを（若干遺産が残るとしても）生きている間に消費すれば、消費税は、生涯所得に対してほぼ比例的な税であるといえます。

　ただ、消費税は、生涯所得に対してほぼ比例的な税なので、累進的ではありません。つまり、高所得者ほど税負担率を高くして、所得格差の是正に役立つものではありません。語義に忠実に表現すると、消費税は累進的ではないというべきなのです。

　消費税はモノを買うときに支払いますが、それは、国だけでなく都道府県も課税しています。支払うときは一括されていて、消費者には区別して課税されているわけではないので気付きにくいかもしれません。

　1997～2013年度では、わが国の「消費税」は税率が５％でした。しかし、その内訳は次のようになっていました。国税としての消費税の税率は４％です。消費税法では、税率を４％と規定していました。残りの１％は地方消費税となっています。厳密にいうと、地方消費税は、地方税法で規定され、国税の消費税に対して25％で課税されていました（だから、税率４％×25％＝税率１％）。

　その上、1997～2013年度で、国税の消費税のうち29.5%は、地方交付税交付金（第９章で詳述）の財源の１つとなっていました。現在もこの仕組みは残っており、国の消費税のうち地方交付税の財源となる割合を、地方交付税率あるいは地方交付税法定率ともいいます。

表５－４　消費税収の国と地方の配分

	消費税＋地方消費税(A)＋(C)	消費税(A)	うち地方交付税財源分(B)	地方消費税(C)	消費税(国分)(A)－(B)	地方分合計(B)＋(C)
1989～1996年度	3％	3％	0.576%[法定率24％]	(0.6％)	1.824%	1.176%
1997～2013年度	5％	4％	1.18%[法定率29.5%]	1％	2.82%	2.18%
2014～2018年度	8％	6.3％	1.40%[法定率22.3%]	1.7%	4.90%	3.10%
2019年度 ～９月			1.47%[法定率20.8%]			
10月～	10%(標準税率)	7.8%	1.52%[法定率19.5%]	2.2%	6.28%	3.72%
2020年度～						

　注：(C)欄の1989～1996年度は、消費譲与税（消費税収の20％を充当するものとされた）を税率換算したもの（消費税率３％×20％＝0.6％）。

　したがって、1997～2013年度における国と地方を合わせた消費税のうち、国が政策に用いられる税収は税率にして2.82％（＝税率４％×70.5％）で、全税収の56.4％にすぎませんでした。残りの43.6％（税率にして2.18％）は、地方公共団体の収入となっていました。同様に、これまでと現在の国と地方の消費税収の配分は、表５－４に示されています。また、2014年度以降は、消費税率引上げによる増収分を社会保障財源としています。国分の消費税収については、第３章1.5項で触れた一般会計予算

総則にその使途が規定されています。地方分の消費税収は、2013年度までの地方消費税である税率1％分を除く収入を、社会保障施策に要する経費に充てるものとすることが、地方税法に規定されています。

4 地方税の仕組み

この節では、地方税のうち、基幹税である個人住民税、法人住民税、事業税、固定資産税がどのように課税されているか、詳しく説明します。なお、地方消費税も基幹税ですが、仕組みは本章3.3項で説明した国の消費税と同じです。これらの地方税の経済効果やあるべき姿は、第9章で詳述します。

4.1 個人住民税

個人住民税とは、道府県民税と市町村民税のうち個人に課される部分のことを指します。個人住民税は、個人均等割と所得割からなります。個人均等割は、所得の多寡に関わらず課される定額の税です。

所得割は、先に説明した国の所得税とほぼ同じ課税ベースですが、総合課税分については、前年の所得に対して課税されます。つまり、国の所得税と地方の個人住民税所得割は、課税が1年ずれます。そして、国の所得税と（金額は異なりますが）同じ仕組みで、

（前年の所得金額−所得控除額）×税率−税額控除額

がその税額となります。税率は、国の所得税と異なり、累進税率ではなく定率（10％）となっています。

4.2 法人住民税

法人住民税とは、道府県民税と市町村民税のうち法人に課される部分のことを指します。法人住民税は、法人均等割と法人税割からなります。法人均等割は、資本金や従業員の規模によって額は変わるものの、当年度の法人所

得の多寡に関わらず課される定額の税です。

　法人税割は、法人に課された国の法人税に比して課されます。つまり、

　　　税額控除前の法人税額×税率

がその税額となります。法人税割の課税ベースは、国の法人税ですが、国の法人税は前述のように法人所得に対して課税されているので、結局は法人税割も国の法人税とほぼ同じ課税ベースとなります。

4.3　事業税

　事業税とは、事業を営む個人や法人に対して、その所得などに応じて都道府県が課す税です。事業税は、所得割と付加価値割と資本割からなります[5]。所得割は、すべての企業を対象に法人の所得に対して課税します[6]。所得割は、国の法人税とほぼ同様に、法人所得を課税標準として、これに定率で課税されます。

　資本金1億円を超える法人にのみ、付加価値割と資本割が課税されます。付加価値割と資本割は、外形標準課税の一種です。**外形標準課税**とは、企業の活動規模を外形的に表す基準（外形基準）を、事業税の課税標準（課税対象となる金額）とするものです。

　資本割は、資本金等の金額に対して定率の税率で課税されるものです。

　付加価値割は、法人の付加価値に対して定率の税率で課税されます。ここでの付加価値とは、報酬給与額と純支払利子と純支払賃借料と単年度損益の合計です。このうち、報酬給与額と純支払利子と純支払賃借料を収益配分額と呼びます。報酬給与額は、まさに法人が従業員に支払った給与と報酬で、広義の人件費です。純支払利子と純支払賃借料は、利子と賃借料についてそれぞれ法人が支払ったものから受け取ったものを差し引いた額です。そし

5）それ以外に、一部の業種にのみ、収入金額を課税標準とする収入割があります。

6）現在、事業税の所得割は、国税である特別法人事業税（2008年10月の新設から2019年9月までは地方法人特別税）とあわせて課されています。特別法人事業税は、国から地方に配る地方譲与税（第9章で詳述）の1つである特別法人事業譲与税の財源となります。

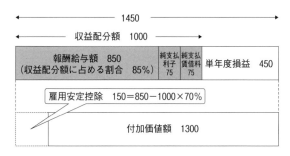

図5-16　事業税付加価値割の仕組み

て、単年度損益は、その年度の法人の損益で、所得割の課税標準で前述の繰越欠損金の額を加味しない額です。

付加価値割による課税は、法人所得の多寡だけには連動しない形で課税されるので、欠損法人でも人件費を支払っている法人には課税されることになります。欠損法人には、法人所得がゼロ以下なので、所得割は課税されません。別の言い方をすれば、人件費を多く払った企業にはより多く付加価値割が課されることになります。この性質があることから、付加価値割では、雇用安定控除が設けられています。雇用安定控除とは、報酬給与額が収益配分額（図5-16参照）の70%を超える場合には、報酬給与額から収益配分額の70%を差し引いた額を、雇用安定控除として付加価値割の税額対象から控除する仕組みです。

付加価値割の課税の仕組みは、図5-16に示されています。いま、報酬給与額が850、純支払利子が75、純支払賃借料が75、単年度損益が450である法人があったとします。この例では、雇用安定控除を差し引く前の付加価値額が1450、収益配分額は1000となるので、雇用安定控除が適用され、雇用安定控除は150となります。そして、雇用安定控除後の付加価値額は1300となります。0.48%の税率が適用されると、付加価値割税額は6.24となります。ちなみに、この企業に繰越欠損金がなければ、所得割の課税標準は、単年度損益と同額の450で、7.2%の税率が適用されると所得割税額は32.4となります。

2016年度税制改正において、前述のように法人実効税率の引下げが実施さ

れました。その際、資本金が1億円超の法人に対する事業税の税率（標準税率）は、2016年度以降、所得割を7.2%から3.6%へ引き下げる代わりに、付加価値割を0.48%から1.2%へ、資本割を0.2%から0.5%へ引き上げました。

雇用安定控除がある分、人件費を増やしても税負担が増える度合いは小さくなります。とはいえ、法人所得（単年度損益）が同じ額でありながら人件費（報酬給与額）をより多く支払った法人には、所得割の税額は増えないのに対し、付加価値割は増税となるという性質があります。

また、同じように付加価値に課税する消費税（付加価値税）には、本章3.3項で説明したように輸出は免税となり、仕入税額控除があるのに対し、付加価値割は、輸出の免税や仕入税額控除がありません。したがって、消費税と事業税付加価値割はこれらの点で異なっています。

4.4　固定資産税

固定資産税は、土地、家屋、償却資産（生産のための機械類）の価値に応じて、その所有者を納税義務者として、市町村が毎年課す税です。これらの資産を所有しているだけで毎年課税されるという資産課税です。課税される固定資産の評価は、総務大臣が定めた固定資産評価基準に基づいて行われ、市町村長がその価格を決定することになっています。

ちなみに、固定資産税とあわせて、都市計画法による都市計画区域のうち、原則として市街化区域内に所在する土地や家屋（償却資産は対象外）には、同じ課税ベースに対して都市計画税が課されます。都市計画税は、都市計画事業または土地区画整理事業に要する費用に充てるために、目的税として課されます。

4.5　独自課税

地方税の税目は、原則として国の法律である地方税法で定められており、地方公共団体が自由に設定して課税することはできません。地方税法で定められていない税目を条例により独自に課税したい場合には、総務大臣と事前協議をして同意を得なければなりません。地方税法で定められていない税を、**法定外税**と呼びます。同意が得られなかった場合、法定外税は課税でき

ません。

法定外税には、使途を定めない法定外普通税として、原子炉の核燃料に対して課す核燃料税など、使途をあらかじめ定めて課す法定外目的税として、最終処分場に搬入される産業廃棄物に対して課す産業廃棄物税、ホテルの宿泊客に対して課す宿泊税（東京都と大阪府など）、釣り客に対して課す遊漁税（山梨県富士河口湖町）などがあります。

ただし、法定外税は、自地域の住民の負担増を避けて、他地域の住民が税負担を負う形で導入される恐れがあります。特に、他地域の住民は、その法定外税の課税を定める条例を議決する地方議会の議員を選出する選挙権がないため、その法定外税を否決したくてもできません。租税負担を他地域の住民に転嫁することを、**租税輸出**（tax exporting）と呼びます。他地域の住民が便益をほとんど受けないのに租税輸出が起こる場合は、地方税制において重視される応益課税原則に反します。また、「代表なくして課税なし」という考え方にも反します。

4.6 超過課税

地方税法には、地方公共団体が課税する際に通常よるべき税率が定められています。この税率を**標準税率**と呼びます。地方公共団体は、条例により標準税率を超える税率で課税すること（**超過課税**）が認められています。ただし、法人住民税など一部の税率では、課税する際に一定以上超えてはならないと地方税法で定められている税率があります。この上限ともいうべき税率を、**制限税率**と呼びます。

わが国の地方税の税率は、大半の地方団体で標準税率が適用されています。中には、超過課税を行っている地方団体もありますが、その多くは法人住民税や事業税で行っています。特に、市町村では個人住民税に超過課税はほとんど行っていません。

2005年度まで、標準税率未満で課税を行う地方団体は、地方債を発行することができませんでした。これは、減税する代わりに借金で財源をまかなうと、その返済負担で後年度の財政運営が困難になることを避けるのが狙いでした。2006年度以降、標準税率未満で課税を行う団体は、総務大臣または都

道府県知事の許可を受ければ地方債を発行することができるようになりました。ただ、税率を引き下げた減税分と同等の歳出削減を行うことが求められる傾向があります。地方債制度の詳細は、第9章で説明します。

　ちなみに、標準税率は、地方交付税の基準財政収入額（第9章で詳述）を算定する際の基礎として用いる税率ともなっています。

4.7　わが国の地方税制の特徴

　このようなわが国の地方税制には、次のような特徴があります。道府県税は、最近では道府県民税が最も税収が多く、税収全体の約30％を占めます。次に多いのは地方消費税で、税収全体の30％弱を占めます。次いで、事業税で、税収全体の20％強を占めます。事業税は、1990年代初頭には税収全体の約40％を占め、税収が最も多い税目だったものの、世界金融危機を受けた景気後退で2009年度に税収が大幅に落ち込みましたが、その後増加傾向になっています。そして、自動車税が10％弱を占めます。この4つで全体の約90％を占めます。地方消費税は、1997年度に地方分権の促進などのために地方税源の充実を図る観点から、道府県税として新たに創設されました。地方消費税は、納税義務者の範囲、非課税、免税対象等は、本章3.3項で説明した国税の消費税と同じです。

　市町村税は、市町村民税と固定資産税の税収が多く、それぞれ税収全体の45％前後を占めます。この2つで全体の90％近くを占めます。

　地方税全体でみると、他の先進諸国と比べた税収構成比は図5-17のようになります。図5-17は、地方税だけでみた税収構成比で、国税と地方税と合わせた構成比を示した図5-1とは異なります。景気変動の影響を除くべく、好況期と不況期をともに含む2004年から2013年までの10年間の税収構成比を地方税のみで表した図5-17を見ると、わが国の地方税は、他国と比べて顕著に法人所得課税が多いことがわかります。

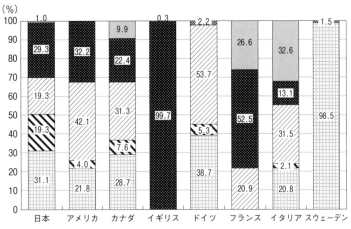

図5-17 地方税の税収構成（2004〜2013年平均）

（%）

凡例：▦個人所得課税 ◣法人所得課税 ▨消費課税 ▬資産課税 ▥その他

資料：OECD "Revenue Statistics".

COLUMN 5.4 租税特別措置

　各税法で定められた以外に、ある政策目的を実現するために定められた要件を満た
す個人や法人に税負担の軽減や加重を行う措置を**租税特別措置**と呼びます。租税特別
措置（租特）は、国の法律である租税特別措置法に定められた国税での措置と、地方
税法に定められた特例措置（地方税における税負担軽減措置等）を指し、各税法で規
定する特例的な税負担軽減は含みません。租税特別措置の大半は、税負担の軽減です
が、揮発油税、地方揮発油税、自動車重量税の特例的な増税も含まれます。租税特別
措置には、期限が定められており、期限が切れれば更新する法改正を行わなければ効
力を失います。

　租税特別措置法に基づく税負担の軽減措置は、企業の研究開発や生産性向上に資す
る設備投資や賃金と雇用の増加を促す目的、貯蓄や株式保有を促す目的、中小企業や
農家、医療機関を支援する目的、住宅購入を促す目的、環境性能に優れた自動車の購
入を促す目的、石油化学製品の製造のため消費されるガソリンの税負担を軽減する目
的、長期にわたる地価の下落・土地取引の不調などに配慮する目的（地価税の課税の
停止）などで、それぞれ設けられています。その中でも減税額が最も大きいのは、ナ
フサを含む石油化学製品の製造のために消費されるガソリンの免税です。

　研究開発などに対し減税することで、経済成長に資する効果が期待できる半面、政

策目的が達成した後も、期限が切れても、特定の家計や企業にしか恩恵が及ばないにも関わらず惰性的に継続している措置もあって、既得権化し易いという問題点もあります。そこで、2010年に租特透明化法（租税特別措置の適用状況の透明化等に関する法律）が成立し、その明細を国民に公表することとなりました。対象となるのは、租税特別措置法に規定する措置のうち、法人税に関係しかつ減収効果のあるもので、適用を受けた法人が適用額明細書を提出し、財務省がそれを取りまとめて「租税特別措置の適用実態調査の結果に関する報告書」を作成して、国会に報告することを義務付けています。

　租税特別措置は、目的を達成したり期限を終えたりしたものはゼロベースで見直すことで、既得権化する問題点を克服できます。

6 租税の理論

この章では、税制のあるべき姿を、経済理論に基づいて議論します。1節では消費課税、2節では所得課税、5節では法人課税について分析の枠組みを紹介するとともに、そこから得られる結論について論じます。

1 消費課税の効果

1.1 消費課税の理論（部分均衡分析）

この節では、消費課税の転嫁と帰着（誰が税を負担するか）を、完全競争市場における部分均衡分析（ある財の需要や供給は他の財の価格の変化などに影響を受けない状況での分析）で考えます。そして、消費課税のあるべき姿を追求します。

租税の転嫁とは、納税義務者が様々な理由で租税の負担を他の人に負わせることです。租税の帰着とは、租税負担の最終的な帰属のことです。

そして、企業がある財を供給して、それを家計が消費する市場取引を考えます。家計も企業もその財に対して価格支配力がまったくない、つまり価格受容者（プライス・テイカー）であるとします。この状況を、**完全競争市場**

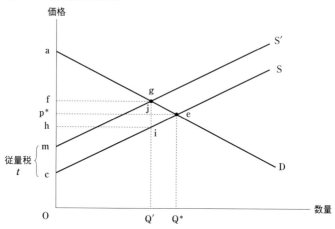

図6-1　消費課税の効果

といいます。いま、税金がまったくない状態で、家計は効用を最大化するように、与えられた市場価格に対してある財の消費量を決めます。その市場価格と財の消費量の関係は**需要曲線**と呼ばれ、縦軸を価格、横軸を数量とした図6-1において曲線Dのように、通常右下がりの曲線として表されます。直感的にいえば、家計は財の価格が低ければ需要量をより多くするという行動を表しているのが、需要曲線です。企業は利潤を最大化するように、与えられた市場価格に対してある財の生産量を決めます。その市場価格と財の生産量の関係は**供給曲線**と呼ばれ、図6-1の曲線Sのように、通常右上がりの曲線として表されます。直感的にいえば、企業は財の価格が高ければ供給量をより多くするという行動を表しているのが、供給曲線です。

　税金がまったくない状態で、完全競争市場では、曲線Dと曲線Sの交点である点eで需要と供給が一致（均衡）して、価格 p* と需給量 Q* が決まります。つまり、完全競争市場の均衡は、点eとなります。このとき、家計は図6-1の△aep* の面積に相当する消費者余剰を得て、企業は図6-1の△cep* の面積に相当する生産者余剰を得ます[1]。この消費者余剰と生産者余剰の合計である総余剰は、△ace となります。この総余剰の大きさは、需要と供給の均衡が点eとなるとき、つまり完全競争市場均衡において、最大となります（他の点が市場均衡となると、総余剰は△ace よりも小さくなりま

す）。その意味で、完全競争市場均衡はパレート最適（第1章2.1項を参照）となることを示しています。

　以下では、この需要曲線と供給曲線を前提に消費課税の効果を考察します。ここでは、財1単位当たり t（円）の従量税を課すことを考えます。ここでの焦点は、従量税を課すと総余剰がどう変化するかです。

　従量税とは、財1単位当たりに課す税のことです。たとえば、みかん1個当たり10円の従量税とは、課税前にみかん1個が100円のとき税込価格は110円となり、課税前に1個300円のとき税込価格は310円となります。

　これに対し、**従価税**とは、財の価格に対して一定割合を課す税です。たとえば、りんごの価格に対して10%の従価税とは、課税前にりんご1個が100円のとき税込価格は110円となり、課税前に1個300円のとき税込価格は330円となります。わが国の消費税は、従価税です。この章では、従価税より説明が簡単な従量税を前提としますが、主要な結論はどちらでも変わりません。

　納税義務者は、企業であるとします。この場合、企業は財の供給1単位当たり t の従量税を納めなければならないため、家計とは税込価格で取引します。したがって、課税前と比べて供給曲線が t だけ上に位置することになります。これを図示したのが、図6−1です。従量税を課す前の需要曲線は曲線D、供給曲線は曲線Sで表しています。従量税が課されると、税込価格に対応した供給曲線は曲線S′（曲線Sより上）で表されます。

　この従量税の課税によって、市場均衡は次のように変化します。図6−1において、市場均衡は、課税前の点 e から課税後は曲線Dと曲線S′の交点である点 g になります。課税後の均衡点 g での税込価格は f となります。納

1）消費者余剰とは、需要曲線Dで表されているように、均衡での価格 p* よりも高い価格でもある程度の量を消費したいと家計が思っていたところ、それより低い均衡価格 p* で取引できることによって享受できる家計の恩恵を意味し、需要曲線Dより下側で均衡価格 p* より上側の三角形になります。生産者余剰とは、供給曲線Sで表されているように、均衡での価格 p* よりも低い価格でもある程度の量を生産したいと企業が思っていたところ、それより高い均衡価格 p* で取引できることによって享受できる企業の恩恵を意味し、供給曲線Sより上側で均衡価格 p* より下側の三角形になります。より詳しくは、土居丈朗『入門｜公共経済学』（日本評論社）を参照してください。

税義務者が企業である場合、先に述べたように家計は税込価格を支払うため、家計が財を購入するとき実際に支払う価格は、課税前の p* から課税後の f に上昇します。これに伴い、需要量（＝供給量）は Q* から Q′ に減少します。このとき従量税は、1 単位当たり t、つまり線分 gi が課され、課税後の均衡需給量 Q′ 分に課税されるので、線分 gi × 線分 OQ′ ＝□ fgih が税収となります。

1.2 消費課税の転嫁と帰着

消費者余剰は、課税前は図6-1の△ aep* でしたが、課税後は△ afg となり台形 fgep* だけ減少します。また、生産者余剰は、課税前は△ cep* でしたが、課税後は△ chi となり台形 hiep* だけ減少します[2]。課税によって消費者余剰と生産者余剰を合わせて、五角形 fgeih の大きさだけ余剰が減少したことになります。しかし、そのうち□ fgih は政府の税収ですから、これを差し引いた残りの△ egi が、従量税の課税によって誰のものでもなく失われた余剰となります。この△ egi を**超過負担（死荷重）**と呼びます。

超過負担（死荷重）とは、完全競争市場均衡で得られる総余剰と比べて失った余剰の大きさです。超過負担は課税しなかったときに本来得られたはずの余剰です。したがって、第5章で述べた租税原則のうち、中立の原則（効率性）の観点から、超過負担はできるだけ小さい租税が望ましいとされます。

税収□ fgih のうち、実際に租税を負担しているのは納税義務者の企業だけではありません。□ fgih のうち、家計が課税後に失った消費者余剰の台形 fgep* と重なる部分である□ fgjp* が家計の租税負担となります。なぜならば、□ fgjp* は、課税前は消費者余剰の部分でしたが、課税後は政府の税収となったからです。同様に、□ fgih のうち、企業が課税後に失った生産者余剰の台形 hiep* と重なる部分である□ hijp* が企業の租税負担です。このことからもわかるように、納税義務者がすべて租税を負担しているわけで

2）厳密にいうと、課税後の生産者余剰は、課税後の供給曲線 S′ より上側で課税後の均衡価格 f より下側の△ fgm となります。これを下方に平行移動すると、面積がちょうど△ chi と等しくなっています。

はありません。

COLUMN 6.1　超過負担の大きさ

　従量税に伴う超過負担の大きさは、△egi です。この大きさは、近似的に次のように求められます。課税による需要量の変化分 Q* − Q′ = ΔQ と表し、従量税による価格の変化分 Δp は、近似的に税額 t（= 線分 gi）となります。したがって、△egi の面積は、線分 gi を底辺とし、高さに相当するのが ΔQ なので、需要の価格弾力性εD の定義（本章1.3項で詳述）より、$\varepsilon_D = (\Delta Q/Q)/(\Delta p/p)$ と示せることから、

$$\triangle egi = \frac{1}{2}t\Delta Q = \frac{1}{2}tQ^*\varepsilon_D\frac{\Delta p}{p} \fallingdotseq \frac{1}{2}t^2\frac{Q^*\varepsilon_D}{p}$$

と近似的に表すことができます。ここで、従量税の税額を税率と近似的にみれば、税率が大きくなると、超過負担はその2乗の大きさだけ大きくなります。これが意味することは、超過負担は税率の2乗に比例する、ということです。

1.3　転嫁・帰着と価格弾力性

　次に、需要曲線や供給曲線の傾きが変わると、租税の帰着はどうなるでしょうか。傾きが変わるということは、需要や供給の価格弾力性が変わることを意味します。**需要の価格弾力性**とは、価格が1％上がったときに需要量が何％減るかを示します（ここでは、弾力性の値は絶対値をとって正とします）。つまり、「需要の変化率（絶対値）÷価格の変化率」とも示せます。**供給の価格弾力性**とは、価格が1％上がったときに供給量が何％増えるかを示します。

　需要の価格弾力性がゼロのとき、定義により価格が上がっても需要量はまったく変化しないので、需要曲線は垂直になります。この下で、先と同様に、課税前の供給曲線が S と表され、1単位当たり t の従量税が課されるとき、図6-2(A)において課税後の供給曲線が S′ と表され、均衡は課税前の点 e から課税後の点 e′ に変化します。その結果、家計が直面する価格は課税前の p* から課税後の p′ に上昇します。この家計の価格の上昇は従量税の大

図6-2

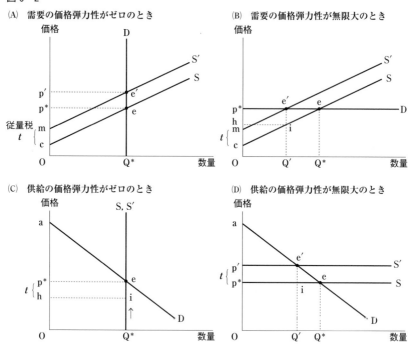

(A) 需要の価格弾力性がゼロのとき

(B) 需要の価格弾力性が無限大のとき

(C) 供給の価格弾力性がゼロのとき

(D) 供給の価格弾力性が無限大のとき

きさと同じなので、消費者余剰だけがその分失われ、租税負担はすべて家計が負うこととなります。このとき、均衡需給量は課税前と課税後で同じであるため、超過負担は生じません。このときの税収は□p*ee′p′で、消費者余剰が課税によって失われた分とちょうど等しくなります。

　他方、需要の価格弾力性が無限大のとき、図6-2(B)のように需要曲線が水平になります。その下で、先と同様の従量税が課され、課税後の供給曲線がS′のとき、均衡は点eから点e′に変化します。しかし、企業が価格を上げようにも、需要の価格弾力性が無限大であるため、家計は少しでも値上げされればたちまち需要を減らしてしまうことから、企業は税込価格を上げられません。したがって、課税後の均衡価格は課税前と変わらないものの、課税後の均衡需給量は従量税が課される分だけ減ってQ′となることから、△ee′iが超過負担の大きさとなります。このときの税収は□p*e′ihです。これ

表6-1　価格弾力性と課税による超過負担の関係

需要の価格弾力性	小	大		供給の価格弾力性	小	大
消費者価格	上昇	ほぼ不変		消費者価格	ほぼ不変	上昇
租税負担	主に家計	主に企業		租税負担	主に企業	主に家計
超過負担	小	大		超過負担	小	大

に伴い、企業の生産者余剰は課税前の△p*ec から課税後には△p*e′m（ひいてはそれを平行移動した△chi）に減ります。この生産者余剰の減少分は、超過負担と税収を合わせた大きさとちょうど等しくなることから、租税負担はすべて企業が負うこととなります。

　供給の価格弾力性がゼロのとき、定義により価格が上がっても供給量はまったく変化しないので、供給曲線は垂直になります。その下で、先と同様に、需要曲線がDと表され、1単位当たり t の従量税が課税されると、図6-2(C)において課税後の供給曲線S′は、課税前の供給曲線Sが1単位当たりの従量税分だけ上方に位置することになりますが、垂直であるため形状はまったく同じです。これにより、均衡は課税後も点eのままとなり、家計が直面する価格も p* のままとなりますが、これは課税後には税込価格を意味します。したがって、課税後の均衡における税抜価格は、1単位当たりの従量税 t を差し引いた h となります。このときの税収は□p*eih です。このときの生産者余剰は、課税前と比べて課税後はちょうど□p*eih だけ失っていることから、この租税負担はすべて企業が負うこととなります。このとき、均衡需給量は課税前と課税後で同じであるため、超過負担は生じません。

　供給の価格弾力性が無限大のとき、供給曲線は水平になります。これが図6-2(D)において課税前の供給曲線がSとして表されます。この下で、先と同様の従量税が課されると、課税後の供給曲線がS′となり、均衡は点eから点e′に変化します。その結果、家計が直面する価格は p* から p′ に上昇します。この家計の価格の上昇は従量税の大きさと同じなので、租税負担はすべて家計が負うこととなります。このとき、均衡需給量は Q^* から $Q′$ に減ることから、△ee′ıが超過負担の大きさとなります。

　図6-2で示した結果をまとめたものが、表6-1です。要するに、供給も需要も価格弾力性が大きいほど、超過負担が大きくなります。中立の原則

（効率性）の観点から、供給や需要の価格弾力性が小さい財ほど、超過負担が少なく、課税するのが望ましい財であるといえます。また、租税負担は、消費者が直面する課税後価格 p′ が、課税前価格 p* より変化するほど、消費者が負担することになります。

2　所得課税の理論

2.1　労働所得税

　次に、所得に対する課税が、公平と中立（効率性）の租税原則の側面から、どのような性質を持っているかを理論的に考察しましょう。ここでは、労働所得税を取り上げます。

　家計が、労働を供給して所得を得て、それをすべて（1種類の）私的財の消費に充て、この消費により効用を得るとします。この節では、稼いだ所得を貯蓄しないと仮定します[3]。ここでは、稼いだ所得はすべて消費に充てるから、消費量を選択することは、ある一定期間（生涯とか1年間）のうちでどれだけ働く（労働を供給する）かを選択することと同じです。労働所得税がないとき家計の予算制約式は、次のようになります。

$$x = w\ell = w(H-L) \tag{1}$$

ただし、x は私的財の消費量、w は賃金率（時間当たり賃金）、ℓ は労働時間、H はその家計にあらかじめ与えられている利用可能な時間（生涯とか1年間）、L は余暇時間です。

　(1)式の最初の等号は、稼いだ所得はすべて消費に充てることを意味します。そして、所得は労働時間 ℓ に対し時給に相当する賃金率 w で支払われます。ただし、家計は賃金を所与（プライス・テイカー）とします。2番目の等号は、家計の生涯（あるいは1年間）の利用可能な時間が H に限られ

3）より現実的な設定でいえば、この節では家計の一生涯を考えていて、生涯に稼いだ所得は、遺産を残さず生きているうちにすべて消費する状況を想定しているとみることができます。

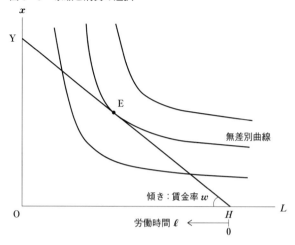

図 6 - 3　余暇と消費の選択

ていて、働かない時間は余暇を楽しむ時間 L に充てるということです。つまり、$H = \ell + L$ となっています。

　次に、この家計は私的財を消費するとともに、余暇を楽しむことによっても効用を得るとします。効用水準は私的財の消費量が多いほど、余暇時間が多いほど高くなるとします。このとき、効用水準が同水準である余暇と私的財の量の組み合わせを線で結んだ**無差別曲線**は、図 6 - 3 のように表せます。横軸に余暇時間 L、縦軸に消費量 x をとれば、右上方向が効用水準の高い状態を意味します。図 6 - 3 に描かれた 3 本の無差別曲線のうち、右上の線は効用水準がより高く、左下の線は効用水準がより低くなっています。ここで注意したいのは、時間に限り（H）があるため、余暇時間は多くても H だけしか楽しめません。余暇時間を H だけ楽しむと労働時間は 0 です。そして、余暇時間が 0 ならば労働時間は H です。

　そこで、家計は予算制約式(1)を満たしながら効用を最大化します。この状況を図 6 - 3 に示しています。家計にとって、私的財消費量を増やしたいならば、所得を増やすべく労働時間を増やさなければなりません。しかし、このとき余暇時間が減少します。他方、余暇時間を増やしたいならば、労働時間を減らさなければならず、それだけ所得が減り、消費量を減らさなければ

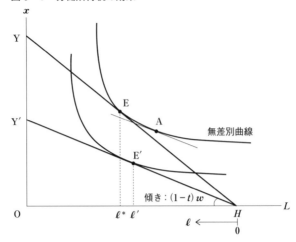

図6-4 労働所得税の効果

なりません。その中で、家計は予算制約式 HY を満たしながら効用水準が最大になるように決定した結果、点Eを選択します。

　ここで、政府が労働所得に対して労働所得税を課税することを考えます。説明を簡単にするため、労働所得税は労働所得に比例的に課税し、その（限界）税率が t（×100%）であれば、家計の課税額 T は、

$$T = tw\ell = tw(H-L) \qquad 0 \leq t \leq 1$$

です。このとき、家計の課税後の予算制約式は

$$x = w\ell - T = (1-t)w(H-L) \tag{2}$$

です。(2)式右辺は課税後所得を表します。課税後の予算制約式(2)を図示すると、図6-4の直線 HY' のようになります。予算制約式は、課税前と比べて課税後に傾きが緩やかになるので、点 H を中心に左下に回転します。すべての時間 H を余暇に充て（$L=H$）まったく働かない（$\ell=0$）とき、(1)式でも(2)式でも $x=0$ となるので、ともに点 H を通ります。そして、課税後の効用最大化点は、図6-4の点 E' となります。

所得効果と代替効果

この労働所得税を課税すると、所得効果と代替効果が生じます。**代替効果**とは、財の価格の変化による消費量の変化のうち、変化前の効用水準を維持したまま価格比（相対価格）の変化によって生じた効果（消費量の変化）です。**所得効果**とは、財の価格の変化による消費量の変化のうち、価格の変化に伴う実質的な所得の変化によって生じた効果です。

ここでの代替効果は、労働所得税の課税によって賃金率が w から $(1-t)w$ に低下するために、労働意欲を失って労働時間を減らす（余暇を増やす）効果です。一方、所得効果は、労働所得税を課税するとそれだけ課税後所得が減少するため、ある程度の所得を確保するために労働時間を増やす（余暇を減らす）効果です。まとめていえば、労働所得税を課税すると、所得効果によって労働時間が増加（余暇が減少）し、代替効果によって労働時間が減少（余暇が増加）します。

図6-4では、賃金率の変化に伴う代替効果は点Eから点Aへの動きとして捉えられ、課税による課税後所得の減少に伴う所得効果は点Aから点E′への動きとして捉えられます。そのため、総合的に労働時間が増加（余暇が減少）するかどうかは、所得効果と代替効果の大きさによって決まります。課税後の効用最大化点E′は、代替効果のほうが上回る場合には図6-4のように点Eの右下になります（労働時間が ℓ^* から ℓ' に減少）が、所得効果が上回る場合には点E′は点Eの左下になります（労働時間が増加します）。

このように労働所得税が課されたとき、図6-5のように、家計は、点E′での労働時間でみた課税前の予算制約式 HY と、課税後の予算制約式 HY' の差に相当する線分E′I だけ労働所得税を払います。

一括固定税との比較

いま、政府が労働所得税に代えて一括固定税（人頭税）によって徴収することを考えましょう。図6-5において、課税後の効用最大化点E′と同じ効用水準を得るように一括固定税を課税すれば、課税額がどれだけ変化するかを確認できます。一括固定税を v だけ徴収すると、予算制約式は

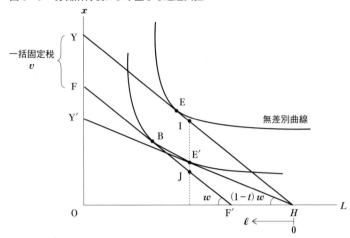

図6-5　労働所得税により生じる超過負担

$$x = w(H-L)-v \tag{3}$$

と表せます。これは、一括固定税課税前の予算制約式(1)を、v だけ下にシフトさせることを意味します。

　そこで、点 E′ と同じ効用水準を得るように一括固定税を徴収する場合を考えます。この場合、点 E′ と同じ効用水準を得る無差別曲線と接するように v を設定すればよいので、予算制約式(3)は、図6-5において点 B でその無差別曲線と接する直線 FF′ で表されます。このとき、家計が払って政府が得る一括固定税収 v は線分 IJ の大きさとなります。これに対して、同じ効用を得るように課税するにしても、労働所得税では前述のように線分 E′I しか得られません。このことから、課税の仕方が異なるだけで、得られたはずの税収が失われたと考えられます。

　この失われた税収の大きさが、ここでの超過負担と定義できます[4]。すなわち、図6-5の線分 E′J が労働所得税による超過負担の大きさです。言い

4）ここでの超過負担が、本章1節のそれとある条件の下で同じ定義に基づくことは、上
　級のミクロ経済学の教科書で確認してください。

換えれば、同じ効用を得るとき、一括固定税のほうが労働所得税よりも、税収が多くなるという意味で望ましいのです。この超過負担は、価格比（課税後賃金率）が変化したことに伴う代替効果が生じたために生じました。

　税金を課すかぎり、可処分所得（や購買力）が減るため、必ず所得効果は生じます。しかし、労働所得税では代替効果が生じるのに対して、一括固定税では価格比が変わらないので代替効果が生じず、超過負担が生じないので資源配分の歪みを与えずにすみます。その意味で、一括固定税は効率性（中立の原則）の面で最も望ましい税といえます。

2.2　累進所得税制

　現行の所得税制では、課税前の所得が多い人ほど高い限界税率となる累進所得税制を採っています。たとえば、労働所得税の限界税率は、K 未満の所得には課税しないこととし、課税対象所得（$w\ell - K$）が K' 未満の分については t、K' 以上の分については $t'(>t)$ とします。こうすることで、より高い所得の人にはより高い税率を課すことができます。ここで K は、所得控除を意味します。なぜなら、課税所得を計算する上で課税前収入 $w\ell$ から控除しているからです。また、ここでの課税最低限は K となります。

　このとき、課税額 T は

$$T = \begin{cases} 0 & w\ell < K \text{のとき} \\ t(w\ell - K) = tw(H-L) - tK & K \leq w\ell < K+K' \text{のとき} \\ tK' + t'(w\ell - K - K') = t'w(H-L) - t'(K+K') + tK' & K+K' \leq w\ell \text{のとき} \end{cases}$$

と表されます。このとき、予算制約式は次のようになります。

$$x = w\ell - T = \begin{cases} w(H-L) & w\ell < K \text{のとき} \\ (1-t)w(H-L) + tK & K \leq w\ell < K+K' \text{のとき} \\ (1-t')w(H-L) + t'K + (t'-t)K' & K+K' \leq w\ell \text{のとき} \end{cases} \quad (4)$$

この課税後の予算制約式(4)を図示すると、図6−6の実線（$Hkk'\Psi$）のようになります。累進所得税制は、図6−6の課税後の予算制約式では傾きが緩やかになる形で表現されています。課税後の予算制約式の傾きが緩やかにな

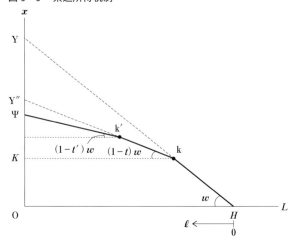

図6-6　累進所得税制

るほど、限界税率が大きくなることを表すので、累進度が強いことを意味します。この累進度が強いほど、課税前収入（予算制約式は直線HY）に比べて課税後所得の格差が縮小する（縦軸方向の幅が縮まっている）ので、垂直的公平性がより実現されています。しかし、累進度が強いほど、課税後の予算制約式の傾きが課税前の傾きと比べて大きく変化して、代替効果がより大きく生じるため、超過負担が大きくなります。このことから、効率性（中立の原則）が損なわれます。

　このように、累進所得税制は、貧富の格差を是正できて垂直的公平性をより実現しやすいですが、効率性（中立の原則）は阻害されるといえます。

2.3　生活保護制度

　現行制度の下では、様々な理由により労働所得がほとんど稼げない人は、生活保護給付が受けられます（第4章4節参照）。生活保護給付を受けられる人は、日常生活を営む上で必要な所得以下しか所得が得られない人で、生活保護給付の支給限度額は最低生活費とされます。この額をRとすると、概していえば所得がR以下ならばどの額でも、Rの収入が得られるように生活保護給付が支給されることになります。所得がR以上ならば、生活保

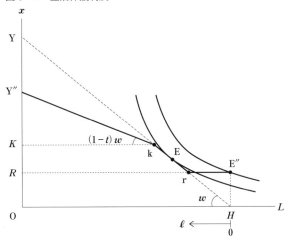

図6-7　生活保護制度

護給付は支給されません。

　そこで、この仕組みが、予算制約式として図6-7のように図示できるとします（説明の便宜上、累進所得税制は割愛します）。まず、課税前収入がR以下ならば生活保護が支給されるので、生活保護給付後の予算制約式は図6-7の線分E″rとなります。線分E″rは傾きがゼロとなっています。別の言い方をすれば、生活保護を受ける人はRだけ給付を受けるのに伴い、労働所得税率が100％（いくら労働して所得を稼いでも全額課税される）となるかのような状態に予算制約式がなっています。次に課税前収入がRより多くK以下のとき、生活保護給付は支給されませんが、課税最低限以下なので課税されません。つまり、予算制約式は線分krとなります。そして課税前収入がKより多いときは所得税率tで課税されます（累進所得税制は割愛）。ただし、課税対象額はKだけ課税控除されるので、課税後の予算制約式は線分kY″です。

　ここで、課税前収入がR以下の家計（課税前の効用最大化点が線分Hr上にある家計）ならば、生活保護制度がないときに比べてあるときのほうが、所得が増加し消費が増えるので、効用が高くなります。そして、この生活保護制度があるときの効用最大化点は点E″となります。点E″では余暇

時間を H としてまったく労働しない（労働時間をゼロとする）状態です。つまり、最低生活費が確保できるなら、少し働いて余暇時間を減らし、それだけ効用を下げるぐらいなら、まったく労働せず余暇時間を増やして効用を高め、生活保護給付分で消費したほうが、家計にとって効用が高いという状態です。

また、課税前収入が R より多く K 以下の家計（課税前の効用最大化点が線分 kr 上にある家計）でも、効用最大化点が図 6-7 の点 E のように表される場合、課税前と同じ労働時間だけ働くよりも、まったく働かずに生活保護給付の支給を受ける点 E″ のほうが効用は高まり得ます。このとき、課税前に最低生活費以上の所得を稼いでいたはずの家計が、生活保護給付がなければある程度（点 E における労働時間分だけ）働いていたのに、生活保護制度があるためにあえてまったく働かず、生活保護給付を受ける点 E″ を選択することになります。

これは、生活保護制度が労働時間の選択を歪めていることを意味します。こうした状態になる理由は、生活保護制度は代替効果が大きいからです。前述のように、生活保護を受ける人は労働時間をゼロから少し増やしても課税後（生活保護受給後）所得がまったく増えないため、結果的に限界税率が100％の労働所得税に直面したも同然の状態になっており、労働時間を増やそうとしません。しかも、労働所得税率が高いほど代替効果が大きく、超過負担が大きくなるのと同様に、生活保護制度は超過負担が大きいのです。

確かに、垂直的公平性の原則から、ほとんど所得がない家計でも最低限度の生活を営めるようにする点で望ましいといえます。しかし、効率性（中立の原則）の観点からは望ましくありません。課税前にある程度働いていて所得を稼いでいたはずの家計が、生活保護を受けてまったく働かなくなるという、生活保護制度が本来意図していない効果が生じます。

2.4 負の所得税

このように、生活保護を受ける人の労働意欲を阻害することが問題点として挙げられます。この欠点を解消する制度として提案されたのが、負の所得税です。負の所得税は、課税前の所得がある一定額以上の家計には所得に比

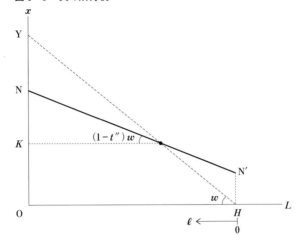

図6-8　負の所得税

例して課税し、それ未満の家計には所得に比例して給付するものです。負の所得税の限界税率を t'' とし、税額がゼロとなる課税前収入を K としたときの予算制約式を図示したのが、図6-8の直線NN′ です。負の所得税も、線形の労働所得税の一種です。

　課税前収入が K 以下の家計は、その差額が多いほどより多く給付が受けられます。言い換えれば、差額に比例する形で生活保護費が給付されるともいえます。負の所得税ならば、垂直的公平性の観点から（課税前）所得格差を是正しながらも、課税前収入がゼロの人と課税前収入を K だけ稼ぐ人の課税後所得は異なり、前項の生活保護制度ほどには労働意欲を阻害することはありません。ただし、負の所得税でも、課税により賃金率が変化するので代替効果が生じるため、超過負担が生じています。これまで日本では、負の所得税は導入されていません。

2.5　税額控除

　本章2.2項では、K は所得控除でした。所得控除 K の効果は、(4)式右辺で tK や tK という形で、消費 x を増やす効果として働いています。つまり、K だけ所得控除を設けると、課税前収入が K 以上 $K+K'$ 未満

（$K \leq w\ell < K+K'$）の人は tK だけ税負担が軽減され、課税前収入が $K+K'$ 以上の人は $t'K$（$t'>t$）と、tK より多く税負担が軽減されます。このように、所得控除は、同じ控除額でも、限界税率が高くなる（つまり高所得である）ほど税負担軽減がより多くなる仕組みとなっています。

　他方、第5章3.1項で説明したように、所得税制には税額控除という仕組みもあります。税額控除は、その仕組みから、すべての納税者に同じだけ税負担を軽減することになります。前述のように、1万円の税額控除によって、限界税率が低い人も高い人も、同じ1万円だけ税負担が軽減されます。

　いま、本章2.2項の累進課税制度（所得控除あり）に、税額控除を C だけ設けるとします。課税所得（$w\ell - K$）に所得税率が乗じられ、その額から税額控除 C が差し引かれます。税率が t の人には、$t(w\ell - K) - C$ が課税額となります。ただし、所得税額がゼロ以下となる人は、（負の所得税とは異なり）所得税がゼロとなるまでとします。すると、税額がちょうどゼロになる課税前の所得は、$t(w\ell - K) - C = 0$ なので、$w\ell = K + C/t$ です。このとき、課税額 T は

$$
T = \begin{cases}
0 & w\ell < K+C/t \text{のとき} \\
t(w\ell - K) - C = tw(H-L) - tK - C & K+C/t \leq w\ell < K+K' \text{のとき} \\
tK' + t'(w\ell - K - K') - C = t'w(H-L) - t'(K+K') + tK' - C & \\
& K+K' \leq w\ell \text{のとき}
\end{cases}
$$

と表されます。このとき、予算制約式は次のようになります。

$$
x = w\ell - T = \begin{cases}
w(H-L) & w\ell < K+C/t \text{のとき} \\
(1-t)w(H-L) + tK + C & K+C/t \leq w\ell < K+K' \text{のとき} \\
(1-t')w(H-L) + t'K + (t'-t)K' + C & K+K' \leq w\ell \text{のとき}
\end{cases} \quad (5)
$$

この課税後の予算制約式(5)を図示すると、図6-9の太線（$Hc''c'\Psi'$）のようになります。図6-9の細線（$Hkk'\Psi$）は、図6-6と同じく税額控除がないときの予算線（前述の(4)式）です。この税額控除があるときの予算線 $Hc''c'\Psi'$ は、課税される人にとっては、税額控除がないときの予算線 $Hkk'\Psi$ よりも C だけ上方に位置しています（予算制約式(4)と(5)を比べても

図6-9 税額控除

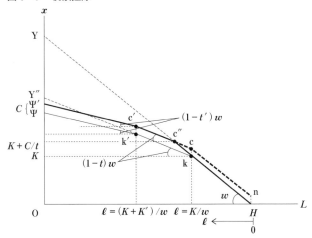

わかります）。この税額控除の適用額 C だけ、家計の可処分所得が増えており、それだけ税負担が軽減されています。この額 C は、累進税率には依存しません。このように、税額控除は、同じ控除額なら、直面する所得税の限界税率（つまり所得の多寡）と関係なく、税負担軽減は同じとなる仕組みにできます。

　ただし、この予算線 $H c'' c' \Psi'$ は、計算上の税額がマイナスとなっても所得税額がゼロになるまでという仕組みを採っているため、点 c'' より右下の予算線は、課税前の予算線 HY と同じになります。

　ここで、負の所得税と同じような考え方で、計算上の税額がマイナスになった場合、課税前収入が $K+C/t$ 以下の家計は、その額に応じて給付が受けられるようにしたとします。すると、予算線は図6-9の $ncc' \Psi'$ と表せます。そのうち、太点線 ncc'' は課税前の予算線 HY との垂直方向の差が給付額となります。これが、第5章3.1項で説明した給付付き税額控除です。給付額は、あくまでも税額控除 C によって定まり、太点線のうち線分 nc においては給付額がちょうど C となります（線分 Hn の大きさは C）。給付付き税額控除を導入して予算線が $ncc' \Psi'$ となるとき、一定以下の所得、つまり線分 nc に効用最大化点が位置する家計には、課税前の予算線 HY と同じ

傾き w であるため、所得効果のみで代替効果が生じないので、資源配分に歪みを与えていません。

この図6-9での給付付き税額控除は、あくまでも一例であり、給付額を C より大きくすることもできます。また、給付の与え方も変えられます。

2.6　利子所得税

利子所得税は、貯蓄から生じる利子所得に課税される租税です。利子所得税の課税の効果を考えるには貯蓄を考慮しなければならず、貯蓄は将来消費するために充てられるので、現在の消費と将来の消費を考えなければなりません。

そこで、現在と将来の2期間を生きる家計がいて、現在の消費と将来の消費を考えます。家計は現在のみ働いて W だけ所得を得て（ここでは労働時間が非弾力的で W は一定であるとします）、将来は引退して働かないため労働による所得はないとします。そこで、現在消費量を x_1、将来消費量を x_2 と表せば、現在 W の所得を得て、それを現在消費に x_1 だけ充て、残りは貯蓄して将来消費に充てることとなります。貯蓄を s と表してこの関係を表すと、

$$W = x_1 + s \tag{6}$$

となります。将来時点において労働による所得はありませんが、s だけの貯蓄があります。しかも、その貯蓄には利子率 r（×100％）で利子所得が生じるとすると、将来時点では貯蓄と利子所得を合わせて $(1+r)s$ だけの収入があり、これを将来消費に充てることができます[5]。したがって、この関係を表すと、

$$(1+r)s = x_2 \tag{7}$$

となります。(6)式と(7)式を合わせると、この家計の生涯を通じた予算制約式は、

5）生涯で得た所得はすべて消費し、遺産を残さないとします。

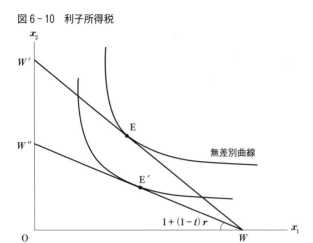

図6-10　利子所得税

$$W = x_1 + \frac{x_2}{1+r} \tag{8}$$

となります。この式を図示したのが図6-10の直線 WW' です。この直線の傾きの絶対値は $1+r$ です。

　また、この家計は現在消費と将来消費から効用を得て、各期で消費量が多いほど効用が高くなるとします。このとき、現在から将来にかけての生涯を通じた効用（あるいは生涯効用）U は、効用関数として一般的に

$$U = U(x_1, x_2)$$

と表せます。この効用関数から無差別曲線を導き出して図6-10に示すと、点Eが効用最大化点となります[6]。点Eは、利子所得税を課税する前の効用最大化点です。

　次に、政府が利子所得税を課すことを考えます。利子所得税率を t（×100％）とします。このとき、利子所得に対する課税額 T は、

6）ここでは、現在消費、将来消費とも上級財（所得が増えると消費量が増える財）であると仮定しています。

$$T = trs$$

となります。労働による所得には課税されません。したがって、現在消費についての(6)式は課税後も変わりません。しかし、利子所得がある(7)式は、課税後には次のようになります。

$$x_2 = (1+r)s - T = \{1+(1-t)r\}s \tag{7}$$

(6)式と(7)式から、課税後の家計の生涯を通じた予算制約式は、次のように表せます。

$$W = x_1 + \frac{x_2}{1+(1-t)r} \tag{9}$$

この式を図示したのが図6-10の直線 WW'' です。この直線の傾きの絶対値は $1+(1-t)r$ です。これは、$1+r$ よりも小さくなります。

このように、利子所得税を課税すると予算制約式の傾きは緩やかになるので、予算制約式が点 W を中心として左下に回転します。図6-10では、課税前と課税後の効用最大化点を比べていて、点Eは課税前の効用最大化点であり、点E′は課税後の効用最大化点です。

利子所得税を課税したときも、前述と同様に課税による所得効果と代替効果が生じます。ここでの所得効果は、利子所得税が課税された分だけ可処分所得が減少したため、将来消費のみならず現在消費も減らそうとする効果です。代替効果は、貯蓄の課税後収益率（利子率）が課税によって r から $(1-t)r$ に低下し、貯蓄と利子所得を充てる将来消費がそれだけ割高になるので、貯蓄する意欲を失って貯蓄を減らして将来消費を減らし、現在消費を増やす効果です。利子所得税も代替効果が生じるので、中立的（効率的）でない歪みのある租税です。課税後の効用最大化点E′は、所得効果が代替効果を上回る場合には点Eの左下になります。他方、代替効果のほうが上回る場合には、図6-10のように点E′は点Eの右下になります（現在消費 x_1 が増加します）。

利子所得税は、代替効果が生じるため、本章2.1項の労働所得税と同様に

超過負担が生じ、資源配分に歪みを与えるという意味で効率性の観点からは劣る租税です。

3　最適課税論

　最も効率的（中立的）な租税は、これまでにみてきたように一括固定税（人頭税）です。しかし、政府が実際に一括固定税で大半の税収をまかなおうとしても、担税力がない人がいるために現実的には不可能です。そこで、一括固定税（人頭税）が利用不可能なときに、次善（セカンド・ベスト）の意味で最適な税制を検討した理論が**最適課税論**です。言い換えれば、政府が一定の税収を複数の異なる財に課税して調達する場合、家計の効用が最大になるような税率の組み合せを分析するのが、最適課税論です。最適課税論の先駆者であるラムゼイが、効率性の観点から最適課税の一般的なルールを導出しました。その**ラムゼイ・ルール**の代表的なものに、逆弾力性の命題があります。

> ―　逆弾力性の命題　―
> 　各財の需要が相互に独立である場合[7]、各財の税率は各財の需要の（自己）価格弾力性に反比例して決めるのが望ましい。

　本章1節で説明したように、価格弾力性が低いほど課税による超過負担が小さく、より効率的であるといえます。したがって、価格弾力性が低い財ほど高い税率をかければ、多くの税収を得つつ、超過負担を小さくできます。
　このように、効用を最大化する家計と利潤を最大化する企業を背景にしたミクロ経済学の理論に裏付けられ、**社会厚生**（経済全体の総余剰）をより大きくする課税の仕方を分析する最適課税論では、一定の税収を得る際にでき

7）厳密にいえば、これは、クロスの代替効果（他の財の価格が変化したときに生じる代替効果）がない、あるいは各財の補償需要の交差価格弾力性がゼロである場合のことです。

るだけ超過負担の少ない税制が望ましいと考えるので、このような結論となるのです[8]。

しかし、最適課税論にも問題点があります。最適課税論は効率性の観点から望ましいということにすぎず、垂直的公平性の観点からは必ずしも望ましいとはいえません。特に、逆弾力性の命題で、価格弾力性が低い財ほど高い税率を課すのがよいということは、必需財のような価格弾力性が低い（価格が大きく上がったからといって需要がそれほど減らない）財に高税率を課し、奢侈財に低税率を課すのがよいという主張になります。この主張に対しては垂直的公平性の観点から反発が起き、最適課税論の主張が政治的には実現しにくくなっています。

4　包括的所得税・支出税

この節では、最適課税論以外にも、財政学の中で提唱されている租税論として、包括的所得税論と支出税論を紹介します。

4.1　包括的所得税

包括的所得税とは、サイモンズによって定義された「所得」をもとにして課税する所得税です。サイモンズが定義した包括的所得とは、

包括的所得＝市場で評価された消費価値額＋資産価値の純増

です。つまり、ある期間に得た所得はその期間に消費するか、貯蓄などとして資産が増加するかのどちらかに必ず分けられるから、消費と資産の純増によって所得が把握できることになります。この包括的所得に対して課税するのが、包括的所得税です。

包括的所得には、労働所得や利子所得などの要素所得だけでなく、現金収入が発生しない帰属収入（持ち家の家賃収入など）、年金給付、福利厚生、

8）最適課税論のより詳細な説明は、土居丈朗『入門｜公共経済学』（日本評論社）第4章、第5章を参照してください。

株式や土地の譲渡益（キャピタル・ゲイン）も含まれます。ここでのキャピタル・ゲインは、売却などによって実現したものだけでなく、その資産を保有したままの未実現のものも含まれます。譲渡損（キャピタル・ロス）が生じた場合には、未実現のものも含めて逆に包括的所得から控除されます。

　包括的所得を課税ベースにして、所得税を課税するのが望ましいと唱えるのが、包括的所得税論です。包括的所得税の長所は、できるかぎり幅広く所得を捉えた上で、所得の源泉を区別することなく統一的に課税できることです。担税力として一定期間内の経済力の増加分を測る際に、所得の種類や実現のタイミングを区別しない観点では中立的な税制であるといえます。包括的所得税が実現すれば、同一の所得額の人には同一の税額で課税され、かつ累進税率構造で高所得者には多く課税することができるため、垂直的公平と水平的公平が同時に実現できます。

　しかし、問題点として、貯蓄に対する二重課税が生じる点が挙げられます。つまり、この所得の定義では、所得を得てその一部を貯蓄して資産を増やした段階の課税と、（貯蓄を取り崩して）消費する段階での課税が行われることになります。また、累進課税を行うことによって超過負担が発生する点では、中立的ではありません。また、未実現のキャピタル・ゲインも課税対象となるため、売却収入をまだ得ていないのに、所得税だけは払わなければならないこととなります。そのため、実務的にそうした徴税ができるのか、難しい面があります。

　第5章3.1項で紹介した二元的所得税は、福利厚生も含めて課税段階で所得として補足することは包括的所得税と同様ですが、包括的所得税はこれらの所得をすべて総合課税するのに対し、二元的所得税は資本所得と勤労所得とを分離課税する点で異なります。

4.2　支出税

　個人に対する直接税として、消費を担税能力の指標として捉えたのが**支出税**です。フィッシャーやカルドアらが唱えました。変動する各年の所得ではなく、生涯にわたり得られる所得の合計を平均化した経済力に近似している消費を課税ベースとします。直接税であるため、累進課税も想定していま

す。また、生涯で稼いだ所得を生前に消費しなければ、そのときに残した資産には別途課税することも必要としています。こうした考え方が、支出税論です。

　支出税は、消費を課税ベースとしている点で消費税と似ていますが、消費税とは根本的に異なるものです。消費税は消費をベースとした間接税である（消費者は納税義務者ではない）のに対して、支出税は納税者を消費者とする直接税で、累進課税も可能です。

　支出税が所得税よりも優れている点の1つは、貯蓄に対する二重課税が生じないことです（これは消費税も同様）。所得税の場合、労働所得を得ると、そのときに（労働）所得税が課税され、その課税後所得を消費せずに貯蓄すると利子所得を得ますが、ここで（利子）所得税が課税され、二重課税が生じます。これに対して支出税は、所得を得て貯蓄した段階では課税されず、得た所得のうち貯蓄しない分である消費額に課税します。

　ここで、支出税と本章2.6項で前述した利子所得税とを比較してみましょう。ここでの支出税は、税込みの消費支出額に対して税率 t_E（×100％）で課税します。税込みの支出額に課税するということは、

　　　　税込みの支出額＝税抜きの支出額＋t_E×税込みの支出額

と表せます。したがって、

　　　　税抜きの支出額＝税込みの支出額×$(1-t_E)$

となるから、

　　　　税込みの支出額＝税抜きの支出額／$(1-t_E)$

と表せます。そこで、先に用いた現在消費 x_1、将来消費 x_2 は、税抜きの支出額であることを踏まえると、支出税を課税すると、現在消費についての予算制約式は、(6)式から次のように変わります。

$$W = s + \frac{x_1}{1-t_E} \tag{10}$$

また、将来消費についての予算制約式は、(7)式から次のように変わります。

$$(1+r)s = \frac{x_2}{1-t_E} \tag{11}$$

(10)式と(11)式を合わせると、支出税課税後の家計の生涯を通じた予算制約式は、

$$W = \frac{x_1}{1-t_E} + \frac{x_2/(1-t_E)}{1+r}$$

となります。この両辺に $(1-t_E)$ を乗じると、

$$(1-t_E)W = x_1 + \frac{x_2}{1+r} \tag{12}$$

となります。この予算制約式(12)は、図6-10でいえば、課税前の予算制約式(8)である直線 WW' と傾きの絶対値が同じ $1+r$ で、直線 WW' より横軸方向に t_EW だけ左側にある直線として表すことができます。つまり、支出税率が時間を通じて一定とすれば、定率の支出税は所得効果しか生じないため、中立的な税であるといえます[9]。支出税は、利子所得税よりも貯蓄（資本蓄積）が促されるため、現在から将来にかけて効用（社会厚生）が改善されます[10]。ただし、支出税に累進課税を導入すれば、本章2.1項の結論と同様に、代替効果が生じるため、中立的ではありません。

---

9) この予算制約式(12)に基づけば、累進課税をせず定率の消費税であれば同じ結論が得られるため、（時間を通じて一定の税率の）消費税も中立的な税であるといえます。また、t_E を W に対する労働所得税（利子所得税は非課税）とみれば、図6-10で代替効果が生じる利子所得税と比べて、この労働所得税は、所得効果しか生じないため中立的な税といえます。なぜなら、ここでの労働所得 W は非弾力的だからです。

10) 資本蓄積が促されることで社会厚生が改善する理由は、中立的な税であることだけでなく、本章の理論には含まれていませんが、貯蓄の増加が投資の増加（生産要素である資本の増加）につながるマクロ経済学的な効果を通じて、（生産要素の資本が増加したことで）生産が増え、要素所得（労働所得や利子所得）が増えることで、生涯を通じた所得が増加する効果があるからです。

支出税は、各年の所得から貯蓄を差し引いて課税ベースとなる消費額を算出し、個人ごとに直接税として納税することを想定しています。ただ、税務当局がこれらをすべて把握することは難しく、徴税の執行が困難であるのが欠点です。現実にも、支出税論に従った税制は諸外国でも本格的に導入されていません。

5　法人課税

5.1　法人税の見方

　法人税は誰が負担しているのでしょうか。法人税の課税根拠をめぐる学説には、次のようなものがあります。**法人擬制説**（株主集合体説）とは、法人（企業）は複数の株主の所有するものであり、発生した利潤は最終的には株主のものになるという考え方です。法人擬制説に対し、法人（企業）は別個に株主から独立した経済主体であり、法人自体に担税力を持つとする**法人実在説**（法人独立課税主体説）があります。法人実在説に立てば、企業は個人と別個の独立した経済主体である以上、個人の所得に所得税を課税するのと同様に、法人の所得には法人税を課税すべきであると考えます。

　法人擬制説に基づけば、配当は法人税の段階でいったん課税対象となり、かつ株主の配当所得として所得税の課税対象となるのは二重課税になると認識されます。したがって、法人税の課税対象である法人の利益のうち配当に充てる分は低い税率（軽減税率）にすることが考えられます。現に、日本では、1989年度まで配当については軽減税率が適用されていました。現在では軽減税率は廃止されており、日本の法人税の現状は、どちらかの説だけに依拠した仕組みとはなっていません。

　ミクロ経済学や公共経済学では、法人擬制説に基づいて立論しています。企業が利潤の最大化を目的として、労働と資本を生産要素として用いて財を生産します。法人税は、この企業の利潤に課税されますが、企業は、法人税課税後の利潤を最大化するように労働投入量、資本投入量、そして生産量を決定します。そうすると、法人税の負担は企業という組織のみが背負って、労働者（従業員や経営者）や資本の供給者（株主や債権者）、生産された財

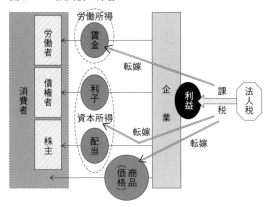

図6-11　法人税の帰着

の消費者は一切関係ないということにはなりません。

　法人税は、「法人」なる怪物が負担するものではありません。企業に関わる労働者、資本の供給者、消費者といった生身の人間が、法人税を間接的に負担するものです。もしその法人税負担がなければ、もう少し給料が上げられたでしょうし、配当が増やせたでしょうし、製品の販売価格を値下げできたでしょう。しかし、図6-11のように、法人税の負担があるから、その分給料を下げざるを得ず、配当を減らさざるを得ず、販売価格を上げざるを得ない、ということになります。こうした形で、従業員、経営者、株主、顧客が税負担を分かち合っているのです。

5.2　負債の節税効果

　法人税は、第5章3.2項で述べたように、法人所得に課税されます。法人所得は、売上などの益金から売上原価などの損金を差し引いた額ですが、企業が設備投資などに必要となる資金を借入（負債）でまかなった場合、その対価として支払う利子は、損金に算入されます。負債に対する支払利子が多いほど損金は多くなり、課税対象となる法人所得が少なくなって法人税の負担が軽くなります。このように、負債による資金調達によって、法人税負担が軽くなることを、**負債の節税効果**と呼びます。

　他方、企業の設備投資資金は、負債だけでなく、株式を発行することによ

ってもまかなうことができます。株式に対しては、株主に配当を支払います。しかし、支払う配当は、法人税を課税された後の税引後利益（企業会計での用語は当期純利益）が元手となります。つまり、配当は、法人税を支払った後に分配されるものなので、配当が多くなっても法人税負担が軽くなることはありません。

　このように、法人税が企業の資金調達に与える影響として、利子支払いの伴う負債に有利で、節税効果のない配当が伴う株式に対しては相対的に不利になる仕組みとなっています。さらに、前述のように、配当は株主に渡るまでに法人税と所得税が課されるため、配当の二重課税が生じています。

財政投融資

1 財政投融資の仕組み

1.1 財政投融資制度

　財政投融資とは、税負担に拠ることなく、国債の発行などにより調達した資金を財源として、民間では対応が困難な長期・低利の資金供給や大規模・超長期プロジェクトの実施を可能とするための政府による投融資活動です。より具体的に概要をいえば、国の信用や制度を通じて集められた有償資金（元本の償還、利子の支払いが必要な資金）を原資として、政府の政策にあわせて政策金融機関や独立行政法人などを通じて、国民に受益者負担を求めることができる公共サービスを提供したり、資金を投資、融資したりするという流れといえます。その流れの概略は、図7−1に示されています。

　財政投融資制度に基づいて投融資を受けている機関を、**財政投融資対象機関**（略して**財投機関**）といいます。財投機関には、国の特別会計や政府関係機関をはじめとする政策金融機関や独立行政法人、そして地方公共団体があります。

図7-1 現在の財政投融資制度

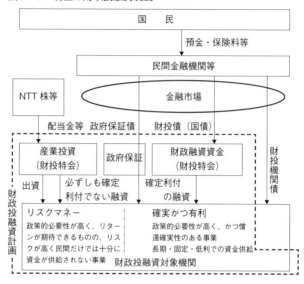

　財政投融資の計画は、毎年度一般会計、特別会計、政府関係機関の予算とともに国会で審議される際、財政投融資に関係する部分だけを整合的に**財政投融資計画**としてまとめられ、1953年度から策定されています。財政投融資計画それ自体は国会の議決を経る必要はありませんが、財政投融資に関わる特別会計予算や政府関係機関予算などは議決を要するため、間接的に国会の議決に拘束されます。

1.2　財政投融資制度の抜本的改革

　財政投融資制度は、2001年度に抜本的に改革され、現行制度に移行しました。この抜本的改革は**財政投融資改革**と呼ばれ、主に次の点が変更されました。

　改革前の財政投融資制度の概要は、図7-2に示されています。2000年度まで、財政投融資の原資に、国民から郵便貯金（現ゆうちょ銀行）や厚生年金・国民年金の年金保険料などとして集められる資金の大半を用いていました。特に、郵便貯金や厚生年金・国民年金の積立金（年金資金）は、資金運

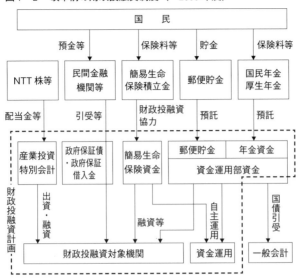

図 7 - 2　改革前の財政投融資制度（〜2000 年度）

用部資金（現・財政融資資金）に全額預託する制度がありました。2001年度
からは、これらの資金の預託義務を廃止して、全額自主運用することとなり
ました。

　改革前は、資金調達手段が郵便貯金、年金資金などからの預託という受動
的なものに限られていたため、財投機関が行う不要不急の事業にも資金を供
給することもあり、効率的な運用が行われていないという問題を抱えていま
した。特に、1990年代に、民間金融機関の経営悪化懸念などが一因となり、
国民の預金が民間金融機関から郵便貯金へシフトする現象が起きて、それが
預託義務によって資金運用部資金に多く流れてきました。民間金融機関は直
接民間企業に融資していますが、資金運用部資金は直接民間企業に融資でき
ず、財政投融資制度を用いて政策金融機関が代わりに民間企業に融資しま
す。すると、民間金融機関の業務を奪うという民業圧迫との批判が出てきま
した。

　改革後の現行制度では、郵便貯金や年金資金は、それぞれの担当部局独自
の判断により金融市場で運用されています。この他、簡易生命保険（現かん

ぽ生命）の積立金も、財投機関等に対する直接融資を原則廃止して、金融市場を通じて自主運用を行っています。この財政投融資改革に伴い、資金運用部資金（と資金運用部特別会計）は2000年度で廃止され、これを継承する財政融資資金が2001年度に新設され、これに合わせて財政融資資金特別会計（2008年度から財政投融資特別会計）が設けられました。

2001年度以降、財政投融資に必要な資金は、財投債を市場でその都度発行して市場メカニズムに従って調達することとしました。**財投債**は、財政投融資特別会計（2007年度までは財政融資資金特別会計）が発行する国債のことで、建設国債や赤字国債と同一券面で市場にて発行されています（さらなる詳細は、第8章を参照）。これにより、精査した資金需要に応じた能動的で効率的な資金調達を行うことが可能となりました。また、郵便貯金・年金資金と財政投融資の直接的なつながりは、財政投融資改革により制度的に解消されました。

また、財投機関が行う対象事業について、償還確実性を担保し、民業圧迫を排して「民間にできることは民間に委ねる」という民業補完の観点から見直すこととしました。このことを通じて、財政投融資に必要な資金を精査することとしました。

財政投融資改革では、財投機関が、事業運営の効率化・透明化の観点から、政府保証のない財投機関債（後述）を市場で発行して、自主的に資金調達することを求めることとしました（図7-1参照）。これは、財投機関債の公募発行により市場の評価にさらされることを通じ、財投機関の運営効率化へのインセンティブ（誘因）を高めることを狙いとしています。また、財投機関（特別会計、地方公共団体を除く）に対して、1999年度から始めた政策コスト分析（将来見込まれる補助金や出資金の機会費用などを分析すること：本章第4節で詳述）を、2001年度以降は全機関で公表することとし、財投対象事業の妥当性や財投機関の財務の健全性に関する判断材料として活用することとしました。

財政投融資改革後は、小泉純一郎内閣において、財投機関を含む特殊法人改革や独立行政法人改革を実施し、当該機関の事業の縮小や廃止が行われ、財政投融資もこれに連動して規模が縮小するようになりました。そして、

2006年に成立した行政改革推進法において、2015年度末までに国の資産規模
対 GDP 比の半減を目安とすることが規定され、「基本方針2006」（第2章
1.6項で詳述）において、国の資産を約140兆円規模（うち財政融資資金から
の貸付金残高は130兆円超）に圧縮を図るため、財政投融資改革の継続に加
えて、追加的努力として対象事業の一層の重点化・効率化などを行うことと
されました。その結果、財政融資資金からの貸付金残高は、2005年度末の約
231兆円から2014年度末の約110兆円へと約121兆円圧縮し、目標達成に向け
て取り組みました（残高の推移については、後で示す図7-4参照）。

　また、2008年度には、財政投融資改革前後に存続していた産業投資特別会
計産業投資勘定が財政融資資金特別会計に移管され、名称を財政投融資特別
会計とした上で、財政融資資金特別会計を財政融資資金勘定、産業投資特別
会計産業投資勘定を投資勘定に区分することとしました。

2　財政投融資の原資

　財政投融資の原資は、財政融資、産業投資、政府保証からなっています。
これらは、それぞれが独立した制度で運営されていますが、一般会計予算な
どの他の財政金融政策との整合性を図るため、財務省理財局が総合的に調整
し、財政投融資計画を策定しています。

2.1　財政融資

　財政投融資の主な原資である**財政融資**は、財政融資資金が、財政投融資特
別会計国債（財投債）を発行して得た資金と、国の他の特別会計における積
立金、余裕金の預託と、財投機関からの回収金等からなっています。財政投
融資特別会計財政融資資金勘定がその実体です。財政融資は、近年では、財
政投融資計画の原資全体のうち8割前後を占めています。

　財政融資資金は、財政投融資計画に基づいて財投機関に貸し付けます。そ
の際の金利（貸付金利）は財投債の利回りとほぼ同率であり、原則利鞘なし
で財投機関に貸し付けています。

　財投債は、財政投融資特別会計において、財投機関に対して貸し付けるた

めの資金を調達することを目的として発行される国債です。この元利償還の財源は、財投機関等からの返済をもとに、財政投融資特別会計の責任においてまかなわれます。財投債は、国の信用を背景により低い金利で調達できることから、財政融資資金を利鞘なしで貸すことで財投機関への財政負担を小さくできます。

財政融資は、法律の要請に基づき、確実かつ有利な運用となる融資を行うことで公共の利益の増進に寄与することを目的とし、財投債という有利子負債で確実に償還する必要がある資金でまかなわれていることから、政策的必要性が高くかつ償還確実性のある事業に、長期・固定・低利で資金を供給することを主としています。

2.2 産業投資

産業投資は、産業の開発と貿易の振興のために財政資金をもって投資を行う目的で、1953年度に設置された産業投資特別会計が、2008年度以降は財政投融資特別会計投資勘定として引き継がれて運営されている資金です。産業投資は、出資先である財投機関から受け取る株式配当金や国庫納付金等の運用金収入、かつて民営化したNTT、JTなどの株式からの配当収入や株式売却収入などを財源に、財投機関に対する貸付金や出資金の形で運用に回されます。

財政融資は確定利付の融資を行うのに対し、産業投資は出資や必ずしも確定利付でない融資を行っています（図7-1参照）。そのため、産業投資は、政策的必要性が高くリターンが期待できるものの、リスクが高く民間だけでは十分に資金が供給されない事業に対して、リスクマネー（高いリスクを伴いながら高い運用収益が求められる投資先に投じられる資金）を供給することを主としています。リスクマネーを、出資や必ずしも確定利付でない融資という形で供給することで、情報の非対称性や市場の不完備性といった市場の失敗の是正や民業補完を目指します。出資は、リターンが上がるまでは配当や国庫納付を求めませんが、リターンが上がれば配当や国庫納付が得られるという形になります。その際、民間資金を最大限活用するとともに、民間主導で投資案件の目利きを行うことにより、収益性の高い投資ができる体制

を確保しています。

2.3 政府保証

政府保証は、財投機関が自ら民間資金を調達するために発行する債券や借入金を対象に、元利返済について政府（一般会計）が保証するものです。こうした政府保証は、財政融資資金のような資金そのものではなく、国の政策目的実現のために政府が行う債務保証という信用供与です。財投機関が政府保証を付して発行する債券を、政府保証債と呼びます。政府の保証がある分、自らが保証なしに発行する財投機関債（後述）に比べて金利・資金調達コストは低くなります。ただ、政府の保証があるとはいえ、債務者は政府でなく財投機関であるため国債そのものではないので、財投債より高い金利で借り入れることになる点で資金調達コストが割高となります。それとともに、政府にとって簿外債務である政府保証債は、財政規律の確保等の観点から抑制的・限定的に用いることとされています。

2.4 財政投融資計画の推移

以上の３つが、原資として財政投融資計画に計上されます。財政投融資改革前後の財政投融資計画の推移を示したのが、図７‐３です。図７‐３には、改革の前後で財政投融資計画の規模がどう変化したかをみるために、改革前の2000年度までは比較可能な一般財政投融資（財政投融資原資合計から2000年度に廃止された資金運用事業を除いた分）の規模を示しています。

本章1.2項で述べたように、財政投融資対象事業の見直しや重点化・効率化などに取り組んだ結果、財政投融資改革後の財政投融資計画（フロー）は、2008年度には13.9兆円（当初ベース）となり、ピーク時（1996年度の40.5兆円）の約３分の１にまでスリム化しました。その後、2007年夏以降アメリカのサブプライムローン問題に端を発した世界金融危機や、2011年以降は東日本大震災からの復興に積極的に対応すべく、補正予算にあわせて財政投融資計画を追加増額したこともあり、近年では計画額は減少していません。

図７‐３は、単年度での財政投融資による新規の融資、出資、政府保証を

図7-3　財政投融資計画（フロー）の原資

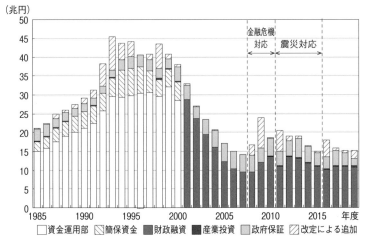

注：2000年度までは資金運用事業を除いた一般財政投融資分である。改定による追加以外は、当初計画ベース。

資料：財務省『財政金融統計月報（財政投融資特集）』各年度版。

表したフローですが、これらを財投機関に長期で行っていることから、財政投融資計画を残高（ストック）ベースでも見ることができます。ストックベースでみた財政投融資計画の規模は、図7-4に示されています。

　財政投融資計画の残高は、財政投融資改革前の2000年度末の417.8兆円がピークで、改革後は減少し、2010年度末には200兆円を割ってピーク時の2分の1未満となり、2015年度末には160兆円を割り、近年では対GDP比で30％を割るところまで減少しました。

2.5　財投機関債

　財政投融資計画には含まれませんが、財投機関の資金調達に関わるものとして、財投機関債があります。**財投機関債**とは、独立行政法人等の財投機関が、民間金融市場において個別に発行する政府保証のない公募債券です。2001年の財政投融資改革のときに創設されました。

　財投機関債は、各財投機関が独自に発行するため、その機関が信用度に応じて直接市場で評価を受けることから、財投機関が財務情報を開示し運営を効率化する動機付けをもたらす点、各財投機関が発行時に市場で評価を受け

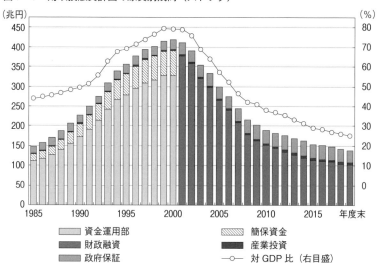

図7-4　財政投融資計画の原資別残高（ストック）

資料：財務省『財政金融統計月報（財政投融資特集）』各年度版。

ることで各財投機関の必要性を市場で判断することができ、市場で評価が低く必要性の低い財投機関は資金調達ができないという形で、行う事業を淘汰できる点などの利点があります。これに対して、政府保証がないはずの財投機関債を発行した財投機関が債務超過に陥りそうになったときに、もし政府が補助金を出して救済すれば（ないしは、政府がそうするだろうと市場で認識されれば）、財投機関債は政府保証債と実質的に同一の性格を持ち、あえて財投債や政府保証債ではなく財投機関債として発行した意義が薄くなるといった欠点もあります。

3　財政投融資の使途

　前述の財政投融資の原資は、概ね次の4つに分類できる運用先に投融資されます。①国の特別会計に対する運用、②地方公共団体や地方公営企業（第9章で詳述）への貸付けによる運用、③独立行政法人等が財投資金を用いて事業を行い、その収入により元利返済を行うことが見込まれている事業実施

部門に対する運用、④政策金融機関が財投資金を用いて家計や企業、海外向けの融資活動を行う融資部門に対する運用です。これらの長期運用が、財政投融資計画としてまとめられます。政府出資のない民間企業は、財政投融資の運用先にはなりません。それは、財政援助制限法（法人に対する政府の財政援助の制限に関する法律）で、政府によるそうした法人への債務保証が禁止されていることなどによるものです。政府出資のない民間企業への信用供与は、財投機関から行われます。

　財政投融資計画における運用は、国民の生活環境や社会資本の整備などのために、政策の一環として投融資を行うものです。財投資金が供給された前掲の機関がそれを投じる使途について、これまでの変遷をみてみましょう。使途の分類については、2014年度までは、住宅、生活環境整備、厚生福祉、文教、中小企業、農林漁業、国土保全・災害復旧、道路、運輸通信、地域開発、産業・技術、貿易・経済協力となっていました。2014年度までの使途別分類の構成比の推移は、図7-5に示されています。この中には、地方公共団体向けの融資も、使途に応じて含められています。

　財投資金を投融資された財投機関の使途として、住宅は、政策金融機関から国民への住宅ローンやニュータウン開発が含まれます。生活環境整備は、地方公共団体が行う上下水道や一般廃棄物処理等の事業が含まれます。厚生福祉は、保育施設、福祉施設、介護施設や医療機関が行う施設整備などに対する政策金融機関からの融資が含まれます。文教は、学生等に対する奨学金の貸与事業が含まれます。中小企業は、信用力や担保力が弱いことから民間金融機関のみでは十分な資金供給を行えない中小企業に対する政策金融機関等による融資や保証が含まれます。農林漁業は、自然条件等によるリスクが高く、生産サイクルが長いことに対応して、農林水産業者の設備投資等を支援する政策金融機関からの融資が含まれます。国土保全・災害復旧は、地方公共団体が行う災害復旧事業などに必要な融資が含まれます。道路は、高速道路などの整備が含まれます。運輸通信は、鉄道や港湾、空港や情報通信網の整備やそれに必要な融資、加えて2000年代以降はPFIによるインフラ整備を出融資により支援するための資金が含まれます。PFI（Private Finance Initiative：民間資金等活用事業）とは、公共施設等の設計、建設、維持管理

図7-5 財政投融資の使途別分類の構成比（旧分類・当初計画ベース）

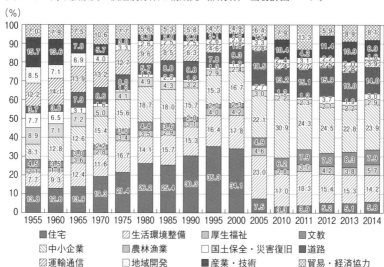

資料：財務省「財政投融資計画」。

や運営に、民間の資金とノウハウを活用し、公共サービスの提供を民間主導で行うことです。これにより、国や地方公共団体が直営で行うより、効率的な公共サービスの提供を図ることが期待されます。地域開発は、地方公共団体や独立行政法人などが、過疎地域等で地域活性化の中核となる公共施設などの整備やそれに必要な融資が含まれます。産業・技術は、基幹産業向けの出融資や電力供給のためのダム建設やそれに必要な出融資、国内外の資源開発、各種研究開発法人による研究開発に必要な出融資が含まれます。貿易・経済協力は、開発途上国向けのODA、わが国企業の海外投資やインフラ需要の旺盛な地域への海外展開の支援に必要な資金供給が含まれます。

　財政投融資の使途別分類の推移をみると、1950年代後半は、産業・技術を中心として基盤産業整備への投融資に多く資金が回されました。財政投融資は民間金融が融資しにくい部門に集中投資して、質的補完の役割に重点を置いていました。その方針は1960年代前半まで続けられ、この時期には運輸通信が最も多くなっています。1960年代後半以降は、国民生活に直接関連のある住宅や生活環境整備、そして中小企業といった収益性の低い分野に資金が

多く回されるようになりました。この変化は、日本経済の高度成長に伴う構造変化を受けて、民間金融機関からの借入れが容易でない農林漁業や中小企業の生産性向上、近代化の促進や格差是正を図ることや、低利の住宅ローンを供給することなどで国民生活の質的向上を図ることが、要望として高まってきたことが背景にあります。安定成長期に入って企業金融が成熟化したこともあり、財政投融資は産業のための資金供給よりも住宅、生活環境整備、中小企業に重点が置かれました。

　財政投融資改革後は、これまで財投資金で住宅ローンを供給してきた住宅金融公庫が廃止され、住宅ローンの供給を原則として行わないこととしたため、住宅の構成比は大幅に低下しました。これに伴い、住宅に次いで多い生活環境整備、中小企業、道路の構成比が高まりました。また、2007年夏以降の世界金融危機の影響で金融情勢が悪化したことから、政策金融機関による中小企業金融の必要性が高まり、中小企業の構成比が上昇しました。

　前掲の12種類の使途別分類は、財投改革以降、財投機関の統廃合が進み、各種産業向け金融（融資系機関）と社会インフラ整備（事業系機関）が混在し、今日的な財投対象事業の実態を反映していないことから、2015年度の計画策定時から次の10種類に再編されました。それは、中小零細企業、農林水産業、教育、福祉・医療、環境、産業・イノベーション、住宅、社会資本、海外投融資等、その他（危機対応業務（本章5.3項で後述）、地方公共団体が発行する臨時財政対策債（第9章4.1項で詳述）など）です。

　新たな10種類の使途別分類の構成比を示したのが、図7-6です。新分類において、中小零細企業は旧分類の中小企業を、農林水産業は旧分類の農林漁業を、教育は旧分類の文教を、福祉・医療は旧分類の厚生福祉を、住宅は旧分類の住宅を、海外投融資等は旧分類の貿易・経済協力をほぼ引き継いだものとなっています。新分類で独自の使途として、環境は旧分類の生活環境整備のうち関連する部分を、産業・イノベーションは旧分類の産業・技術の大半に加えて生活環境整備と運輸通信と地域開発の関連する部分を引き継いでいます。社会資本は旧分類の国土保全・災害復旧と道路を引き継ぐとともに、生活環境整備と運輸通信と地域開発の関連する部分を引き継いでいます。

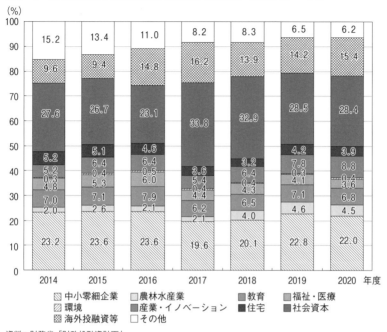

図7-6 財政投融資の使途別分類の構成比（新分類・当初計画ベース）

資料：財務省「財政投融資計画」。

　新分類で旧分類と異なる部分をより具体的に示すと、住宅は、老朽化した賃貸住宅の建替えや既存賃貸住宅ストックの有効活用を図るための増改築事業や、東日本大震災などの災害に対応した災害復興住宅の整備やそれに必要な融資が含まれます。環境は、地方公共団体が生活環境の保全や公衆衛生の向上を図るために行う一般廃棄物処理事業が含まれます。産業・イノベーションでは、産業の競争力強化や、産業の活性化のためのイノベーションの創出に必要なリスクマネーの供給が含まれます。社会資本は、空港、鉄道、高速道路などの社会資本の整備が含まれます。海外投融資等は、資源・エネルギーを安定的に確保する事業や、インフラ分野をはじめとする日本企業の海外事業展開などの推進に必要な出融資が含まれます。

　図7-6によると、構成比が最も多い（2016年度を除く）のは社会資本で、次いで中小零細企業、海外投融資等となっています。

4 政策コスト分析

政策コスト分析とは、財政投融資を活用する事業について、一定の前提条件（将来金利、事業規模、利用見込みなど）を設定して、財投資金を用いた事業の終了年度までの将来キャッシュフロー（資金収支）等を推計し、これに基づいて、事業の実施に関して①将来、国から支出されると見込まれる補助金等と、②将来、国に納付されると見込まれる国庫納付・法人税等と、③既に投入された出資金等による利払軽減効果（国にとっての機会費用）の額を、各財投機関が試算したものです。図7-7にその詳細を示しています。

財政投融資改革の際に、財投機関のディスクロージャー（情報公開）を進めるとともに、政策コスト分析も本格導入されました。政策コスト分析を行う過程を通じて、財政投融資を活用している事業や財投機関が、業務の将来的な見通しやその財務への影響を事前に定量的に把握でき、当該機関の業務・財務の改善に貢献する点などに意義があります。また、これは財投機関が市場で評価を受ける必要性からも、財政民主主義の観点からも重要です。

財政投融資では、前節で述べたように、償還確実性が重視されます。したがって、財投機関から収益等を財源に予定通り償還されるか否かを確認することは重要です。ただ、財投対象事業には、有償資金のみで所要の資金をまかなって事業を実施することとした場合に必要となる利用者からの負担を、政策的に軽減するために、無償資金（補助金等）をあわせて投入する場合があります。このように、将来、その事業に対する補助金等の支出がどの程度見込まれるか、あるいは既に投入された出資金等による便益がどの程度になるかを試算した政策コストは、こういった事業の妥当性を判断する材料として意義があります。

特に、国から財投機関への出資金や無利子貸付金は、一見すると財投機関でコストが発生していないようにみえますが、これらの機会費用を捉えることで、国から財投機関への実質的な利子補給金を明示的に捉えることができます。**機会費用**とは、ある経済行為を行ったために得る機会を失った収益を意味します。もし国が財投機関に出資金等を投じなければ、その分だけ財投

図7-7　政策コスト分析

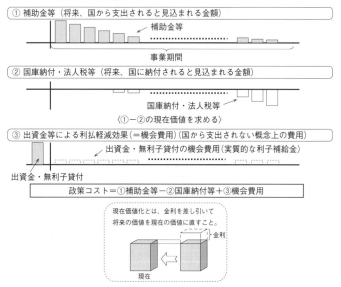

出典：財務省理財局「政策コスト分析について」（各年度版）をもとに一部改編。

機関は民間等から資金を借り入れなければならず、これにより追加的な利払費が発生したはずです。したがって、財投機関が出資を受けて軽減されたと解される金利負担が、出資を行ったことで国が得る機会を放棄したと解される収益とみなすことができ、これがここでの機会費用となります。つまり、国が財投機関に投じる出資金の財源は国債でまかなわれることから、政策コスト分析における機会費用は、出資金を投じるために発行した国債の利払費相当額として算出します。

　政策コストは、各財投機関に国から投入されると見込まれる補助金等から、国に納付されると見込まれる国庫納付等を差し引いた額に、国からの出資金と無利子貸付金に伴う機会費用を加えた額について、**現在価値**（図7-7参照）に換算して算出します。このように、政策コストは、財投対象事業に伴う将来の国民負担として認識することができます。

　わが国における政策コストの試算は、財政投融資で当該年度において新規に投融資を受ける財投機関（地方公共団体を除く）において実施されていま

す。新規に投融資を受ける度に、毎年度政策コスト分析を行います。

5 財政投融資計画

5.1 財政投融資計画と予算の関係

　財政投融資計画それ自体は国会の議決は不要ですが、財政投融資の原資については、産業投資は財政投融資特別会計投資勘定予算として、財政融資資金は同特別会計財政融資資金勘定予算と、5年以上の長期運用額を「特別会計予算総則」として、政府保証債は「一般会計予算総則」として国会の議決を経ることとなっています。これらは、長期運用法（財政融資資金の長期運用に対する特別措置に関する法律）で規定されています。また、運用について、財投機関である特別会計や政府関係機関は、それらの予算が国会の議決対象です。

　財政投融資計画には、財投機関別に原資ごとの金額が示されています。この金額は、融資や出資、保証などの上限を示すものです。計画に基づき執行され、年度が終わった後には実績額が明らかになります。その際、計画額よりも実績額が下回って運用残額（不用額）が生じることがあります。この運用残額は、原資を調達しておきながら執行されず無駄な形で残されたものではありません。財政融資では、運用残額が出る見込みとなればその分財投債の発行を抑制するなど原資調達にかかる費用を抑制できたり、政府保証では、政府保証債などが発行されないことで不必要な調達費用を抑制できたりする形で調整された結果、生じるものです。

　補正予算で、財政投融資特別会計などで財政投融資に関連する予算が追加されたり減額されたりした場合には、これにあわせて財政投融資計画も年度途中で改定されます。たとえば、図7-3に示されたように、世界金融危機の際の金融危機対応や、東日本大震災直後の震災対応のために、財政投融資計画は改定されて増額されました。

　また、財政融資資金と政府保証債はそれぞれ、あらかじめ議決された特別会計予算総則と一般会計予算総則に設けられた弾力条項に基づき、議決された限度額の50％の範囲内で増額することができます。これは、限度額を超え

た融資や債券発行を行うことで、年度内に予期せぬ形で変化する景気動向をにらんで機動的に対応できるように活用されています。このように財政投融資は、一般会計歳出予算と比べて弾力的に運営されています。

5.2 金利変動準備金

　財政投融資特別会計では、特別会計法に基づき、将来の金利変動による損失に備えるため、剰余金が生じた場合、必要水準まではこれを全額積み立てることとされています。この積立金は、**金利変動準備金**と呼ばれます。金利変動準備金は、財政投融資特別会計財政融資資金勘定において、将来の金利変動による損失に備えるために積み立てるものです。この剰余金が必要水準を超える分は、国債の償還に充てるため、国債整理基金特別会計に繰り入れることとされています。

　既に述べたように、財政融資資金は、財投債で調達した資金を、原則として利鞘なしの固定金利で財投機関に長期融資しています。金利が低下局面ならば、財投債で調達する際の金利は低くなって利払費が減少する一方、かつて金利が高かった頃に貸した財投機関からの金利収入が多いので、結果的に収入超過となり剰余金が生じます。しかし、金利が上昇局面ならば、発行する財投債の金利は高くなって利払費が増加する一方、貸している財投機関の金利は低いため金利収入がそれより少なくなって、逆鞘になり単年度では損失が生じる恐れがあります。このように、金利の変動によって損益が変動するリスクを、金利変動リスクと呼びます。

　金利変動準備金は、そうした金利変動リスクに備えて積み立てられ、逆鞘状態で赤字になってもこの準備金がバッファーとなって債務超過にならないようにするためのものです。もしこの準備金がなければ、いったん債務超過になると、逆鞘状態ではその赤字を自前で埋める手立てはないので、国の一般会計から国民の税金を使って赤字補填をする他なくなってしまいます。しかし、この準備金をあらかじめ備えることで、そうならずにすむようにしています。

　金利変動リスクへの備えとしては、財政投融資特別会計（財政融資資金勘定）の貸借対照表（第10章2節を参照）上にあるすべての資産（asset）と

負債（liability）の金利や償還期限までの期間を把握し、将来の金利変動を予測し、それらを踏まえた上で、リスクの最小化と収益の極大化を図るリスク管理の手法である **ALM**（Asset Liability Management：資産負債管理）を用いています。財政投融資特別会計財政融資資金勘定での資産は財投機関への貸出金であり、負債は財投債です。ALM の観点からは、財投債の年限（発行時の満期）を工夫することにより、財投債による調達の年限と財投機関への運用の年限とのギャップが、全体としてできるだけ小さくなるようにすることが望まれます。そうすることで、金利変動リスクをより小さくできます。ただ、リスクを完全になくすことはできません。そこで、金利変動準備金を積み立てて、リスクに備えます。財投債の年限を工夫することを通じて、金利変動リスクが減少したことを受け、2008年度以降は、積立金の必要水準を、財政投融資特別会計財政融資資金勘定の総資産の100/1000から50/1000に引き下げました。

　しかし、第3章1節のCOLUMN 3.1でも述べたように、金利変動準備金は、累次の一般会計への繰入れの結果、2010年度末以降はほぼ枯渇し、本来備えるべきとされる水準（対総資産比50/1000）を満たしていない状態です。これでは、金利変動に対する対応余力が著しく低下している状況となっています。財政投融資特別会計の財務の健全性を制度的に担保する観点から、今後は必要水準を見極めつつ、金利変動準備金を積み立ててゆくことが求められています。

5.3　財政投融資の今後

　これまでみてきたように、財政投融資は2001年度の財投改革以降、スリム化を軸に、2008年頃の世界金融危機後の危機対応や、2011年の東日本大震災後の震災対応という臨時的な運営がなされてきました。その間、財政投融資を取り巻く環境は大きく変化しました。

　わが国は、生産年齢人口の減少が進む中、生産性を向上させ1人当たりGDP を高めることが必要で、海外への進出や日本市場への呼込みを促進して、成長する諸外国とともに日本経済が成長していくことが求められています。日本経済が持続的に成長していく上で、金融部門が付加価値の高い仲介

機能を発揮し、それを受けて実体経済も成長のフロンティアを拡げるという過程を通じて、金融部門と実体経済がともに成長していくことが望まれます。

　こうした今後の展開を踏まえ、企業の生産性向上やイノベーション創出に向けて、規制緩和を進めつつ、人材育成やコーポレート・ガバナンス（企業統治）の強化等に取り組むとともに、官民の適切な役割分担の下、中長期のリスクマネーや成長資金の供給拡大が期待されます。そこで、民間金融を補完する役割を逸脱しない範囲で、民間金融だけでは十分にリスクテイクできない分野において、財政投融資を含む政府が行う投融資活動の役割を見出すことができます。財政投融資は、自助努力の促進による事業の効率的な実施や、受益者負担の実現を通じて租税負担の抑制を図るという特徴を発揮しつつ、中長期的な視点から、民間金融を補完しながら、資金面からの成長制約を解消する役割を果たすことが考えられます。

　そこで、財政投融資の役割として、官民の適切な役割分担を果たすべく、平時と危機時とでは、それぞれ次のような機能を果たすことが期待されます。平時に果たすことが期待される機能として、市場の失敗の是正があります。たとえば、貸し手に借り手の能力についての情報がないために貸し渋るといった情報の非対称性や、都市再開発や産業基盤整備に寄与する基礎研究における外部経済効果など、市場メカニズムでは効率的な資源配分が実現されない状況が起こりえます。そうした状況に対して、財政投融資は、民間金融市場を補完したり、大規模で超長期プロジェクトやインフラの海外展開といった民間では担えないリスクを負担したりする役割が挙げられます。平時では、民間金融機関のリスク許容力があるため、市場メカニズムに基づく民間金融が主体であり、民間での市場形成ができたら財政投融資の機能は役割を終えるのが基本です。

　特に、財投債を活用した低利融資は、非効率な資源配分を助長しないようにしなければなりません。第1章2.1項で触れた公共財が持つ非排除性がある事業（たとえば都市再開発）だと、たとえ社会的に便益が大きくても、対価を払わずに便益を受けられるため、それに投じた費用を十分に回収できない恐れがあります。費用が回収できないから事業を実施しないよりは、対価

を最大限回収して低利でなら元利償還ができる見込みを立てて事業を実施したほうが、社会的に望ましい場合があります。そうした場合に、財政投融資による低利融資は、市場の失敗を是正できて有効です。しかし、本来はもっと受益者負担を求めて高い収益が上げられるのに、非効率な運営によって返済負担を軽くしないと継続できないという事業に、低利融資をしては、非効率な資源配分を助長してしまいます。平時では、こうしたことのないようにしなければなりません。

　危機時は、国内外の金融秩序の混乱や大規模な災害等に直面するため、民間金融のリスクテイクに限界があるため、財政投融資が平時の役割を超えて量的補完の役割を担うことが期待されます。財政投融資における危機対応業務には、民間金融機関が危機時には行えない中小企業等に対する貸付や社債の買取、民間金融機関等からの貸付などに毀損が生じた場合に損害の一定割合を補塡する契約を結ぶ代わりに補償料を徴収するという損害担保、中小企業等へ危機時に低利や無利子で行う貸付に付す利子補給などがあります。しかし、危機対応は一過性の市場補完であって、漫然と恒常化して産業の新陳代謝を妨げないよう、平時に戻れば量的に縮小する必要があります。2020年に起きた新型コロナウイルスの世界的な感染拡大による経済的なショックに対しては、財政投融資で危機対応業務を積極的に実施し、企業の資金繰り支援を行いました。今後は、感染収束にあわせて危機時から平時への移行が求められます。

　この方向性に沿って、財政投融資では、融資や出資、保証などの金融的手法を活用した政策手段を、目的に応じて有効に使い分けることが求められます。財政融資は、長期的な貸借関係を継続することから、資金の借り手の財務状況を監視して、融資した資金が確実に回収できるようにしておく（償還確実性の確保）といった対応とともに、短期的に赤字になっても長期的には費用を回収できる事業には忍耐強く貸し続け、借り手が冒険的な経営をせずにリスクを回避するように債権者（負債）からの規律付けを行うのに向いています。

　リスクマネーを供給する産業投資は、出資という手段を用います。出資者たる国は、政策目的の実現と出資の毀損の回避という2つの観点から、最終

的な受益者である国民の中長期的なリターンの拡大を図るように、出資者からの規律付けを適切に行うことが重要です。

　産業投資は、近年、官民ファンドに対する出資等を行っています。**官民ファンド**とは、特定の政策目的のために国と民間が出資して時限を決めて設立した機関で、調達した資金を用いて目的に沿った民間の投資先に対して出融資を行い、その配当や収益を回収するものです。多くの官民ファンドは株式会社の形態を採っています。たとえば、オープン・イノベーションの推進を通じた次世代産業の育成を目指し、革新性を有する事業に投資することを目的とした産業革新投資機構や、利用料金収入により資金回収を行う PFI 事業に対し、民間資金の導入を促進し、インフラ投資の市場を育成することを目的とした民間資金等活用事業推進機構などがあります。存続期間があらかじめ決められている官民ファンドは、期間内で民間投資を誘発し、業務の完了により解散する予定となっています。

　官民ファンドが民間の投資先に出融資する際には、公的資金を活用していることに鑑み、政策目的に沿って効率的に運営されているか、資金供給のみならず、人材育成等の社会的便益（外部性）を考慮しているか、民間のリスクマネー供給との関係や役割分担が適切かといった観点を重視して投資を実行することが求められます。特に、官民共同での出融資であることが災いして、責任の所在があいまいにならないようにしなければなりません。

　以上を踏まえ、今後の財政投融資は、官民の適切な役割分担の下、産業競争力強化、イノベーション創出、インフラ輸出、中堅・中小企業の海外展開、インフラ投資、地域活性化の6分野を対象として、中長期のリスクマネーや成長資金の供給拡大を軸に、政策手段として活用することとされています。

8 国債

1 公債制度

1.1 公債の累増

　日本の公債残高は国と地方合わせて約1100兆円を超え、対 GDP 比で200％を超えて先進国の中でも際立って巨額になっています。ちなみに、公債とは、狭義では債券の形で発行される国債や地方債を指しますが、広義では国債や地方債だけでなく、借入金などあらゆる政府債務を含みます。これほど巨額の政府債務残高は、一朝一夕で生み出されたわけではありません。1998年度末では553兆円でしたから、この20年ほどでほぼ倍増しました。

　ここで、国債の定義の整理をしておきましょう。一般政府の債務残高の推移は第2章で言及しました。地方債残高の推移は第9章で言及します。

1.2 国債の種類

　そもそも**国債**は、国が発行し、利子と元本の支払（償還）を行う債券です。現在わが国で発行されている主な国債を発行根拠法別に分類すると、次

のようなものがあります。以下の国債が市場で発行され流通する際には、券面や取扱いは区別されることなく同一のものとなっています。

建設国債（四条公債）

　財政法第4条第1項但し書で規定され、その収入が一般会計における公共事業費、出資金、貸付金のために費やされる国債です。建設国債は、四条公債とも呼びます。建設国債を発行して財源をまかなう公共事業費の範囲は、毎年度、一般会計予算総則に明記して議決を受けなければなりません。

赤字国債（特例公債）

　一般会計において政策に必要な歳出に対し、税収等と合わせて建設国債を発行しても不足する財源を補う目的で発行する国債です。財政法では原則として認められていません。財政法での規定がないため、発行する際に**特例公債法**（財源確保法）を特別に制定しなければなりません。特例公債法は、赤字国債が発行され始めた1975年度から2011年度までは年度ごとに成立させていましたが、2012年度以降は時限を区切りつつ複数年度に及んで効力のある形で成立させています。ただし、建設国債・赤字国債とも、根拠法は異なりますが、一般会計予算総則で発行限度額を毎年度規定するのは同じです。

年金特例国債

　2009年度から基礎年金の国庫負担（第4章5節参照）の割合を2分の1に引き上げることとなり、国庫負担割合の引上げ分は税収によってまかなうことを想定していました。しかし、その財源を捻出できなかったため、2012年度と2013年度は一般会計において年金特例公債を発行することで財源を確保することとしました。2012年度特例公債法に基づき、2012年度と2013年度に発行されました。年金特例公債は、元来、税収によってまかなうこととしていた基礎年金国庫負担の財源であるため、消費税率を引き上げた2014年度以降、税率引上げ分の消費税収によって、2033年度までに元利償還されることとなっています。

復興債

　復興債は、復興財源確保法（東日本大震災からの復興のための施策を実施するために必要な財源の確保に関する特別措置法）に基づき、2011～2025年度に発行されることとされています。復興のための施策に必要な財源については、復興特別税（復興特別所得税と復興特別法人税）の収入等を活用して確保されることとされていますが、これらの財源が入るまでの間のつなぎとして復興債が東日本大震災復興特別会計で発行され、2037年度までに元利償還されることとなっています。

　復興債は、国会の議決を経た金額の範囲内で発行できるとされており、2012年度以降、その発行限度額は特別会計予算総則に記されています。

借換債

　建設国債と赤字国債、年金特例国債、復興債について、償還額の一部を借り換えるための資金を調達するために発行する国債です。特別会計法（特別会計に関する法律）に基づいて発行される借換債によって得た収入は、国債整理基金特別会計における収入となります。借り換えるために発行するのですが、対象となる国債はいったん償還され、借り換える分だけ新規に国債を発行する形で発行されます。

　建設国債・赤字国債、年金特例国債、復興債、借換債は、普通国債と位置付けられます。普通国債の元利償還の財源は、主として税によりまかなわれています。

財政投融資特別会計国債（財投債）

　財政投融資特別会計財政融資資金勘定において、財政投融資対象機関に対して貸し付けるための資金を調達することを目的として発行される国債です。この国債は、いわゆる**財投債**とも呼ばれます（第7章参照）。特別会計法を根拠として、国会の議決を経た金額の範囲内で発行することができます。また、発行時には、前述の普通国債と同じ券面で発行されるため、国債市場ではこれらは区別されずに発行、流通しています。

　この元利償還は、財政投融資特別会計財政融資資金勘定の負担において国

債整理基金特別会計に繰り入れる形で行われますが、財政投融資における貸付けからの回収金等により償還される仕組みを備えていることから、前述の借換債や特別会計法に基づく定率繰入れ（後述）の規定は適用されません。通常、普通国債と財投債の残高は区分して示されています。

1.3　減債制度

国債は発行した以上、満期がくれば償還しなければなりません。その償還に要する資金を確保するために減債制度があります。わが国の国債の償還方法は、借換と現金償還があり、国債整理基金を通じて行われます。借換は前に述べた借換債を発行することによって行われます。

国債整理基金とは、国債の償還財源を確保するために設置され、国債整理基金特別会計が実体です。国債整理基金特別会計では、一般会計で発行された国債の償還や借り換えだけでなく、他の特別会計で負った国債や借入金の償還も一元的に行っています。国債の償還にあたっては、それぞれの国債の発行根拠法に従って償還のルールが定められています。

このうち、建設国債と赤字国債の償還は、発行してから60年で償還し終えるという**60年償還ルール**が採用されています。それは、建設国債を発行して行った公共事業によって建設された公共施設などが、国民に便益を提供できる平均的な期間が概ね60年であることから、この期間内に現金償還を終了するという考え方に基づいています。

60年償還ルールは、原則として、前年度首国債残高の1.6％（＝約60分の1）に相当する額を、一般会計から国債整理基金特別会計へ定率繰入れすることによって、具現化しています。この定率繰入れは、一般会計歳出の国債費に含まれます（第3章2.2項を参照）。

60年償還ルールに基づく具体的な償還は、図8-1のようになります。たとえば、ある年度に600億円分を10年満期の国債で発行したとします。10年（＝60年の6分の1）後の満期到来時には、600億円の6分の1に相当する100億円分を現金償還し、残りの500億円分は借換債を発行します。この借換債も10年満期の国債で発行したならば、さらにその10年後（当初から20年後）には当初発行した600億円の6分の1に相当する100億円分を再び現金償

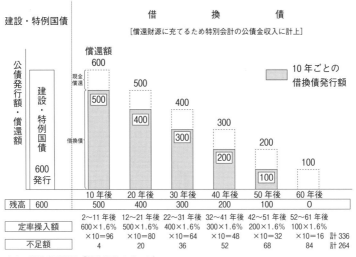

図 8-1　60 年償還ルールの概要

		2~11年後	12~21年後	22~31年後	32~41年後	42~51年後	52~61年後	
残高	600	500	400	300	200	100	0	
定率操入額		600×1.6% ×10=96	500×1.6% ×10=80	400×1.6% ×10=64	300×1.6% ×10=48	200×1.6% ×10=32	100×1.6% ×10=16	計 336
不足額		4	20	36	52	68	84	計 264

出典：財務省理財局「債務管理リポート」。

還し、残りの400億円は再び借換債を発行します。これを繰り返してゆき、当初の発行から60年後には国債はすべて現金償還されることになります[1]。

　なお、図8-1のように、毎年度の定率繰入れ額は前年度首の国債残高から算出されるため、国債残高の減少に伴い定率繰入れ額も減少し、定率繰入れだけでは現金償還額が手当てできません。このため、一般会計における歳計剰余金（第3章2.1項を参照）の繰入れ、予算繰入れ（特別の必要がある場合に一般会計から資金を繰入れること）などによって、追加的な財源を補って現金償還することになります。

　年金特例国債、復興債、財投債は、それぞれ特定した償還財源があるため、60年償還ルールは適用されません。

1）10年満期の国債に限らず、たとえば5年（＝60年の12分の1）満期の国債で発行したなら、その満期到来時には600億円の12分の1に相当する50億円分を現金償還し、残りは借換債を発行することになります。

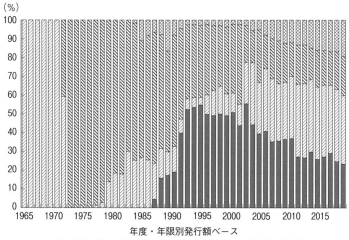

図8-2　普通国債発行額の償還年限別構成比

年度・年限別発行額ベース

■ 短期国債　▨ 中期国債　▨ 長期国債　▨ 超長期国債

資料：財務省「国債統計年報」。

1.4　国債の償還期限

　国債は、発行される際に償還されるまでの期限（満期）を定める必要があります。国債は、償還期限（償還年限）によって、次のように分類できます。

短期国債

　償還期限が1年以下の国債です。

中期国債

　償還期限が2年から6年の国債です。

長期国債

　償還期限が10年の国債です。10年債は、わが国における国債の中心的存在です。

超長期国債

償還期限が10年超の国債です。これまでに、15年債、20年債、30年債、40年債が発行されています。

図8-2は、普通国債の償還年限別発行額（決算ベース）の構成比の推移を示しています。これを見ると、国債が発行され始めた1965年度からは7年満期の国債（図では中期国債に分類）を発行していましたが、1971年度以降は長期国債（10年債）が主体となり、1980年代まで発行全体の大半を占めていました。1990年代に入ってからは満期構成を多様化させ、短期国債の構成比が増加しました。2000年代に入ると、中期国債と超長期国債の構成比が増加し、金融市場の自由化の流れを受けてさらに満期構成を多様化させました。1999年度から30年債、2007年度から40年債を発行しています。

COLUMN 8.1　利付債・割引債

　お金を借りる政府が、債権者に対して支払われる利息のことを、クーポン（利札）といいます。国債を発行する際、発行時にクーポン（利札）が付いているものを**利付債**、付いていないものを**割引債**と呼びます。割引債を、ゼロクーポン債とも呼びます。

　利付債には、固定利付債と変動利付債があります。固定利付債は、表面利率が発行当初に固定される債券です。表面利率（クーポンレート、利率）は、額面金額（元本の額）に対する1年分の利息（クーポン）の率で表されます。固定利付債では、債券発行後に、市場での金利水準が変わっても、利率は償還期限まで変動しません。固定利付債では、発行当初から固定された利率に応じて、利息が債権者に支払われます。

　債券発行時には、市場でついた価格（発行価格）が需給に応じて決まります。これにより、債券の購入者（債権者）にとっての収益率ともいえる応募者利回りが、次のように求められます。

$$応募者利回り＝\{表面利率＋（額面金額－発行価格）÷償還年数\} ÷発行価格$$

　債券が発行された後、購入者は別の者に債券を売却することができます。発行された債券を売買する市場を流通市場といいます。流通市場では、需給に応じて債券の価格が決まります。このとき、流通市場での購入者にとっての利回りを流通利回りとい

い、先の応募者利回りの式の分母にある発行価格を、流通市場での購入価格に置き換えた値になります。

　変動利付債は、債券発行後に、表面利率が変動する債券です。変動利付債の利率は、債券発行後に市場での金利水準が変わると、あらかじめ定められたルールに基づいて変動し、その変動した利率に応じて利息が債権者に支払われます。わが国の国債では固定利付債のほうが一般的です。

　割引債は、発行時に利息分を割り引いて発行し、償還期限が到来したときに額面金額が支払われる債券です。クーポンがないので、償還期限までの間に利息が支払われることはありません。額面金額と発行価格の差額（償還差益）が、事実上の利息となります。政府は、割引債で発行すると、発行価格の分だけ収入が得られ、償還時に額面金額の元本を返済します。たとえば、発行価格が96円として発行された額面100円の割引国債は、その差額4円が債権者にとっての償還差益となります。

　このように、債券市場での購入者の価格が高ければ債券の利回りは低く、価格が低ければ利回りは高くなります。国債の金利とは、一般的に、国債（流通）市場における利回りを指します。したがって、国債金利が上がるときには国債の価格が下がり、国債金利が下がるときには国債の価格は上がっています。

国庫短期証券

　2009年2月から、割引短期国債と政府短期証券は、国庫短期証券（Treasury Discount Bills、略称：T-Bill）という統一名称の下で統合発行され、市中で流通しています。

　そもそも、割引短期国債（Treasury Bills、略称：TB）とは、当該年度の財源を確保すべく発行される国債のうち、償還期限を6カ月または1年とした割引債です。これは、前掲の分類でいえば、短期国債に属します。

　他方、政府短期証券（Financing Bills、略称：FB）は、各会計において年度内で収入と支出の時期が食い違うことから、一時的な資金不足をまかなうための現金を調達するときに発行されるものです。その償還期限は原則として3カ月ですが、2カ月程度、6カ月、1年のものも発行されます。政府短期証券は、日本銀行引受けを禁止していないので、日本銀行が引き受ける形で発行することがあります。

　一般会計と一部の特別会計は、財政法や特別会計法等に基づき、国会の議

決を経た金額の範囲内において、政府短期証券を発行できます。政府短期証券には、国庫金の短期的な資金繰りのために財政法第7条を根拠として発行される財務省証券、財政融資資金に属する現金に不足があるとき財政融資資金法を根拠として発行される財政融資資金証券、外国為替資金特別会計（第3章 COLUMN3.1参照）で現金に不足があるときに特別会計法を根拠として発行される外国為替資金証券（為券）、主要食糧や輸入飼料の買入代金の財源に充てるために必要がある場合に特別会計法を根拠として発行される食糧証券（糧券）、国家備蓄石油の購入に要する費用の財源に充てるため、必要がある場合に特別会計法を根拠として発行される石油証券などがあります。

　もともとは、1998年度まで、大蔵省証券（現・財務省証券）、食糧証券、外国為替資金証券が、それぞれ別々に発行されていました。しかし、1999年度からこれらは、前述の根拠法の規定は残したまま、三券種を統合して政府短期証券として同一券面で発行されるようになりました。

　そして、2009年2月から、割引短期国債と政府短期証券は、国庫短期証券として統合発行されています。これは、市場における流動性を高めたり、発行や償還に伴う費用を抑制したりすることが狙いです。

1.5　物価連動国債

　わが国では、国債として、**物価連動債**（indexed bond）を2003年度に初めて発行しました。これまで発行されてきた国債は、物価変動を考慮しない名目の金額で元利償還の契約を行う名目債（nominal bond）でした。しかし、債務者である政府にとって、名目債はインフレーションが起こると実質債務価値が目減りして負担軽減となるため、政策当局には事後的にインフレを引起すインセンティブが生じます。過度なインフレは、経済全体に資源配分上歪みをもたらすため、望ましくありません。

　そこで、インフレのインセンティブを断つことができる公債として物価連動債の発想が生まれました。物価連動債は、実質債（real bond）とも呼ばれ、元利償還の金額を物価変動と連動する形で契約するため、債務者・債権者ともにその実質価値がインフレから中立になります。したがって、債務負

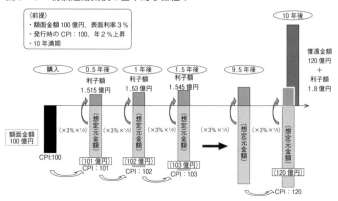

図8-3　物価連動国債の基本的な仕組み

注：CPIの上昇率について一定の仮定をおいたイメージ。
出典：財務省理財局「債務管理リポート」。

担軽減という目的のために政策当局がインフレを起こすインセンティブが抑制できます。このような利点を生かして、イギリスやアメリカなどでも物価連動国債が発行されています。

　わが国における物価連動国債の基本的な仕組みは、図8-3の通りです。たとえば、表面利率が年率3％の固定利付で、想定元本が消費者物価指数（CPI）に連動する10年満期の債券とします。満期までの間に、CPIは年率2％で上昇すると仮定します。このとき、発行当初の額面価額は100億円ですが、CPIの上昇に連動して実質価値が維持されるように調整される元本（想定元本）は、6カ月ごとに1％（＝2％×1/2）ずつ増加していきます。利息は6カ月ごとに想定元本に対して1.5%（＝3％×1/2）分支払われます。そうすると、図8-3のように、償還期限が到来する10年後には、国は1.8億円の利息を払い、120億円の想定元本を償還することになります。

　ただ、デフレーションが続く中、物価連動国債は2008年10月から2013年9月まで、発行をいったん停止しました。物価連動国債は、インフレによって債権者の資産価値が目減りすることに備えたものなので、債権者にとってのこの利点はデフレ下では逆に欠点となります。デフレ下では、債権者にとって名目債のほうが、資産価値が高まるからです。そうした要因もあって、物価連動債の需要が減り、発行がいったん停止されました。その後、デフレ脱

却後の経済状況等を踏まえ、償還時の元本保証を付した上で2013年10月から発行を再開しました。

2 国債管理政策

2.1 国債発行計画

国債は、発行する政府側からすれば借入による資金調達手段であるとともに、購入する金融機関や国民の側からすれば自らの資産の運用手段（金融商品）という性格があります。国債は、発行時には、政府による供給と、金融機関や国民による需要が均衡するところで価格が決まります。COLUMN 8.1にもあるように、国債の価格が決まれば、利回り（国債金利）が決まります。

発行する政府は、国債金利をより低くすれば、利払費を少なくできる恩恵が受けられます。他方、金融機関や国民といった債権者（国債の買い手）は、国債金利が高ければ、国債という金融資産からの運用収入が多く得られます。したがって、国債を市場で消化する以上、政府としてはできるだけ低い金利で発行したいものの、債権者が魅力を感じないほど金利が低くなってしまうと、国債を購入する者がいなくなって、市中消化が滞ることになります。しかも国債金利は、経済金融の情勢などによって変動するため、政府が国債を多く発行したい時期に金利が必ずしも低いとは限りません。

こうしたことから、国債は、発行すると意思決定してから、市中消化、流通、利払い、そして償還に至るまで、債権者が購入意欲を失わないように配慮しつつも、金利変動リスクを回避しながら、政府の資金調達コストをより少なくすることを心がけることが求められます。こうした国債にまつわる一連の運営方策が、国債管理政策と呼ばれるものです。

国債管理政策は、財政当局としてできるかぎり財政の負担の軽減を図りながら、国債が国民経済の各局面において無理なく受け入れられるよう、国債の発行、消化、流通及び償還の各方面にわたり行われる種々の政策、と位置付けています。特に、近年におけるわが国の財務省は、①国債の確実かつ円滑な発行、②中長期的な調達コストの抑制を、国債管理政策の基本目標とし

図8-4　金利の期間構造

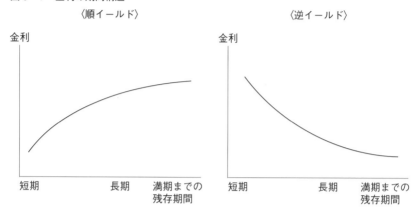

〈順イールド〉　　　　　　　　　　　　　　　〈逆イールド〉

ています。

　この基本目標に沿って、財務省は毎年度、予算政府案の閣議決定にあわせて、その年度の**国債発行計画**を公表します。国債発行計画では、新規財源債（新発債）と借換債を含む国債発行総額の発行根拠法別発行額や償還年限構成別発行額などが示されます。補正予算で国債が増発される際には、これにあわせて国債発行計画も変更され、財務省から公表されます。

2.2　国債金利の期間構造

　本章1.4項で述べたように、国債は償還年限を定めて発行します。ただ、長期国債で借りても、短期国債を借り換え続けても、資金調達コストが同じならば、償還年限の構成はどうであっても無差別になります。たとえば、2年満期の国債を発行したときの調達コストと、1年満期の国債を発行して1年後再び1年満期の国債で借り換えて2年間借りたときの調達コストが同じならば、今年度において1年債で発行しても2年債で発行しても違いはありません。

　償還年限の構成に意味があるか否かは、国債市場での国債金利（利回り）の決まり方に依存しています。国債の利回りと満期までの残存期間との間にみられる関係を、**国債金利の期間構造**と呼びます。国債金利の期間構造は、通常、図8-4のように、縦軸に市場での金利（利回り）、横軸に満期までの

残存期間をとって、両者の関係を表します。その図中に現れる曲線を**イール**
ドカーブと呼びます。

　イールドカーブは、右上がりになったり右下がりになったりします。図8
－4の左側の図のように右上がりの場合を順イールドと呼び、残存期間が短
い債券の利回り（短期金利）よりも長期金利のほうが高い状態で、将来の金
利が上昇すると予想される局面や、（それと連動して）将来の景気がよくな
ると予想される局面で現れるといわれています。逆に、図8－4の右側の図
のように右下がりの場合を逆イールドと呼び、短期金利のほうが長期金利よ
りも高い状態で、将来の金利が低下すると予想される局面や、（それと連動
して）将来の景気が減退すると予想される局面で現れるといわれています。
しかし、これらのイールドカーブの形状は、将来の景況だけでなく、金利動
向に影響を与える金融政策の運営スタンスにも依存します。

　金利の期間構造に関する仮説には、次のような仮説があります。第一に、
純粋期待仮説で、長期金利が現在と将来おける短期金利の期待値の平均に等
しくなる、とする仮説です。第二に、市場分断仮説で、債券市場は残存期間
別に分断されており、特定の残存期間を持つ債券の利回りはそれらの需給で
決まる、とする仮説です。第三に、流動性プレミアム仮説で、残存期間が長
いほど金利に付されるリスク・プレミアムが大きく、より高い金利となる、
とする仮説です。

　諸仮説と国債管理政策の関係を言及すれば、次のようになります。純粋期
待仮説が成り立つとき、国債管理政策（償還年限の選択）は無効となりま
す。なぜならば、純粋期待仮説が成り立てば、長期国債を発行しても、短期
国債を数度にわたり借り換えても、利回りは同じなので、短期国債の発行と
長期国債の発行はどちらも同じ（無差別）となるからです。また、政府の国
債発行・償還が実際に行われている下で、国債市場において純粋期待仮説が
成り立つということは、いま採られている国債の発行・償還スケジュールが
純粋期待仮説の成立を妨げないといえることから、政府が国債をどのタイミ
ングで発行・償還しても、短期国債の発行と長期国債の発行は無差別となり
ます。逆に、純粋期待仮説が必ずしも成り立たないとき、国債管理政策（償
還年限の選択）は有効（意味を持つ）になります。

これらの仮説について、わが国の国債市場のデータを用いて実証分析を行った研究によると、純粋期待仮説は厳密な意味で成立しておらず、長短金利の間には何らかの意味を持つプレミアムが認められています。このことから、わが国の国債の年限構成が金利などへの経済効果を持つという意味で、国債管理政策は有効といえます。

　償還年限が長いと、固定利付債ならしばらくの期間ずっと同じ利率で利払費が生じます。金利が高い局面で償還年限が長い国債を発行すると、長年にわたり多くの利払費が必要となり、中長期にわたり調達コストがかさみます。金利が低い局面で償還年限が長い国債を発行できれば、中長期的に調達コストを抑制することができます。しかし、金利が将来上がると予想される局面なら、債権者は低い固定金利で長期国債を購入することには躊躇するでしょう。そのため、低金利で大量に国債を発行できるかどうかは、国債市場の状況次第です。

　景気循環の関係から、しばしば好況期には金利が高く、不況期には金利が低くなります。イールドカーブが順イールドならば、短期金利が長期金利よりも低いことから、中長期的に調達コストを抑制するには、金利が高い好況期には長期国債を避けて短期国債を多く発行し、金利が低い不況期には長期国債を発行するという年限構成が考えられます。しかし、イールドカーブがつねに順イールドであるとは限らず、逆イールドになる局面もあるので、好況期には短期国債を、不況期には長期国債をより多くするのがつねに望ましいとは限りません。

　また、特定の年度に満期が到来する国債が集中すると、償還財源の確保に苦慮するだけでなく、借換債を含む国債を大量に発行しなければならないため、国債市場における円滑な発行が困難になる可能性もあります。

　国債管理政策は、このように、金利変動リスクを認識しつつ、国債市場において円滑に発行できるよう債権者の需要を見極めながら、中長期的に調達コストが抑制できるように、発行時の償還年限の構成と発行額を決めています。わが国の実情としては、既に図8-2で示した通りです。

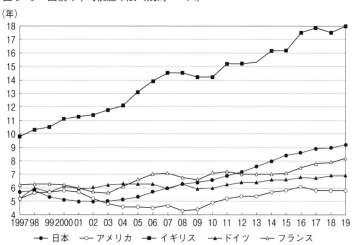

図8-5　国債の平均償還年限（残高ベース）

(年)

凡例：国債の平均償還年限
● 日本　─△─ アメリカ　─■─ イギリス　─▲─ ドイツ　─△─ フランス

資料：財務省理財局「債務管理リポート」等。

2.3　償還年限の構成

　国債を発行する政府からみた金利変動リスクは、発行時もさることながら、60年償還ルールに基づき借り換えるときにも直面します。借り換え前に低金利で借りられていても、借換時に高金利でしか借りられなければ、中長期的に調達コストを抑制することができません。その意味では、償還年限が長いほうが、借り換える回数が減るため、借換時に金利が上昇して調達コストが上昇するリスクを抑えられるでしょう。

　借換リスクを評価する際の一般的な指標として、国債の平均償還年限（既存の国債の償却年限を残高で加重平均したもの）がよく用いられます。日本では、市場参加者の意見も踏まえ、年限間のバランスのとれた増額・減額を行うことにより平均償還年限の長期化を図っていますが、一般的に他の先進国でも平均償還年限を長期化する傾向にあります。先進5ヵ国における国債残高の平均償還年限を示した図8-5を見ると、2007年夏以降アメリカのサブプライムローン問題に端を発した世界金融危機の前に比べて、いずれの国でも長期化が図られています。日本を含めほとんどの国は、平均償還年限が6～9年程度となっている中、超長期国債の発行割合が高いイギリスは15年

超と突出しています。

COLUMN 8.2　金利がゼロであるうちに国債を増発してよいか

　2010年代は、日本銀行が量的・質的金融緩和（第 2 章1.6項や第 3 章 COLUMN 3.2参照）をとったこともあって、国債金利がほぼゼロでした。金利がゼロであるときに国債を増発すれば、財政での金利負担が軽くなるから、金利がゼロであるうちに国債を大量に増発しておけばよいとの見方があります。

　確かに、住宅ローンには、長いもので30年満期で固定金利のローンがあって、一度借りれば満期まで金利は上がりません。一国民が長期で固定金利の住宅ローンが借りられるのだから、政府にも同じことができるはずだ、と思われているようです。

　しかし、実際には、前述のように政府は30年満期の国債を出してはいますが、構成比としては多くありません。図 8 - 6 には、2018年度末における普通国債残高の残存期間別の構成比を示しています。これによると、残高ベースでみて、残存期間が10年以下の国債が約 7 割を占めていて、残存期間が20年超の国債は約 1 割しかありません。それだけ、長い満期の国債を発行できていないということです。

　なぜ超長期国債をもっと発行できないのでしょうか。それは、国債を市中で購入する民間金融機関等にそれだけニーズがないからです。国債を購入した民間金融機関等は、国債の流通市場で売却できますが、欲するときに望む価格で売れる保証はありません。価格が低ければ、売却損が出る場合もあります。そうすると、短期的に資金を運用したい金融機関等からすれば、わざわざ超長期国債をいったん購入して、運用期限が来たところで流通市場で売却するよりも、あらかじめ満期が短い国債を購入して満期が来るまで持ち続けたほうが売却損が生じなくてよいことになります。超長期国債を保有し続けたい金融機関には、個人年金を扱う保険会社や企業年金を扱う金融機関があって、ある程度のニーズはあります。しかし、結果的に、政府が超長期国債を大量に発行できないのは、金融機関等のニーズがその程度にしかないからです。

　したがって、そんな市況で、100年満期の国債を大量に増発しようにも、買い手がうまくつかないため非現実的です。政府が意のままに満期構成を操れるわけではないのです。

　仮に超長期国債を市中でいったん発行した後に日銀が買い入れるとしても、第 3 章 COLUMN 3.2で示したように、デフレから脱却できれば、日銀は保有する国債を市中に売ることになり、その際に民間金融機関のニーズに合わなければ、価格を下げてでも国債を売らざるを得なくなり、それは国債金利の上昇を招きます（COLUMN 8.1参照）。

超長期国債が大量に発行できなければ、満期が10年の長期国債や中期国債などを、国債市場のニーズに合わせて発行することになります。そうなれば、長くて10年程度の期間は金利がほぼゼロという形で国債金利の負担を軽くする恩恵が享受できますが、その後も続く保証はありません。

　図8-6に表されているように、政府は10年以内に残高の7割に相当する国債を借り換えなければなりません。そのときに、デフレから脱却していると、国債金利はもはやゼロではなくなります。もし金利がほぼゼロのときに国債を増発していれば、この借換時にゼロでないプラスの金利がつく形でその後の利払費を多く負担しなければならなくなります。60年償還ルールを踏まえると、金利負担の増加の影響は長く続きます。

　金利がゼロだからといって国債を大量に増発すると、市場のニーズに応じて超長期国債を大量に発行できないため、金利負担軽減の恩恵は短い期間でしか享受できず、借換後に重い金利負担を負わされ続けることになるのです。

図8-6　普通国債残高の残存期間別構成比（2018年度末）

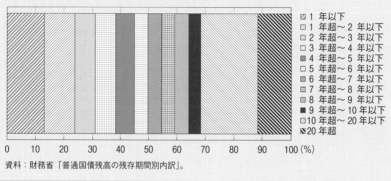

資料：財務省「普通国債残高の残存期間別内訳」。

3　公債の中立命題

3.1　国債管理政策と公債の中立命題

　前節での国債管理政策は、公債の中立命題が成り立つときには、政策を講じても実質的なマクロ経済変数は変化しないため、意味をなさなくなります。公債の中立命題が成り立つならば、増税と公債発行は無差別となり、どの時点で増税するか、あるいはどの時点で公債を発行したり償還したりする

かは、経済全体に何ら影響を与えないことになります。

公債の中立命題（等価定理）とは、公債が発行されてその償還時には増税される、と経済主体が正しく期待を形成するならば、政府支出を公債でまかなっても租税でまかなっても、経済主体の行動に差異は生じず、公債と租税は同じ経済的効果を持つという命題です。その提唱者の名を冠して、リカード＝バローの中立命題と呼ぶこともあります。

公債の中立命題はなぜ成立するのでしょうか。いま、現在と将来の2期間を生きる家計がいて、現在と将来にそれぞれ必要な政府支出を租税か公債かでまかなうとします。家計は、政府が現在と将来においていくら税負担を課すかを織り込んで、現在から将来にかけての生涯を通じた効用（生涯効用）を最大化するように、現在と将来の各期の消費量を決めます（効用は消費が増えるほど高まります）。第6章3節で扱った理論と同じ背景です。簡単化のため、家計は現在の消費と税負担をまかなってもなお余る分を将来に貯蓄できる状態であると仮定します。そして、政府が後述する政策変更を行う前には、生涯効用を最大化できる現在と将来の消費量を選んでいるとします。

そこで、政府が、当初予定していたよりも現在の税負担を増やす代わりに、将来の税負担を軽くする政策に変更したとします。このとき、家計は何ら対応しなければ、現在の可処分所得が減り、将来の可処分所得は増えます。このままだと、現在の消費を減らして将来の消費を増やすことになりますが、そうすると、生涯効用が低下してしまいます[2]。この効用の低下を避けるには、現在から将来への貯蓄を減らして、現在の消費が減らないように調整する必要があります。そうして、政策変更前に生涯効用を最大化するよ

---

2) これには限界効用逓減の法則が作用しています。限界効用逓減の法則に基づけば、消費量が増えるほど効用は高まるものの、限界効用（消費量が追加的に1単位増えたときの効用の追加的な上昇分）は下がります。つまり、消費量が少ないときには限界効用が高く、消費量が多いときには限界効用が低くなります。したがって、家計が選択したある消費量よりも、少し（限界的に）消費量を増やすと少ししか効用が高まらないのに対して、消費量を少し減らすとそれより大きく効用が低下します。そうなると、現在消費によって得られる現在の効用と、将来消費によって得られる将来の効用を加味した生涯効用水準は、将来消費を少し増やすことで得られる限界効用（効用の増加分）よりも、現在消費を少し減らすことで失う限界効用（効用の減少分）のほうが大きいことを意味するので、両者を合わせると生涯効用が低下することになります。

うに選択した現在消費と将来消費の組み合わせを維持します。

　他方、政府が当初予定していたよりも現在の税負担を減らす代わりに公債を発行し、その償還を将来の税負担を重くすることでまかなう政策に変更したとします。このとき、家計は何ら対応しなければ、現在の可処分所得が増え、将来の可処分所得は減ります。このままだと、現在の消費を増やして将来の消費を減らすことになりますが、そうすると、生涯効用が低下してしまいます。この効用の低下を避けるには、現在から将来への貯蓄を増やして、将来の消費が減らないように調整する必要があります。そうして、政策変更前に生涯効用を最大化するように選択した現在消費と将来消費の組み合わせを維持します。つまり、将来の公債償還時の増税に備えるかのように、家計が貯蓄を増やし、結果的に将来消費が減らないように行動しています。したがって、公債を増発しても、現在の可処分所得が増えた分だけ貯蓄を増やすので、現在消費は増えないのです。

　このように、同じ額の政府支出に対して、公債を発行しても租税でまかなっても、結局家計の消費行動に変化が生じないことから、課税と公債発行には差がなく、経済全体において中立的となります。

　公債の中立命題が成立すると、財源調達を公債でまかなっても租税でまかなっても、経済全体に対する実質的な効果は同じです。したがってこのとき、公債でまかなうときと租税でまかなうときを区別するような政策や概念は意味がなくなります。中立命題が成立するときにマクロ経済的に意味がなくなる政策や概念としては、減税政策、公債発行額、公債残高、公債の負担、内国債と外国債の区別、財政の持続可能性（本章4節で後述）、国債管理政策、年金政策、クラウディング・アウト効果（第11章で詳述）などが挙げられます。

　中立命題が成立するとき、内国債（自国内で発行する国債）でも外国債（外国で発行する国債）でも、公債発行に伴って得た財源は、その分家計が貯蓄して償還時の増税に備え、その償還財源はそのまま公債保有者に返されるだけなので、どちらも同じです。また、政府支出を公債でまかなっても、償還に備えて政府支出と同額の消費を減らして貯蓄するため、クラウディング・アウト効果は生じません。

ただし、これらの政策は中立命題が成立するときに経済全体で意味がなくなるのであって、各経済主体間でミクロ経済的な政策の影響があることを否定するわけではありません。たとえば減税政策で、高所得者層よりも低所得者層を重点的に減税する政策を採ったならば、経済全体でのマクロ的な効果はなくても、ミクロ的な影響はあります。

3.2　公債の中立命題が成立しないとき

　親の世代のときに公債を発行するが償還するのは子の世代である場合、子の世代は償還のための増税の負担を負うことになります。このとき、親が償還時の増税に備えて子に遺産を残すとします。これに伴って、公債を発行したときの親の消費は租税でまかなったときと同じく減少します。したがって、公債の償還が世代を超えても、公債と租税は同じ経済効果を持つことになります。

　公債の中立命題が成り立つためには、以下で説明する重要な強い仮定を前提としています。したがって、それらの仮定が成り立たない場合は、実際の経済で中立命題は成り立たないこととなります。

① 　民間の経済主体が流動性制約に直面するとき

　民間の経済主体が流動性制約（借入制約）に直面するときは、家計が効用を最大化する消費量を消費したくても制約があって消費を抑制せざるを得ない状況にあります。このときに公債を発行して減税政策をすると、それだけ家計の可処分所得が増加し、消費が増える可能性があります。つまり、公債と租税（増税政策）は無差別にはなりません。

② 　政府が歪みのある租税を課税するとき

　政府支出の財源調達のために、政府が資源配分に歪みが生じる租税を用いた場合、第6章でみたように、税率を高めるほど課税による超過負担が大きく生じます。すると、公債を多く発行して償還時により高い税率で歪みのある租税を課税すると、それだけ超過負担が生じ、消費可能な資源が減ってしまいます。このとき、公債と租税は無差別にはなりません。

③ 民間の経済主体の政策に対する予想

公債を発行するときに、経済主体は「政府は将来、償還のために増税をする」という予想をし、かつその予想通りに政府が政策を行うときに限り、中立命題は成立します。もし経済主体が増税するという予想をしなければ、公債を発行する時点で増税に備えて消費を減らそうとはせず、公債と租税は無差別にはなりません。

④ 子思いでない親

世代を超えた公債の中立命題の場合、親が償還時の増税に備えて子に遺産を残すときに限り、中立命題が成立します。親が子のことを考えず遺産を残さなければ、世代を超えた公債の中立命題は成立しません。

近年、わが国の経済において公債の中立命題に関する実証分析をした研究によると、わが国では公債の中立命題は必ずしも成立していないという結果を得ています。この結果から、わが国において国債管理政策が無意味であることが自明ではなく、その有効性を議論する意義があることが示唆されます。

4　財政の持続可能性

4.1　財政の持続可能性の定義

国債管理政策は、いくら中長期的な調達コストを抑制しようにも、国債残高が累増し続ければ、残高の増加に伴い利払費も際限なく増えてしまいます。この観点から見れば、国債残高をいかに抑制するかも、重要な課題です。

1990年代以降、わが国の政府債務は未曾有の規模にまで累増しました。さらに、今後の高齢化の進展に伴い、社会保障関係費の増加による財政の硬直化が懸念されています。こうした状況下で、わが国は財政が将来的に持続可能なのか疑問視される厳しい事態を迎えています。ただ、財政の持続可能性については、主観的な論評ではなく、客観的な分析によって深く検討されな

ければなりません。

　そこでこの節では、財政の持続可能性についての考え方を整理し、今後の財政運営のあり方について検討します。

　財政の持続可能性の焦点は、公債残高を一時的に累増させたとしても、それを後の財政収支黒字で十分に償還できるか否かです。財政収支を黒字にするには、税収を増やすか政策的経費を減らすかによって実現できます。それができなければ、既存の公債を償還することはできません。それを確認するべく、政府の予算制約式をさらに考察しましょう。

　そもそも、政府の予算制約式、すなわち歳入＝歳出の関係は、

$$税収等＋公債発行収入＝政策的経費＋公債費 \tag{1}$$

と表現できます。ここでいう政策的経費とは、公債費を除く歳出のことで、第3章2.2項で触れた基礎的財政収支対象経費と同じです。これを書き換えると

$$税収等－政策的経費－公債費－公債発行収入 \tag{1'}$$

となります。ここで、左辺の「税収等－政策的経費」は、基礎的財政収支（プライマリー・バランス）を意味します。基礎的財政収支は、第2章2.7項でも触れました。基礎的財政収支が黒字であれば、税収が公債費を除く歳出を上回っていて、上回っている税収の分を公債償還に充てて公債残高の増加を食い止める程度に余裕があることを意味します。基礎的財政収支が赤字であれば、税収が公債費を除く歳出を下回っており、その不足分を公債発行に頼らざるを得ないため、公債残高が増加します。

　政府の予算制約式(1')式において、「公債費＝公債償還費＋利払費」と表せ、「利払費＝公債利子率×前年度末公債残高」、そして「公債発行収入－公債償還費＝今年度末公債残高－前年度末公債残高」と表せます。したがって、

$$基礎的財政収支＝(1＋公債利子率)×前年度末公債残高$$
$$－今年度末公債残高$$

と表せます。

ここで、現在を t 期として、t 期以降の将来にわたる政府の予算制約式を考えてみましょう。公債利子率を、簡単化のために毎期一定 r であると仮定します。t 期の政府の予算制約式は

　　t 期の基礎的財政収支 $=(1+r)\times t-1$ 期末公債残高 $- t$ 期末公債残高

です。そして、$t+1$ 期の政府の予算制約式は、

　　$t+1$ 期の基礎的財政収支 $=(1+r)\times t$ 期末公債残高
　　　　　　　　　　　　　　$-t+1$ 期末公債残高

さらに、$t+2$ 期の政府の予算制約式は、

　　$t+2$ 期の基礎的財政収支 $=(1+r)\times t+1$ 期末公債残高
　　　　　　　　　　　　　　$-t+2$ 期末公債残高

と、$t+1$ 期以降 $t+n$ 期までの政府の予算制約式を表し、これらを合算すると、

$$t \text{ 期末公債残高} = \frac{t+1\text{期の基礎的財政収支}}{1+r} + \frac{t+2\text{期の基礎的財政収支}}{(1+r)^2}$$
$$+ \cdots + \frac{t+n\text{ 期の基礎的財政収支}}{(1+r)^n} + \frac{t+n\text{ 期末公債残高}}{(1+r)^n} \quad (2)$$

となります。(2)式の右辺の基礎的財政収支に関する項は、$t+1$ 期から $t+n$ 期までの基礎的財政収支の現在価値を意味します。そして、(2)式右辺の最後の項は、$t+n$ 期末公債残高の現在価値を意味します。

　この式に基づいて、t 期末公債残高をその後の基礎的財政収支黒字で十分に償還できるか否かを検討しましょう。たとえば、わが国における国債の60年償還ルールが意図しているように、将来のいずれかの時期までに公債を完済する財政運営にコミットしているならば、将来のいずれかの時期（これを $t+n$ 期とします）までに、t 期末にあった公債残高はゼロになっているはずです。$t+n$ 期末公債残高をゼロにする財政運営を行うということは、

$$t\,\text{期末公債残高} = \frac{t+1\text{期の基礎的財政収支}}{1+r} + \frac{t+2\text{期の基礎的財政収支}}{(1+r)^2}$$

$$+ \cdots + \frac{t+n\text{期の基礎的財政収支}}{(1+r)^n} \tag{1''}$$

となることを意味します。これは、t 期末の公債残高を、その後の基礎的財政収支黒字（の現在価値相当分）で完済することを意味します。このような財政運営は、財政赤字の増加を放置せず、責任を持って公債を完済している意味で、公債は持続可能であるといえます。これを、財政は持続可能であるともいいます。別の表現を用いれば、

$$\frac{t+n\text{期末公債残高}}{(1+r)^n}\text{の極限値} = 0 \tag{3}$$

とする財政運営であるといえます[3]。これは、ハミルトンとフレイビンらが論じた、**財政の持続可能性**の議論でも用いられた定義であり、マクロ経済学における非ポンジ・ゲーム条件（あるいは横断性条件）でもあります。このように、基礎的財政収支は、財政の持続可能性と密接に関連しているのです。以後、財政の持続可能性の議論は、(3)式が成立するか否かを中心に考えます。

4.2 財政の持続可能性と公債の中立命題との関係

公債の中立命題が成り立つ状況であれば、財政が持続可能であることは自明です。なぜならば、公債の中立命題が成り立てば、政府支出の財源調達手段として公債であっても租税であっても、通時的にマクロ経済の消費に影響を与えず、各時点での公債残高は単に将来へ繰り延べた租税負担を表しているに過ぎず、かつ民間の経済主体はその租税負担に備えて貯蓄しており、残

3）(3)式を厳密に示せば、$\lim_{n \to \infty} \frac{t+n\text{期末公債残高}}{(1+r)^n} = 0$ となります。つまり、無限先の将来における公債残高の現在価値がゼロになるという状態で、これが満たされれば財政は持続可能であるといえます。

高が多くても持続不可能になることはないからです。したがって、財政の持続可能性が問題となるのは、マクロ経済において公債の中立命題が成り立たない状況です。

ただ、本章3.2項でも述べたように、わが国では公債の中立命題が完全には成立していないことから、わが国において財政が持続可能であることは自明ではないといえます。

4.3　財政の持続可能性と動学的効率性との関係

さらに財政の持続可能性を議論する際に注意しなければならないことは、動学的効率性を満たしていない経済では、財政の持続可能性条件を満たしていなくても財政が破綻することなく公債を発行し続けることができる点です。

動学的効率性とは、現在から将来にかけての異時点間において、資源配分がパレート最適（効率性）である状態のことです。動学的効率性に関する最も単純な条件では、利子率が経済成長率よりも高いとき、動学的効率性が満たされます（マクロ経済学において、不確実性のない決定論的経済モデルを前提とした場合の条件です）。もし利子率が経済成長率（長期的には人口成長率に近似）よりも低ければ、官民を問わず、現在、借金をして設備投資したり消費したりしても、その借金を後世にねずみ講式に先送りしていくだけで、利払いがかさむよりも速いスピードで GDP（人口）が増加していくので、対 GDP 比でみた（あるいは１人当たりの）借金残高は年を追うごとに減少します。そのため、現在借金をすればするほどパレート改善（誰かの効用を下げることなく他の人の効用を上げることができる）できます。したがって、利子率が経済成長率（人口成長率）よりも低いときは、動学的に（現在から将来にかけて）効率的（パレート最適）ではありません。

そこで、財政の持続可能性と動学的効率性の関係について、直感的にいえば、公債利子率が経済成長率（人口成長率）よりも低いという経済で動学的効率性が満たされていない状況下では、公債を後世にねずみ講式に先送りしていくだけで、対 GDP 比でみた（あるいは１人当たりの）公債残高は年を追うごとに減少し、財政は破綻しないという意味で、財政は持続可能である

といえます。したがって、経済で動学的効率性が満たされていなければ、財政が持続可能であることは自明です。財政の持続可能性が問題となるのは、経済で動学的効率性が満たされている（現在から将来にかけて資源配分がパレート最適である）ときです。

4.4　ドーマーの持続可能性条件

これに近い考え方で、財政の持続可能性の条件として比較的有名なものに、提唱者の名を冠したドーマーの条件があります。**ドーマーの条件**は、公債残高増加率を経済成長率よりも低くすれば、将来的に公債残高の対 GDP 比が発散するほど大きくならないから、財政は持続可能である、というものです。さらに派生して、基礎的財政収支をゼロにする財政運営を続けているときには、公債利子率が経済成長率よりも低ければ、財政は持続可能である、という条件があります。

この条件がどうして導かれるかを吟味しましょう。政府の予算制約式(1')式において、「公債費＝公債償還費＋利払費」、「利払費＝公債利子率×公債残高」、「公債発行収入－公債償還費＝公債残高の純増分」と表されるため、(1')式は、

基礎的財政収支＝公債利子率×公債残高－公債残高の純増分

と書き換えられます。基礎的財政収支をゼロとするとき、この式は

公債利子率×公債残高－公債残高の純増分 ＝ 0

となります。そこで、両辺を公債残高で割れば、「公債利子率＝公債残高増加率」といえます。（公債残高の純増分÷公債残高は公債残高増加率です）。

そもそも、公債残高増加率が経済成長率よりも低ければ、公債残高対GDP 比が低下するから、公債残高は無限に発散せず、財政は破綻しません。ただ、持続可能性の条件として一般に流布している「公債利子率が経済成長率よりも低い」という条件は、上記のように、公債利子率と公債残高増加率が等しいこと、すなわち基礎的財政収支がゼロのときを前提とした議論です。基礎的財政収支がゼロのときに限り、公債残高増加率と公債利子率が等しいことを利用して、公債利子率と経済成長率の大小を比較して財政の持続

可能性が議論できるのです。

しかし、前項で述べたように、公債利子率が経済成長率よりも低い状態とは、経済全体で動学的に（パレート）非効率な状態です。言い換えれば、このドーマーの持続可能性条件は、単純化していえば、経済全体で動学的に非効率か否かをみたものに過ぎません。前述のように、動学的に非効率な経済であれば、財政が持続可能であることは自明です。さらにいえば、動学的に非効率な経済では、資本蓄積はこれ以上増やさないほうが望ましく、設備投資をやめて今ある資産を食いつぶすように消費したほうが現在だけでなく将来の効用が高まります。ですから、政策的含意として、「財政を持続可能にするために、ドーマーの持続可能性条件を満たすような政策運営をする」ということは、「設備投資をやめて今ある資産を食いつぶすように消費したほうが、望ましい経済状態になる」ということを意味します。つまり、経済全体を動学的にパレート効率的でないという望ましくない状態にすれば、財政が持続可能になるという奇妙な帰結になってしまいます。

そう考えれば、ドーマーの持続可能性条件が成り立たないからといって、財政が持続可能でないと断じるのは早計です。さらに逆にいえば、ドーマーの持続可能性条件さえ成り立てば財政は持続可能で、増税の必要はないということも、経済全体を考えれば意味をなしません。動学的に効率的な経済状態であるときでも、財政が持続可能となる条件でもって判断するのが現実的であるといえます。

4.5 ボーンの持続可能性条件

財政の持続可能性について、近年、新たな条件が示されました。その提唱者の名を冠した**ボーンの条件**は、前年度末（今年度初）公債残高対 GDP 比が上昇したときに、基礎的財政収支対 GDP 比が上昇（改善）することです[4]。これが意味するところは、公債残高がそれほど多くないときに基礎的

4）ただし、この条件はあくまでも財政の持続可能性に関する十分条件です。また、この条件は、公債残高対 GDP 比の水準いかんに関わらず成り立ちます。したがって、公債残高対 GDP 比がどの水準以上に達すると持続不可能かという議論は、この条件からいえば無意味です。

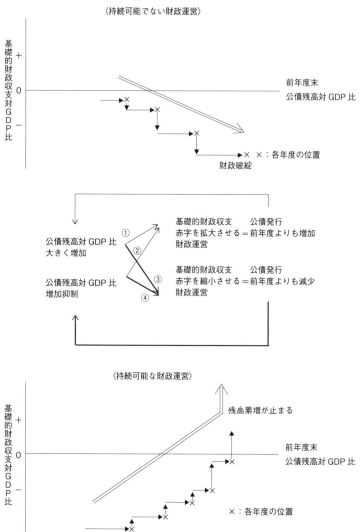

図8-7 財政の持続可能性を担保する財政運営

財政収支が赤字であっても、原則としてGDPに比して公債残高がある水準以上大きくなったときには基礎的財政収支を改善させるように財政運営し、かつその運営ルールから大きく逸脱することがなければ、財政は持続可能で

あるということです。

　ボーンの条件が示唆することを直感的に説明すると、図8-7のようになります。ある時期に基礎的財政収支が赤字であっても、対 GDP 比でみて、公債残高がある程度多くなったときには基礎的財政収支を改善するように財政運営し、かつその運営ルールから大きく逸脱することがないならば、財政は持続可能である（財政は破綻しない）といえます。なぜなら、前年度末の公債残高（対 GDP 比）が大きくなっても、今年度に基礎的財政収支の赤字幅を縮小するような財政運営をすれば、公債残高の増加が前年度よりも抑制され、この運営を続ければ、やがて基礎的財政収支は黒字に転じ、そうなれば税収は公債費を除く歳出をまかなっても余剰が生じ、それを公債残高を減らすために充てることができ、公債残高がある水準以上には累増しなくなるからです。これを示しているのが、図8-7の下のグラフです。

　逆に、前年度末公債残高が増加して、今年度の基礎的財政収支の赤字幅を拡大するような財政運営をすれば、公債残高の増加がさらに大きくなり、この運営を続ければ、やがて公債残高が償還しきれないほどに累増します（持続可能でなくなります）。これを示しているのが図8-7の上のグラフです。

　したがって、財政破綻を避けるためには、前年より公債残高（対 GDP 比）が大きくなれば、今年度の基礎的財政収支を改善するという財政運営にできるだけ早く転換すべきです。より具体的にいえば、公債残高が増加し続ける現在や近い将来において、持続可能でない政策運営（図8-7中段の①や②）を改め、基礎的財政収支を継続的に改善していく財政運営（図8-7中段の③や④）にコミットすることが、財政破綻を回避するために重要です。

　この観点から、わが国の基礎的財政収支と公債残高の関係を対 GDP 比でみたものが、図8-8です。図中の数字は西暦年数の下2桁を表しています。図8-8によると、1980年代に「増税なき財政再建」（第2章1.4項参照）が実施された時期に、両者は右上がりの関係を示しています。しかし、1990年代以降、両者は趨勢的に右下がりの関係になっており、ボーンの持続可能性条件から逸脱する動きとなっており、財政が持続可能でなくなる方向に向かう財政運営になっていたと考えられます。ただ、2002～2006年頃や最近で

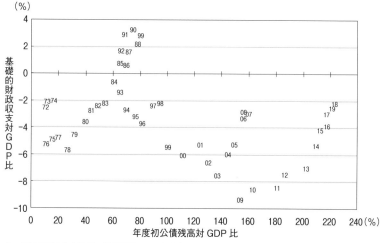

図 8 - 8 日本（一般政府）の財政の持続可能性

注：西暦年下 2 桁を表示。特殊要因による収支変動の影響を除去している。
資料：OECD Economic Outlook.

は、両者は右上がりの関係を示しています。第 2 章 1 節でも説明したように小泉純一郎内閣の末期に、国と地方の基礎的財政収支を2011年度までに黒字化するとの目標を掲げました（しかし、2008年に頓挫）。また、第 2 次以降の安倍晋三内閣でも、2013年に国と地方の基礎的財政収支を2020年度までに黒字化する目標を掲げ（2017年に消費税率引上げによる増収分を教育無償化等にも追加して充てることとしたために断念）、2018年にはその黒字化目標の達成年次を2025年度とすることを閣議決定しました。これらの目標は、ボーンの条件に適ったものといえます。とはいえ、黒字化目標は近い将来いずれの時期において達成しなければなりません。

5 課税平準化政策

5.1 課税平準化理論

　財政を持続可能にする財政運営は重要です。とはいえ、政府支出の財源を一切公債でまかなわずに財政運営することも、非現実的です。そこで、公債の中立命題が成り立たない状況下で、いつどれだけ公債を発行すればよいか

についての議論を紹介しましょう。公債発行を適切に選択すれば、家計の効用をより大きくすることができます。この問題について効率性の観点から提起されたのが、課税平準化（tax smoothing）の理論です。それは、第6章で紹介した最適課税論の論理を応用して、政府支出の財源として超過負担ができるだけ生じないように課税し、それでも不足する分には公債を発行するのが望ましいという考え方です。

特に、最適課税論の論理に基づくと、第6章のCOLUMN 6.1で説明したように課税に伴う超過負担（死荷重）は税率の2乗に比例して大きくなります。したがって、ある時期に極端に税率を高くすると、その時期の超過負担が過度に大きくなり、現在から将来にかけての生涯効用がそれだけ低くなる恐れがあります。このことから推論できることは、公債の中立命題が成り立たない状況で、ある一定水準の政府支出の財源を調達するときには、ある一時期に集中して租税負担を課すのではなく、時間を通じて租税負担を均すように課すのが、超過負担をより小さくできて効率性の観点から望ましい、といえます。

したがって、**課税平準化理論**とは、現実の経済で資源配分に歪みを与える租税が存在するとき、必要な財源を過不足なくまかなえるようにしつつ、課税に伴う超過負担（資源配分の効率性からみたコスト）を最小にするべく、時間を通じて税率を上げ下げするよりも一定にするのが望ましい、との結論を導く理論です。

これをイメージとして表したのが図8-9です。現在から将来（たとえば今後20年間）にわたり、ある一定の政府支出が必要であるとします。その政府支出の財源は、一時的には公債でまかなうことがあるとしても、（公債償還時等で）いずれは租税でまかなわなければなりません（永遠に公債として負担を先送りできないということです）。利子率は0％と仮定します。

そこで、ある課税ベースがあって比例的に課税する状況を考えます（より現実的にいえば、消費税を想定してもよいでしょう）。たとえば図8-9左図のように、現在から将来にかけて必要な財源を、毎年同率の税率で課税する政策を採ったとします。ただし、従来の税率よりも直ちに引き上げなければならず、早期に増税することになりますが、それ以降の増税はないという政

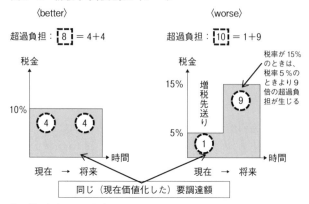

図8-9　課税平準化政策のイメージ

注：利子率が0％で、税率5％のときの超過負担を1と基準化。

策です。たとえば従来の税率が5％のところ、財源を10％にしないと必要な
財源がまかなえないとします。このとき、課税に伴う超過負担は、税率が5
％のときの大きさを1とすると、税率が10％のときは、税率は2倍でその2
乗なので、大きさは4（税率が5％のときの4倍）となります。

　他方、図8-9右図のように、税率の引上げをできる限り先送りする政策
を採ったとします。しかし、従来の税率のままでは、現在から将来にかけて
必要な財源を租税でまかなうことができません。そこで、税率をずっと10％
としたときと同じ額だけの財源を確保するには、現在から将来にかけての時
期の前半で税率を5％とすると、後半は15％としなければなりません。この
政策を採ったとき、確かに、税率が5％のままのときの超過負担は小さいの
ですが、税率が15％になると、そのときの超過負担は税率が5％のときの9
倍（税率が3倍でその2乗）に達します。

　さて、この両者の政策のどちらが超過負担が小さいでしょうか。比較対象
は、あくまでも現在から将来にかけて同じ金額の財源をまかなう場合で、そ
のタイミングだけが異なるものです。この両者の超過負担を比べると、税率
を（従来の税率より引き上げなければならないものの）同率で不変にすると
き（図8-9左図）のほうが、増税を先送りして最終的に引き上げなければ
ならない税率が高くなるとき（図8-9右図）よりも、現在から将来にかけ

ての超過負担をより小さくすることができ、望ましいといえます。これが、バローが示した課税平準化政策（理論）です。

5.2　公債のクッション政策

　他方、公債発行については、その裏返しで、政府支出は各年度で変動があったとしても、税率を大きく変えない（税収が大きく変わらない）ようにするべく、その変動を吸収するように公債発行するのがより望ましいといえます。つまり、税率は大きく変えず、（現在から将来にかけて必要な政府支出は定まっているとして）政府支出が増える年には公債を増発し、政府支出が減る年には公債を償還する（あるいは発行を減らす）、という政策をとるのがより望ましいということです。こうしたことから、課税平準化政策と同等の意味として、公債のクッション政策とも呼びます。

　ここで気を付けたいのは、この公債のクッション政策は、従来のケインズ経済学で述べられた意味とは大きく異なることです。従来のケインズ経済学で支持する総需要管理政策とは、総需要を平準化する政策ということができるでしょう。つまり、経済で有効需要の原理（需要が供給を生み出す）が成り立っている（第11章で詳述）と認識し、経済で総需要が不足するショックが起こった場合には、需要不足ショックを和らげるべく公債を発行して政府支出を行って、総需要を創出するのが望ましい、という主張です。ですから、総需要管理政策が示唆するクッションとしての公債とは、総需要を平準化するためのクッションといえます。従来のケインズ経済学はミクロ経済学的な基礎がないため、総需要管理政策の効果として、時間を通じて超過負担を小さくできているかは不明で、効率性の観点から望ましいと自明にはいえません。これに対して、課税平準化政策が示唆するクッションとしての公債とは、課税に伴う超過負担を最小化するためのクッションということです。

　課税平準化理論の観点からわが国の財政政策を評価すれば、1990年代中葉の税制改正は望ましくなかったといえます。第2章1節で紹介したように、1990年代中葉の税制改正は、1994〜1996年の間だり所得減税を行っていったん（限界）税率を引き下げた後、1997年には所得減税をやめ、かつ消費税の（限界）税率を5％に引き上げました。税率を引き下げて時間を通じて一定

に維持したならば超過負担は小さくなりますが、その後で税率を一気に引き上げたため、その時点で超過負担は以前に増して大きくなります。

このように、1990年代の日本において、経済状態がよくなかった一因として、課税平準化の理論からみて税率を一定に保たなかったことによる資源配分の損失（超過負担）が経済全体で生じたこともあるといえます。課税平準化理論から示唆されることは、所得減税を場当たり的に行うのではなく、中長期的に必要な政府支出の財源を過不足なくまかなえる水準にまで消費税率を早期に引き上げた後、それ以上税率を上げないようにすることです。

同様のことは、2010年代において、消費税率の8％から10％への引上げを2度先送りしたことにも当てはまります。課税平準化理論からみて、必要な財源を確保するためには、早期に増税してその後税率を引き上げないことが、時間を通じて超過負担を小さくできます。増税時の短期的な経済的打撃（超過負担）だけをみてはいけません。早期に増税すれば、必要な財源を確保するための増税幅は小さくできて超過負担がその分小さくなります。しかし、増税を先送りすると、将来必要な財源を確保するための増税幅は大きくなり超過負担がその分だけ大きくなります。2020年代初頭の時点では、2010年代に消費税率引上げを先送りした分は、公債残高として蓄積されており、将来その償還時に超過負担が大きく発生することになります。

今後のわが国の財政政策は、財政の持続可能性を担保しつつ、現在から将来にわたり政府支出のために必要な財源を過不足なくまかなえるよう早期に税率を変更して、それ以降は税率を引き上げないよう税制改革を行っていく必要があるといえます。それが、経済全体で超過負担を極力小さくして、長きにわたり経済活動をより活発にできる政策なのです。

9 地方財政

1 国と地方の財政関係

1.1 国の仕事・地方の仕事

そもそも、わが国における行政サービスは、国と地方、さらには都道府県と市町村との間で役割を分担して提供されています。それをまとめると、表9−1のようになります。たとえば、消防を担うのは市町村で、警察は都道府県が分担しています。義務教育に関しては、文部科学省が学習指導要領などでどの学年でどういう内容を教えるかを決め、教員の採用に関しては都道府県の教育委員会が決め、市町村はどの地区に学校をつくるかを決めて校舎の運営をしています。

国（中央政府）と地方公共団体（地方政府）の関係は、国によって異なります。大別すると、中央政府があって国全体の権限配分を設計し、その支部のように地方政府が存在するような、より中央集権的な仕組みを持つ**単一国家**と、州や地域の政府がまずあって、その連合体として中央政府（連邦政府）が形成されるような、より地方分権的な仕組みを持つ**連邦国家**がありま

表 9-1　日本における国と地方の役割分担

分野		公共資本	教育	福祉	その他
国		高速道路 国道 一級河川	大学 私学助成（大学）	公的年金 医師等免許 医薬品許可免許	防衛 外交 通貨
地方	都道府県	都道府県道 二級河川 港湾 公営住宅 市街化区域決定	高校 私学助成（幼～高） 小中学校教員の 給与・人事 公立大学	生活保護（町村の区域） 児童福祉 保健所	警察 職業訓練
	市町村	市町村道 都市計画 準用河川 港湾 公営住宅 下水道	小中学校 幼稚園	生活保護（市の区域） 国民健康保険 介護保険 上水道 ごみ・し尿処理	戸籍 住民基本台帳 消防

出典：総務省資料。

す。ただし、単一国家でも地方分権的な仕組みを取り入れたり、連邦国家でもより中央集権的な仕組みを取り入れたりしている国もあります。

　わが国は、連邦国家ではなく単一国家ですから、そもそもどの行政サービスを誰が担うかについては、国が基本的に決めています。

1.2　地方公共団体の会計

　地方公共団体には、普通地方公共団体として都道府県と市町村、特別地方公共団体として特別区（東京23区）と一部事務組合、広域連合などがあります。

　一部事務組合とは、複数の地方公共団体が事務の一部を共同して処理するために設けた組合のことで、組合立学校や消防組合の他、清掃や港湾管理などで組合が設けられています。

　広域連合は、複数の地方公共団体が事務の一部を共同して処理する点では一部事務組合と同じですが、国や都道府県から事務・権限の移譲を受けることができる団体で、選挙による議員からなる議会と、広域連合長が設けられます。市町村により構成されたものとしては、後期高齢者医療制度（第4章

2.2項参照）の運営主体として、後期高齢者医療広域連合が各都道府県で設けられています。都道府県と政令指定都市により構成されたものとしては、2010年12月に関西広域連合が設置されました。

わが国の地方公共団体（地方団体）の財政全体をみるとき、よく使われる概念に、地方純計があります。地方純計とは、各地方公共団体の歳出額または歳入額を単純合計したものから、地方公共団体相互間で重複する支出または収入を差し引いた合計額です。

地方公共団体の会計は、大別して2つあります。

(1) 普通会計

普通会計とは、一般会計と地方公営事業会計（後述）を除く特別会計を対象として重複分を差し引いて合算したものです。

(2) 地方公営事業会計

地方公営事業会計とは、地方公共団体が経営する公営企業（上水道、交通、電気、ガス、下水道等）、収益事業（競馬、宝くじなど）、国民健康保険事業、介護保険事業、公益質屋事業、農業共済事業、交通災害共済事業、公立大学附属病院事業などにかかる会計の総称です。これらの事業は、営む地方団体もあれば営まない地方団体もあり、地方団体によって異なります。

これ以外に、地方公共団体に関連する団体として、地方公共団体が出資して設立する地方公社（住宅供給公社、道路公社、土地開発公社等）や財団法人、民間との共同出資で設立される法人（いわゆる**第3セクター**）などがありますが、これらは地方公共団体本体とは独立した組織です。

この章では、個別の地方公共団体ではなく、地方公共団体の財政全体について、普通会計を中心としてみていきます。

2 地方財政の歳入

2.1 歳入の項目

普通会計の歳入には、地方税、地方譲与税、地方交付税、国庫支出金、都道府県支出金（市町村のみ）、財産収入、寄附金、使用料・手数料、繰入金、繰越金、地方債などがあります。近年の地方純計の歳入総額は約100兆円です。歳入の主な項目の内容は、以下の通りです。

(A) 地方税

地方税は、地方純計で最大の財源です。地方税の税目と税率は、原則として国の法律である地方税法で定められており、地方公共団体が自由に設定して課税することはできません（税目は第5章を参照）。ただし、各地方団体で課税する際には、それぞれ税目と税率を条例で定めて課税します。

地方税が歳入全体に占める割合は、図9-1のように、1970年代後半には30%強で、1980年代後半の景気拡大期には地方税収が伸びて40%を超えました。しかし1990年代の景気後退によって地方税収が落ち込み、再び40%を割りました。その後、三位一体改革（本章5.1項で詳述）の際の税源移譲により、地方税が増強されたため40%を超えましたが、2008年頃の世界金融危機の影響を受けた景気後退で地方税収が大きく落ち込んで約35%まで低下しました。近年では、消費税率の引上げに伴い地方消費税の収入が増えるなどして約40%となっています。

(B) 地方譲与税

地方譲与税は、国税として徴収した特定の租税を、一定の配分基準に基づいて地方公共団体に譲与する税のことです。本来、地方の財源とすべき租税ですが、様々な理由で国税として徴収し、交付税及び譲与税配付金特別会計を通じて、所定の配分方法で各地方団体に譲与しています。地方譲与税が歳入全体に占める割合は、1%前後です。

図9-1 地方純計決算における歳入の構成比

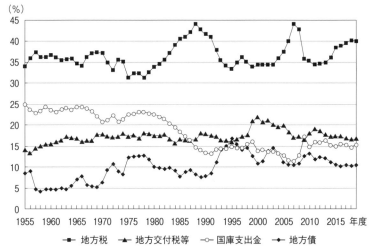

注：地方交付税等には、地方特例交付金も含む。国庫支出金には、国有提供施設等所在市町村助
　　成交付金と交通安全対策特別交付金も含む。
資料：総務省「地方財政統計年報」。

(C) 地方交付税・地方特例交付金

　地方交付税は、地方公共団体ごとの財源の均衡化を図り、かつ地方行政の
計画的な運営を保障するために、国が使途を制限しない財源として国税の一
定割合を地方団体に移転するものです。

　1999年度からは、地方税減税等による減収の補填や国の施策にまつわる財
源の分配などを目的として、国から各地方団体に地方特例交付金を分配して
います。この両者を合わせて、近年では、歳入全体の20％弱を占めていま
す。

　地方交付税には、大別して2つの機能があるとされています。それは、財
源保障機能と財政調整機能です。**財源保障機能**とは、国が義務付けた事務に
要する財源を地方交付税によって保障する機能です。**財政調整機能**とは、地
方公共団体間にある税収の多寡をならす機能で、いわゆる税収格差を是正す
る狙いがあります。

　地方交付税の各地方公共団体への交付額は次のように決められます。

地方交付税の総額決定

　国が地方公共団体へ交付する地方交付税の総額は、地方交付税法の定めにより、原則として下記のような国税の一定割合（地方交付税率とも呼びます）として決まります。地方交付税率（地方交付税法定率）は、地方交付税法で定められています。2020年度からは

$$地方交付税総額＝所得税の33.1\% ＋酒税の50\% ＋法人税の33.1\%$$
$$＋消費税の19.5\% ＋地方法人税^{1)}$$

となっています[2]。この額を国税法定分とも呼びます。この税収は、一般会計にいったん入り（地方法人税のみ特別会計に直入）、一般会計から地方交付税交付金として支出され、**交付税及び譲与税配付金特別会計**（以下、略して交付税特会と称します）に繰り入れられ、そこから各地方団体に分配されます。

　しかし、景気後退等により国税収入が減ると、地方交付税に充てられる国税法定分の額も減ります。他方、景気後退期には地方税収も減り、地方団体の支出をまかなう財源が不足しかねません。そこで、毎年度、地方交付税総額を、国税法定分以上に増額するか否かを検討し、必要に応じて財源を確保する措置を講じています。この年度ごとの措置を、地方財政対策とも呼びます（本章4.3項で詳述）。

　そして、地方財政対策に盛り込まれた内容を取りまとめて、内閣が**地方財政計画**として国会に提出します。地方財政計画は、毎年度、内閣が国の予算との整合性を図りながら、地方団体全体の歳入歳出の見通しを示すべく作成

1）従来地方税である住民税の法人税割の一部を、地方公共団体の税収ではなく、国税として徴収し、地方交付税財源とするように2014年度に新設されたものです。

2）ただし、2007〜2013年度は

$$地方交付税総額＝所得税の32\% ＋酒税の32\% ＋法人税の34\%$$
$$＋たばこ税の25\% ＋消費税の29.5\%$$

　2014年度は、

$$地方交付税総額＝所得税の32\% ＋酒税の32\% ＋法人税の34\%$$
$$＋たばこ税の25\% ＋消費税の22.3\% ＋地方法人税$$

でした。2015年度以降の地方交付税率は、消費税を除き2020年度と同じで、消費税のみ、表5-4のように変化しました。

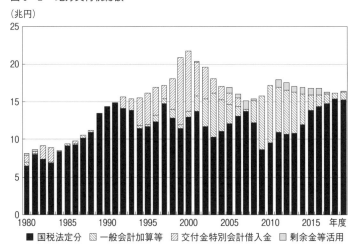

図9-2　地方交付税総額

（兆円）

注：震災復興特別交付税は含まない。
資料：総務省『地方財政白書』。

されるものです。地方財政計画は、地方交付税法に基づいて作成されており、地方交付税総額決定の根拠を示す意味があります。計画自体は、あくまでも国会での予算審議の参考資料であって、議決対象ではありません。

　地方交付税を国税法定分より増額する手段としては、国税法定分よりも多く一般会計から交付税特会に繰り入れる（図9-1の一般会計加算等[3]）か、交付税特会で借入金を負う（交付税特会借入金）か剰余金などを活用する（剰余金等活用）といった措置が用いられます。1990年代、国税収入も減少して一般会計で財源を捻出するのが困難となった時期に、交付税特会の借入金を用いて地方交付税が増額されました（図9-2参照）。これに伴い、交付税特会の借入金残高が急増し、一時50兆円を超えるまでに達しました（図9

─────────────

3）一般会計加算等には、過去の地方財政対策における国と地方の貸し借りなどに起因して地方交付税法附則等によって後年度に加算することが定められる法定加算と、それでもなお残る財源不足を国と地方が折半して負担することとし、国が一般会計で赤字国債を増発して財源を確保する特例加算などがあります。なお、この折半で負担する地方分は、地方公共団体が臨時財政対策債（本章4.1項で詳述）を発行してまかなうこととしています。

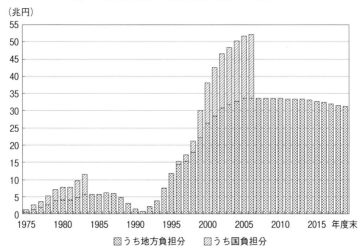

図9-3　交付税及び譲与税配付金特別会計の借入金残高

（兆円）

うち地方負担分　　うち国負担分

資料：参議院予算委員会調査室『財政関係資料集』。

- 3参照）。この借入金は、一般会計の建設国債や赤字国債とは別の債務で
す。この残高の累増を受けて、2003年度から新たな交付税特会借入金を抑制
することとし、2007年度以降はこれを用いないこととしました。

　この借入金は、後年度において、国の一般会計で他の歳出を抑制するなど
して財源を捻出して返済する分（国負担分）と、地方交付税の財源となる国
税収入の中から返済する分（地方負担分）とがあります。国負担分は、2007
年度に一般会計が引き取って、（地方交付税財源には充当しない）国税収入
等で返済することにしました。地方負担分は、今後返済される際、その年度
に入る国税法定分の収入等を用いて返済することとしており、将来の年度に
おいてその分だけ地方団体に地方交付税として分配できないことになりま
す。つまり、1990年代から2000年代にかけて借入金を負ってまで交付税を増
額して配った後、将来、交付税に回るはずの財源を返済に充てることを意味
し、「交付税の先食い」との批判もありました。

　こうして決まった地方交付税の総額のうち94%を**普通交付税**に、6%を**特
別交付税**（災害等特別の事情に応じて交付する）に充てることとなっていま
す。

地方交付税の各地方公共団体への分配

　地方交付税総額をどの地方団体にどれだけ交付するかは、次のように決められます。普通交付税を分配する際に、地方団体ごとに基準財政収入額と基準財政需要額を算定します（図9-4参照）。**基準財政収入額**は、標準的な状態において徴収が可能な税収を、地域、人口規模などを基準化して地方団体ごとに一定の方法で総務省が算定した額です。地方税法で定める標準税率で課税して得られる標準的な地方税収入の75%と地方譲与税等を加えたものが、基準財政収入額となります。基準財政収入額に含まれない25%分の地方税収は、留保財源と呼ばれます。また、超過課税で得られる地方税収も、基準財政収入額には含まれません。それは、地方団体が独自に税収を増やす努力をした分が、普通交付税の減額に直結しないようにするためです。

　基準財政需要額は、地方団体が等しく合理的かつ妥当な水準で自主的に事務事業を遂行するのに必要な経費を、地域、人口規模などを基準化して地方団体ごとに一定の方法で総務省が算定した額です。費目ごとに、行政需要の量を表す測定単位（人口や面積等）の数値に、単位費用（単価）を乗じ、自然的・社会的条件の違いを踏まえた補正係数を乗じて、各費目の基準財政需要額を算出します。各費目で単位費用×測定単位の値×補正係数の積を算出して、その合計額が地方団体の基準財政需要額となります。基準財政需要額の中には一般的な行政経費だけでなく、公債費（地方債元利償還金）も算入されており（この仕組みを**地方債元利償還金の交付税措置**とも呼びます）、地方債の元利償還費が多い地方団体ではそれだけ基準財政需要額が多くなる傾向があります。地方債元利償還金の交付税措置とは、地方債を発行する年度で事前に、将来元利を償還する年度においてその元利償還の費用を基準財政需要額に加算することを認めるものです。

　基準財政収入額が基準財政需要額よりも少ない地方団体には、通常、その差額に応じて普通交付税が交付されます。普通交付税が交付される地方団体を、**交付団体**と呼びます。大半の地方団体は交付団体です。普通交付税額は各地方団体ごとに基準財政需要額と基準財政収入額の差額を基本として決められます。

　他方、基準財政収入額が基準財政需要額を上回る地方団体には、普通交付

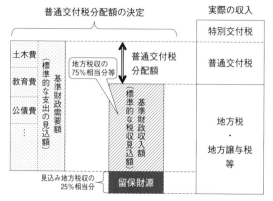

図 9-4 基準財政需要額と基準財政収入額の関係（交付団体の場合）

税は交付されません。普通交付税が交付されない地方団体を、**不交付団体**と呼びます。

　また、基準財政収入額を基準財政需要額で除した数値を、**財政力指数**と呼びます。財政力指数は、通常は過去3カ年度の平均値をとります。

⑴　国庫支出金

　国庫支出金は、国が地方公共団体に対して使途を特定して支出する補助金等のことです。国庫補助負担金とも呼ばれます。国庫支出金は、地方団体が分担した国の業務や国が奨励する施策などに対して支出され、国庫支出金の使途について地方団体の裁量の余地は限られています。

　国庫支出金が地方純計歳入総額に占める割合は、1970年代までは20％強でしたが、1980年代の国の財政再建の時期（第2章1節参照）に国庫支出金が削減され低下しました。さらに近年では、地方分権改革（本章5節で後述）により国庫支出金が削減されたので、その割合は約15％となっています。

COLUMN 9.1　補助金の性質

　政府が支出する補助金は、その出し方によって分類できます。使途を特定した補助金を**特定補助金**、特定しない補助金を**一般補助金**と呼びます。また、補助対象となる

事業の支出に対して一定割合（補助率）だけ補助する補助金を**定率補助金**、一定の額だけ補助する補助金を**定額補助金**と呼びます。これらの分類を踏まえると、たとえば、使途を特定して一定割合だけ補助する補助金は特定定率補助金といえます。

近年の取組みとして、いくつかの個別の特定補助金を一つにまとめ、地方公共団体の自由裁量の余地を高める形で配る補助金を**交付金**と呼び、その制度を整えています。具体例としては、道路、下水道、住環境整備など公共事業関係の個別の補助金を一括して、その範囲内で地方団体が使途を自由に決められるようにする形で配る、社会資本整備総合交付金があります。

（E）　地方債

地方債は、地方公共団体の借金です。地方団体は、原則として自由に借金を負うことはできません。**地方債協議制度**（2005年度までは地方債許可制度）に基づいて、地方団体は起債の際に総務大臣または都道府県知事と協議を行うことが必要とされ、原則として起債の同意を得なければなりません。仮に同意がない場合でも、地方団体は議会にあらかじめ報告すれば地方債を発行できることとされています。そうして発行される地方債を不同意債といいます。ただし、図9-5に示されたように、実質公債費比率（本章4.2項で詳述）などで測って一定水準を超えて財政状況が悪い地方団体が地方債を起債するときは、総務大臣または都道府県知事の許可が必要となります。そして、総務大臣は同意または許可をしようとするときは、あらかじめ財務大臣と協議することとなっています。これは第7章で説明した財政投融資の融資を受けることがあるからです。

他方、2012年度より、地域の自主性及び自立性を高める観点から、地方債協議制度を一部見直し、一定水準を超えて財政状況が良い地方団体は、民間等資金（次項で詳述）によって発行する地方債のみ協議を原則として不要とし、事前に届け出ることで起債ができる事前届出制が導入されました。

地方債は、地方財政法の規定に基づき、建設事業費や出資金、貸付金等に充てる場合に発行できることとなっています。そのため、起債の同意または許可を得る際には、地方団体は起債して得る財源の使途を示さなければなりません。地方財政法第5条は次のような条文となっています。「地方公共団

図9-5　地方債起債手続きの概要

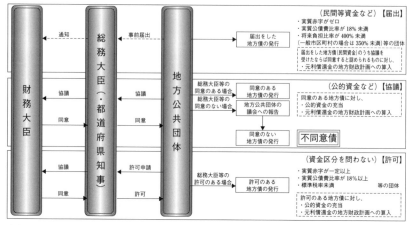

出典：財務省理財局『債務管理リポート』を一部改編。

体の歳出は、地方債以外の歳入をもつて、その財源としなければならない。ただし、次に掲げる場合においては、地方債をもつてその財源とすることができる。」

　地方債を起債する際の手続きの概要は、図9-5に示されます。なお、地方債の起債方法には、不特定の者に証券を発行して資金を調達する証券発行と、借入先に借用証書を提出して資金を借りる証書借入があります。市場公募債（次項で後述）と銀行等引受資金の一部のみが証券発行で、それ以外は証書借入です。厳密にいうと、証書借入は「発行」ではありませんが、本書ではこれも含めて地方債の発行と呼ぶこととします。

　地方債収入が地方純計歳入総額に占める割合は、1980年代前半には低下しましたが、1990年代前半には景気後退に伴い再び急上昇して15％を超え、近年では約10％となっています（図9-1参照）。

　地方財政全体（普通会計）でみた地方債の残高は、近年では約140兆円です。図9-6に示されているように、1990年代の地方債の増発に伴い、地方債残高が急増しました。これは、バブル崩壊に伴う景気対策で公共事業を行うための財源として増発したためです。

　地方団体の普通会計にとっての債務負担はこれだけではありません。普通

図9−6　普通会計が負担すべき借入金残高

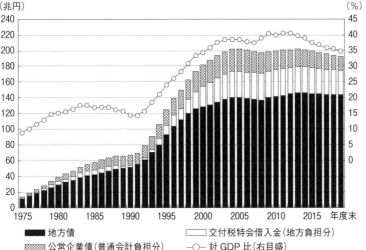

資料：参議院予算委員会調査室『財政関係資料集』。

会計の収入を元利償還に充てることとなっている公営企業債（地方公営企業における債務）や、前掲した国の交付税特会借入金のうち地方負担分も、事実上、地方団体の将来負担といえます。図9−6には、普通会計の地方債と、公営企業債のうち普通会計が償還財源を負担する予定となっている分、交付税特会借入金（地方負担分）の合計である普通会計が負担すべき借入金残高が示されています。これらの合計残高は、近年では約200兆円で、対GDP比では戦後最高となった2012年度末以降低下傾向となり、約35％となっています。

2.2　地方債計画

　地方債計画は、地方債協議制度に基づいて事業別の起債同意・許可予定額を示すもので、地方全体の地方債発行の年度計画で、総務省が毎年度策定します。近年の地方債計画の総額は10兆円強となっています。

　地方債は、同意（または許可）を受ける際に、その使途（原則として公共事業）と、引受け手（貸し手）もあわせて決めます。この決定の方針は、**地方債同意等基準**として総務省から毎年示されます。あわせて、地方債同意

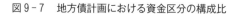

図9-7　地方債計画における資金区分の構成比

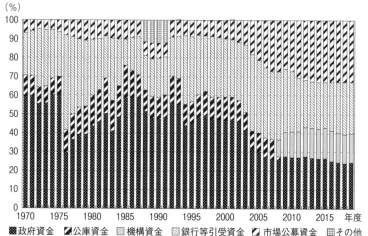

注：政府資金は、2000年度まで資金運用部資金と年金資金と簡保資金、2001〜2002年度は財政融資資金と郵貯資金と簡保資金、2003〜2006年度は財政融資資金と郵政公社資金、2007年度からは財政融資資金のみ。公庫資金は公営企業金融公庫資金。機構資金は地方公共団体金融機構資金（2008年度のみ地方公営企業等金融機構資金）。銀行等引受資金は2002年度までは縁故資金。
資料：総務省「地方債計画」。

等基準の事業別に地方債充当率も、総務省から示されます。地方債充当率とは、事業ごとに事業費（国庫補助事業の場合は地方負担額）のうち地方債を発行して得た財源を充てられる割合で、その比率を超えて地方債を発行して得た財源を充てることはできず、地方税などの財源を充てなければなりません。

　その引受け手としての資金区分は、財政融資資金、地方公共団体金融機構資金（2009年から。それ以前は公営企業金融公庫資金）、民間等資金（市場公募資金、銀行等引受資金）からなっています。財政融資資金と地方公共団体金融機構資金（機構資金）を合わせて、公的資金とも呼ばれます。財政融資資金は、第7章で説明した財政投融資における1つの資金です。

　これらの資金区分が地方債計画全体に占める割合は、図9-7に示されているように、1990年代では、政府資金（資金運用部資金等）が約50％、公庫資金が約10％、民間等資金が約40％でした。しかし、近年では、公的資金の

比率を下げて、民間等資金の比率を高くする取組みが進んでいます。特に、都道府県と政令指定都市が、市場公募の地方債（市場公募債）を発行することが多くなっており、地方債計画の中で市場公募資金の構成比が上昇しています。

　各地方公共団体に対する貸付において、公的資金は民間等資金よりも満期が長く低利であることから、地方債同意等基準などに従い公的資金が税収の少ない地方団体により多く貸し付けられる傾向があります。税収の多い地方団体では、その分より多く民間等資金を借りることになり、それだけ高い金利を払うこととなります。

　このように、起債について同意・許可が得られた地方団体には、民間等資金よりも長期で低利である公的資金が充当されたり、地方債元利償還金の交付税措置が与えられたりする恩典があります。地方債元利償還金の交付税措置によって、後年度に元利償還する年度で基準財政需要額にその分多く算入され、配られる普通交付税が増えることが期待され、その分元利償還のための地元負担は軽減されたりします。他方、不同意債を発行すると、このような恩典は付与されません。したがって、不同意債を進んで発行しようとする地方団体はありません。

　地方債計画で起債同意・許可予定額を確定する際には、総務大臣と財務大臣との間で協議するものとされています。同意・許可の際には地方債引受けの資金区分もあわせて決定され、財政融資資金として同意・許可されたものは財務省が融資を行うこととなっています。それゆえ、地方債計画は、財務省が所管する財政投融資計画と密接な関係を持っています。

COLUMN 9.2　国及び地方の長期債務残高

　国は国債など、地方公共団体は地方債などで債務を負っており、国全体としてどれだけの債務を負っているかを示す統計が出されています。第1章で示したSNA（国民経済計算体系）の一般政府（中央政府、地方政府、社会保障基金）の政府債務は、最も包括的な政府債務です。しかしこれは、事後的な推計を必要とするため、予算編成過程で国債や地方債を増発するとどの程度債務が増加するかについて、予算案と連

動する形で把握するには不向きな統計です。

　そこで、予算案と連動する形で国と地方の長期債務を把握する統計として、図9－8のように国及び地方の長期債務残高を公表しています。国・地方の長期債務残高の対象となる債務は、国の一般会計の国債、交付税及び譲与税配付金特別会計の借入金、そして図9－6で示された普通会計が負担すべき借入金残高（これが図9－8の地方分）です。このうち、交付税及び譲与税配付金特別会計の借入金は、図9－3に示されたように地方負担分があり、これは図9－6で示された普通会計が負担すべき借入金残高に含まれており重複します。そこで、図9－8の国分（重複除く）は、国の一般会計の国債、交付税及び譲与税配付金特別会計の地方負担分を除く借入金として示されています。直近では、その合計は1100兆円を超えています。

図9－8　国および地方の長期債務残高

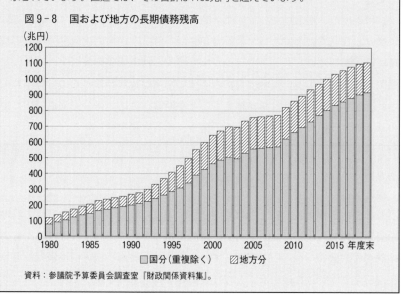

資料：参議院予算委員会調査室『財政関係資料集』。

2.3　歳入の分類

　普通会計の歳入の項目は、次のように分類されます。

(A)　自主財源と依存財源

　自主財源とは、地方公共団体が独自に収入し得る財源です。自主財源には、地方税、使用料・手数料、財産収入、寄附金、繰入金、繰越金、諸収入

など、依存財源以外のものが含まれます。

　依存財源とは、地方団体が国（ないしは都道府県）にその供与を依存している財源です。依存財源には、地方譲与税、地方交付税、国庫支出金、都道府県支出金（市町村のみ）、地方債だけが含まれます。地方純計での依存財源の割合は、1970年代に50％を超えたことがありましたが、それ以外の時期の大半の年度で45％前後となっています。

(B)　一般財源と特定財源

　一般財源とは、地方公共団体が使途を自由に決定できる財源です。一般財源には地方税、地方譲与税、地方交付税だけが含まれます。地方純計での一般財源の割合は、高度成長期から1980年代前半まで50％強で1990年度前後に約60％まで上昇しましたが、バブル崩壊以降は50％台に低下しました。その後、三位一体改革（本章5.1項で詳述）の際の税源移譲によって地方税が増強されたことで一時60％を超えましたが、世界金融危機の影響を受けて地方税収が減少して50％強まで低下しました。近年では、消費税率の引上げに伴い地方消費税の収入が増えるなどして60％弱となっています。

　特定財源とは、地方公共団体にとって使途が制限されている財源です。国庫支出金、地方債など一般財源でないものが含まれます。

3　　地方財政の歳出

3.1　歳出の性質別分類

　前節で紹介した歳入を財源として、地方公共団体は公共サービスを提供するべく様々な形で支出しています。この節では、地方団体（普通会計）の歳出の分類、そしてその内容と構成を紹介します。

　性質別分類とは、普通会計歳出の経費を経済的性質に従って分類したものです。費目としては、人件費、物件費（備品購入費や通信運搬費、委託料、職員旅費など）、維持補修費（公共施設を維持する経費）、扶助費（社会保障関連の経費）、補助費等（地方団体が支出する補助金等）、普通建設事業費（道路、学校、公共施設などの建設事業に要する経費）、災害復旧事業費（災

図9-9 地方純計決算の性質別歳出の構成比

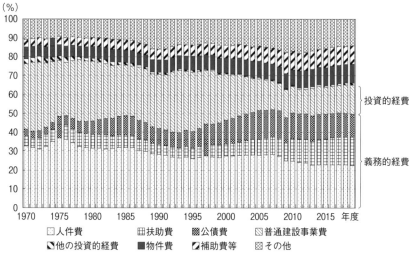

資料：総務省「地方財政統計年報」。

害復旧のための建設事業に要する経費）、失業対策事業費（失業者に対して
雇用機会を与える建設事業に要する経費）、公債費、貸付金（地方団体が特
定の行政目的に応じて個人などに貸し付ける資金）、積立金（基金への積立
金）、前年度繰上充用金（本章4.2項で後述）などとなっています。近年の地
方純計の歳出総額は、100兆円弱です。

　これら各項目の地方純計歳出決算に占める構成比は、1990年代前半におけ
る地方純計では、多い順に普通建設事業費、人件費、公債費となっていまし
た。しかし、1990年代後半には、普通建設事業費の構成比が顕著に低下し、
近年では、人件費が最も多くなっています。

　公債費の構成比は、1985年度の10.2％をピークにそれ以降低下しました
が、1992年度以降は上昇傾向となり、近年では12％を超えて戦後最高水準に
あります（図9-9参照）。また、高齢化の進展に伴い、地方の社会保障費が
含まれる扶助費も近年増加傾向にあります。

3.2　性質別歳出の分類

　性質別歳出の各項目は、次のように分類されることがあります。

⒜　義務的経費と任意的経費

　毎年度、ほぼ定められた額を義務的に支出しなければならない人件費、扶助費、公債費を合わせて、**義務的経費**と呼びます。義務的経費以外の経費を任意的経費と呼びます。

　義務的経費が歳出に占める割合は、1980年代前半までは50％弱でしたが、1980年代後半の好況期に低下し、1990年代に入って上昇傾向に転じ、最近では約50％に達しています。

⒝　投資的経費と消費的経費

　公共事業に関わる普通建設事業費、災害復旧事業費、失業対策事業費を合わせて、**投資的経費**と呼びます。投資的経費以外の経費を消費的経費と呼びます。

　投資的経費が歳出に占める割合は、1980年代は30％前後で推移し、1990年代前半に景気対策として公共事業が増加したため上昇しましたが、近年では財政状況の悪化から公共事業が控えられて低下し20％を下回っています。

3.3　歳出の目的別分類

　目的別分類とは、普通会計歳出の経費を行政目的によって分類したものです。地方議会で予算案を審議する際に用いられる分類でもあります。目的別分類の項目は、議会費、総務費、民生費（社会福祉のサービス提供や施設建設などに要する経費）、労働費、衛生費（公衆衛生や清掃などに要する経費）、農林水産業費、商工費、土木費、消防費（東京都と市町村のみ）、警察費（都道府県のみ）、教育費、公債費、災害復旧費、前年度繰上充用金などです。このうち、近年における地方純計決算では、高齢化の進展の影響もあって民生費が歳出総額の25％を超えて最も多く、次いで教育費が20％弱、次いで公債費と土木費がそれぞれ10％強となっています（図9 -10参照）。

3.4　地方財政計画における歳出の分類

　地方財政計画で、国の予算との整合性を図りつつ地方公共団体全体の歳出の見通しを示す際に用いられる分類は、給与関係経費、一般行政経費、投資

図9-10　地方純計決算の目的別歳出の構成比

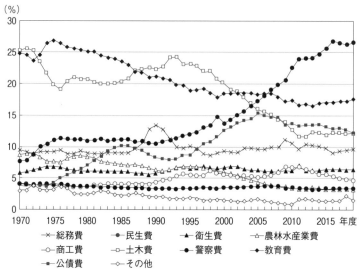

資料：総務省「地方財政統計年報」。

的経費、維持補修費、公債費、公営企業繰出金などからなっています。これらの構成比の推移は図9-11の通りです。投資的経費などは、性質別分類と関連があるとはいえ、地方財政計画での歳出は必ずしも前述の性質別分類や目的別分類と同じ対象とはなっていないので、直接的に比較できません。近年の地方財政計画における歳出総額（通常収支分）は、約90兆円となっています。

　構成比は、バブル崩壊後の1990年代半ばに、投資的経費（公共投資）が一時35％を超えましたが、その後減少し、21世紀に入って高齢化に伴い社会保障関連の支出が増加するのにあわせて、一般行政経費が増加し、最近では40％を超えています。

4　地方公共団体の財政運営

4.1　地方財政対策

　地方財政対策とは、国の予算編成過程において、地方財政計画や地方債計

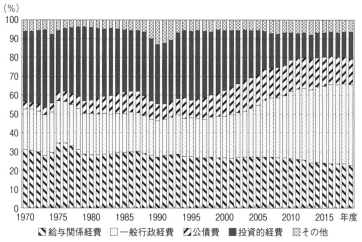

図 9-11　地方財政計画の歳出の構成比

資料：総務省「地方財政計画」。
注：2012年度以降は通常収支分のみ。

画を策定する際に、総務省と財務省の間で協議する地方財源不足額の財源対策を指します。地方財政対策は、予算政府案が閣議決定される直前段階でまとめられます。

　地方財政対策の位置付けは、次のようになっています（図 9-12参照）。地方財政対策をまとめる前の段階で、既に国と地方の税制改正や国の予算に関する国庫補助負担金（国庫支出金）制度の変更が確定しており、地方財政対策を協議する段階で残された調整可能な項目は、地方交付税措置と地方債措置です。他方、図 9-12のように、総務省が地方公共団体側の標準的な歳出を総体として概算します。ここでの公債費には、図 9-6で示された元利償還金が算入されます。

　こうして見積もられた地方歳出総額に対し、国の予算過程で先に決まった地方税制から見積もられる地方税収と、国庫支出金、国の税収見積もりから判明する地方交付税財源の国税法定分と、投資的経費に対応した地方債発行（いわゆる建設地方債）などの合計との差額として、財源不足額が示されます。

　財源不足を埋める方法は、前述の通り国税法定分以上に地方交付税を増額

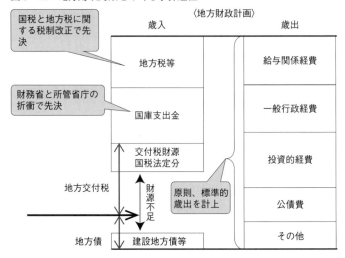

図 9 - 12　地方財政対策をめぐる予算過程

〈地方財政計画〉

歳入	歳出
地方税等	給与関係経費
国庫支出金	一般行政経費
交付税財源 国税法定分	投資的経費
地方交付税	公債費
地方債　建設地方債等	その他

国税と地方税に関する税制改正で先決

財務省と所管省庁の折衝で先決

原則、標準的歳出を計上

財源不足

するか、地方債を増発するかしか残されていません。この財源不足を埋めるために増発する地方債は、**臨時財政対策債**と呼ばれます。臨時財政対策債を発行した地方団体には、その元利償還費を後年度の地方交付税で措置されること（地方債元利償還金の交付税措置）となっています。臨時財政対策債は、その財源を公共事業費に充てることを想定していないので、国の赤字国債になぞらえて赤字地方債としてみられています。

　これに対応して財務省は、一般会計での地方交付税交付金、財政投融資計画での地方団体向け融資などを調整します。

　こうして、総務省と財務省との間で合意した額が地方財政対策としてまとめられ、一般会計予算、交付税及び譲与税配付金特別会計予算、財政投融資計画、地方財政計画、地方債計画などに反映されることになります。特に、地方財政対策で合意した歳入額と歳出額は、そのまま地方財政計画の歳入額や歳出額となります。

4.2　決算収支

　これまでに説明した歳入と歳出の差額として、地方財政の収支が求められます。決算時の収支の中で、地方公共団体の財政運営の状況を見極める上で

重要な指標は、実質収支です。まず、歳入総額から歳出総額を差し引いた額を形式収支と呼びます。これが黒字ならその額は歳計剰余金と呼ばれ、その一部が翌年度に繰り越されます。赤字なら歳入不足を意味し、その額は翌年度歳入繰上充用金と呼ばれ、翌年度の歳出の中で前年度繰上充用金として計上される経費がその歳入欠陥の補填に充てられます。

実質収支は、形式収支から翌年度に繰り越すべき財源を差し引いた額です。当該年度の歳出総額はあくまでも決算までに支出を終えたものが含まれ、翌年度に繰り越す事業の経費を含んでいないため、歳計剰余金が生じてもその経費に充てるべき財源は、厳密には今年度の黒字とはいえません。そこで、繰越分を除いて収支をみることとし、地方団体の財政が黒字または赤字というのは、通常この実質収支が用いられます。

4.3　地方財政健全化法

2006年6月、北海道夕張市が事実上財政破綻ともいうべき状態に陥りました。夕張市は、実質収支が極度な赤字に陥り、自力では財政再建ができなくなりました。しかし、夕張市は、負った債務を別会計に移し替えたり、本来は地方債を発行すべきところを一時的な借入金を借り換える形で対応していたりしたため、早期に財政悪化を発見することができませんでした（詳細は第10章 COLUMN 10.1で説明します）。

これを受けて、地方公共団体の財政が悪化した場合、早期に発見して是正できる新たな枠組みを設けることとし、2007年に**地方財政健全化法**（地方公共団体の財政健全化に関する法律）が成立し、2008年度決算から適用されました。

地方財政健全化法では、地方団体の財政の健全性を4つの指標で判定し、それらの報告を全地方団体に義務付け、悪化の度合いに応じて、財政健全化団体や財政再生団体に認定し、財政健全化を促す制度を設けることとしました。

4つの健全化判断比率は、①実質赤字比率（普通会計等での実質収支赤字額の標準財政規模[4]に対する比率）、②連結実質赤字比率（全会計の実質赤字等の標準財政規模に対する比率）、③実質公債費比率（全会計の実質的な

公債費相当額の標準財政規模等に対する比率）、④将来負担比率（公営企業、出資法人等を含めた普通会計の実質的負債の標準財政規模に対する比率）です。

夕張市が自力では財政再建できなくなった当時、施行されていたのは地方財政再建促進特別措置法でした。1955年に制定された同法では、財政状況の悪化は、前掲した実質赤字比率（に相当する実質収支比率）でしか把握しない仕組みでした。この比率が都道府県では5％以上、市町村では20％以上となると、自力で財政再建できなければ財政再建団体となり、地方議会の議決を経た上で財政再建計画を作成して総務大臣の同意を得なければなりませんでした。

地方財政再建促進特別措置法では、財政状況の把握は実質赤字比率しか用いておらず、連結実質赤字比率のように全会計を連結した指標も、将来負担比率のようにストックの指標もありませんでした。また、この比率が上記の基準に達するまでの段階で、未然に財政悪化を防ぐ仕組みもありませんでした。

地方財政健全化法では、財政の早期是正措置として、前掲した4つの健全化判断比率のうちのいずれかが表9-2に示された早期健全化基準以上となった場合には、**財政健全化団体**として、財政健全化計画を定めなければなりません。財政健全化計画の実施状況を踏まえ、財政の早期健全化が著しく困難であると認められるときは、総務大臣または都道府県知事は、必要な勧告をすることができます。

さらに、先の指標の①～③を再生判断比率として、それらのいずれかが表9-2に示された財政再生基準以上となった場合には、**財政再生団体**として、財政再生計画を定めなければなりません。財政再生計画は、議会の議決を経て定め、総務大臣に協議して同意を求めることとなっています。財政再生団体は、毎年、財政再生計画の実施状況を公表します。そして、財政再生計画

4）標準財政規模は、法定普通税等、普通交付税、地方譲与税等といった、各地方公共団体が標準的な状態で経常的に収入し得る一般財源を意味します。標準財政規模＝普通交付税＋地方譲与税等＋（基準財政収入額－地方譲与税等）÷（1－留保財源率）。留保財源率は25％です。

表 9-2　早期健全化基準と財政再生基準

	早期健全化基準	財政再生基準
実質赤字比率	道府県　：3.75% 都　　　：約5.5% 市町村　：11.25 〜 15%	道府県　：5 % 都　　　：約8.5% 市町村　：20%
連結実質赤字比率	道府県　：8.75% 都　　　：約10.5% 市町村　：16.25 〜 20%	道府県　：15% 都　　　：約18.5% 市町村　：30%
実質公債費比率	都道府県・市町村：25%	都道府県・市町村：35%
将来負担比率	都道府県：400% 市町村　：350%	－

注：実質赤字比率と連結実質赤字比率にかかる基準値について、市町村は標準財政
　　規模に応じて異なる。都は、道府県と市町村の両方の要素を有していることか
　　ら、道府県相当分と市町村相当分との標準財政規模に一定の率を乗じて、毎年
　　度算定される。

に総務大臣の同意を得ている場合でなければ、災害復旧事業等を除き、地方
債の起債はできません。他方、財政再生計画に同意を得た財政再生団体は、
収支不足額を振り替えるため、総務大臣の許可を受けて、償還年限が財政再
生計画の計画期間内である地方債（再生振替特例債）を起こすことができま
す。さらに、財政再生団体の財政の運営が計画に適合しないと認められる場
合等には、総務大臣が予算の変更など必要な措置を勧告できることとなって
います。財政再生団体になれば、国の支援によって、支払うべき現金が用立
てられないという財政破綻は免れられ、首長も議会も引き続き機能します
が、債務返済を優先すべく地方団体の裁量は実質的に制限されます。

COLUMN 9.3　積立金

　各地方公共団体は、定められた目的のために積立金を持っています。積立金は、基
金と呼ばれ、財政調整基金と減債基金とその他特定目的基金があります。**財政調整基
金**とは、地方団体ごとに年度間の収入の過不足を調整するために設けられた基金で
す。収入に余裕がある年度には積み立てられ、収入が不足する年度には基金を取り崩
して充当することを予定しています。年度間の財政調整をするための積立金は、国に
はありません。**減債基金**は、地方債の償還等に必要な資金を計画的に積み立てるため
に設けられた基金です。その他特定目的基金は、年度間の財政調整や減債以外の特定

の目的で、土地開発や建設事業充当などに必要な資金を積み立てるために設けられた基金です。

　性質別歳出の積立金によって、普通会計から基金に積み立てられる他、決算上の歳計剰余金なども基金への積み立てに充てられ、基金の残高が増えます。他方、基金から取り崩されると、普通会計では歳入の繰入金に計上され、基金の残高が減ります。

　地方純計での積立金残高は、1980年代後半の好況期に地方税収の増加によって増加しましたが、バブル崩壊後に地方税収が落ち込むとともに取り崩しが続いて1990年代を通じて減少してゆき、2005年度末には13兆円を割りました。その後、三位一体改革（本章5.1項で詳述）の時期に地方交付税が減らされたことを受けて交付団体を中心に、地方交付税が減らされても財源を確保できるよう備えるために基金残高が増えました。さらに、税収が増えた不交付団体でも基金残高が増えました。そして、2016年度末には約24兆円まで増えました。しかし、その頃、国は赤字国債を増発までして地方交付税を国税法定分以上に地方へ支出しているのに対し、地方は基金残高を過去最高水準にまで積み立てているとの批判が出て、減少傾向となっています。

図 9 - 13　積立金残高

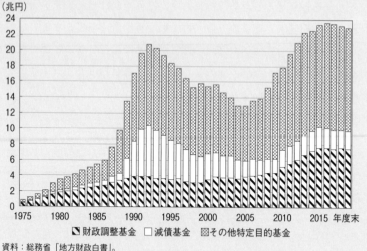

資料：総務省「地方財政白書」。

5 地方分権のあり方

5.1 これまでの地方分権改革

わが国では、1990年代から地方分権改革が進められてきました。これは、社会が成熟化して公共サービスに対するニーズが地域によって異なるようになり、中央集権的に全国画一的に国が公共サービスを供給することの弊害が目立つようになってきたことが背景にあります。地方公共団体に権限を委譲したほうが政府支出を効率化できるならば、権限を委譲してかつ国からの財政移転をやめることで、国の歳出を効率化できるとともに、地方公共団体の歳出も効率化できるようになります。

近年において大きな地方分権改革が行われたのは、小泉内閣での「**三位一体改革**（国と地方の税財政改革）」です。そもそも、「三位一体」とは、地方税、地方交付税、国庫支出金（国庫補助負担金）を一体として、地方分権改革を行うことを指します。国からの使途を定めた補助金である国庫支出金を削減すれば、その財源であった国税が不要となるので、その分地方税として税収を移し替える（**税源移譲**）とともに、国庫支出金をなくしたことに伴う権限委譲を国から地方に行うのに加えて、国の義務付けを減らして地方交付税の財源保障機能を低下させる形で、地方分権を進めようとしました。2003年6月に経済財政諮問会議が取りまとめた「経済財政運営と構造改革に関する基本方針2003」において、国庫補助負担金（国庫支出金）を削減した上で、それに対応する財源を国から地方に税源移譲することとし、課税自主権を拡大するのに加えて、地方交付税は財源保障機能を縮小して総額の抑制を図る方向で三位一体改革を行うことを、閣議決定しました。2004年度から2006年度にかけて、義務教育国庫負担金などを対象として約4.7兆円の国庫補助負担金を削減し、それに対応した財源として、約3兆円分の国の所得税を個人住民税に移し替える形で税源移譲を行いました。

こうした地方分権改革の背景には、当時の制度は中央集権的であるという認識がありました。量的にいえば、地方の歳出は政府支出全体の3分の2あまりを占め、地方分権化されているようにみえますが、質的にいえば、地方

の各支出には細かく国の関与がありました。地方団体は、国が決めた政策（公共投資など）を執行する下部組織のようになっていたともいえます。そうした地方団体に対して、国は手厚い財源保障を施してきました。そのことは、国から地方への財政移転（依存財源）が地方の歳入の多くを占めることからもわかります。

　地方税、地方交付税、国庫支出金は、これらの制度の相互補完性に鑑みれば、一体とした改革は必要でした。この三位一体改革の内容について、高く評価できる点を列挙すると次のようになります。国庫補助負担金の改革が大規模に行われるとともに、地方税の充実確保のために、地方団体の課税自主権の拡大が図られました。地方交付税への依存を低下させるべく、財源保障機能を全般的に見直して縮小する方向性が示されました。このように、三位一体改革には、個々には望ましい改革のパーツはあったのです。

　しかし、三位一体改革は、包括的な改革としては不徹底でした。三位一体改革は、税源移譲は行ったものの、国の財源保障や関与が現状維持的に終わってしまいました。それは、税源移譲を国庫補助負担金の削減とセットで行い、財源保障を担わせたい地方交付税の改革はそれらとはやや独立して行ったことが影響しました。

　税源移譲を進めつつ国の財源保障や関与を現状維持的にする形で改革を行ったことで、次のような事態が生じました。まず、税源移譲によって、人口や企業が多い地域の税収は大きく増えますが、過疎部の地方団体の税収はそれほど増えないことから、税収の増え方に地域差が顕在化しました。税源移譲をするからには国から地方団体への支出、特に地方団体の義務的な経費に対する国庫補助負担金を削減せざるを得ず、地方団体において、国から財源が手当てされていないのに義務的に行わなければならない支出が増えました。これにより、地方団体から財政力格差是正や、財源保障への要求が高まり、三位一体改革後に、地方交付税を増額する要求が強まりました。

　ところが、地方交付税を増額すれば、国の財政収支は悪化し、地方の財源依存体質も改善しません。現行の地方交付税に依存した制度では、地方団体の自律的な財政運営は期待できません。

　さらに、地方団体の重要な４つの財源のうちの１つである地方債は、三位

一体改革の中では、一体的な改革策は講じられませんでした。地方債は、その元利償還の財源を後年度の地方交付税（基準財政需要額）で措置する仕組み（前述の地方債元利償還金の交付税措置）があったり、地方税で標準税率未満とした地方団体は総務大臣等の許可がなければ起債ができない仕組みがあったりして、地方交付税制度や地方税制とも深く関わりのあるものです。それにも関わらず、三位一体改革では、地方債が取りこぼされてしまいました。

　三位一体改革以後、2009年からの民主党政権期には、地域主権改革として、行政権限を国から地方に委譲する取組みが行われましたが、三位一体改革のように財源に関わるところまで踏み込んだ改革は行われませんでした。

5.2　あるべき地方分権改革

　地方分権の長所を活かすには、各地方公共団体で主体的に財源を確保できるようにして、国への財源依存を断つとともに、国の過剰な関与や救済を排して自律的な行財政運営ができるようにする必要があります。

　財政面からあるべき地方分権改革を、これまでの議論を踏まえて考えてみましょう。現行制度では、地方税、地方交付税、国庫支出金のみならず、地方債についても国が強く関与しています。本章2節で説明したように、各々の制度が相互に密接に関連した制度になっています。そして、中央集権的な現行制度の性質を踏まえ、今後の地方分権改革は、地方税、地方交付税、国庫支出金、地方債にまつわる制度を一体的に改革する必要があります。それでは、どこをどのように改革する必要があるでしょうか。図9-14に全体像をまとめています。

地方税制のあり方

　まず、地方分権を進める上で、地方税の充実は不可欠です。しかし、三位一体改革時に行われた税源移譲は、国の税収を減らすことにより地方の税収を増やす形で、ゼロサムゲームに陥ったことから、地方税の充実が国税の減収とセットとなると改革が阻まれる恐れがあります。地方税の充実の主眼は、公共サービスから便益を受けている住民に適切に負担してもらうことに

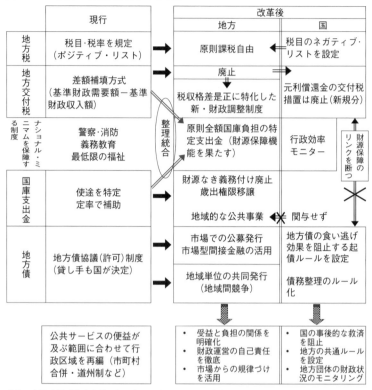

図9-14　今後の地方分権改革のあり方

出典：土居丈朗「財政出動の宴の後に：財政・税制改革」伊藤隆敏・八代尚宏編『日本経済の活性化：市場の役割・政府の役割』（日本経済新聞出版社、2009年）pp.153-189、土居丈朗『三位一体改革　ここが問題だ』（東洋経済新報社、2004年）。

あり、それは各地方団体が国の財政状況とは独立して決めてよいものです。

　地方税制は、応能課税原則ではなく応益課税原則を徹底することが不可欠です。なぜならば、地方公共団体の公共サービスは、行政区域が限定された中で、便益を受ける住民に身近なところで供給されており、その地域の住民から便益に応じて課税することで財源を確保することが可能だからです。逆に、地方税制で所得再分配機能（あるいは応能課税原則）を強く発揮しようとして、地方団体が高所得の住民に高い税を課税すれば、その住民は他の地方団体に移住して税負担を逃れられます。その意味で、地方税制において、

応能課税原則を徹底することは不向きです。

　各地方団体が独自性を出して課税するのはよいのですが、目下行われている独自課税（第5章4.5項で詳述）の多くは、他の地方団体の住民に課税することを暗に含んでおり、問題があります。

　2000年度に、地方税法で定めている税目以外で課税する法定外目的税が新設され、従来からあった法定外普通税とともに総務大臣の許可制から事前協議制となりました。

　これを受けて、各地の地方団体で独自課税の動きが活発になりました。たとえば、ホテルや旅館の宿泊者に課税する宿泊税（通称ホテル税）や、釣り客に課税する遊漁税です。その税収は、負担したのは他地域の住民であっても、課税した地方団体の住民への公共サービスに充てられ、その便益は主にその地方団体に住む住民が享受します。他方で、宿泊税の場合、支払った宿泊客は宿泊中に水道や鉄道・バスなどの公共サービスの便益を受けるものの、水道料金は宿泊代に転嫁されていますし、鉄道・バス運賃は別途負担させられています。それ以外の公共サービスの便益は、受けているとはいえわずかで、その上、税金をかけるのは、意義が希薄です。結局は、こうした税は公共サービスの税負担を他地域の住民に転嫁することになっています。こうした転嫁は、まさに**租税輸出**です（第5章4.5項で詳述）。

　地方団体が独自の地方自治を行うことは望ましいのですが、租税輸出してその税収をまかなうことは、必ずしも望ましくありません。なぜならば、公共サービスの便益を受ける住民がその費用を負担する原則が徹底できないからです。この原則が徹底できなければ、税負担を無制限に他地域の住民に転嫁したり、その税収で不必要な支出を増やしたりして、地方団体の放漫な財政運営に歯止めをかけられないからです。租税輸出は、この原則から逸脱しています。そのため、租税輸出の性質を持つ税は、地方団体の独自課税にはふさわしくありません。

　上記の原則の観点から、地方団体が財政規律を働かせ、健全な財政運営を行うには、今後進める地方分権において、必要な財源を十分にまかなえるよう、各地方団体が独自に税率を設定できるようにする必要があります。しかし、前述のように、どの税目でも独自に課税してよいというわけではありま

せん。

　では、どのような地方税制が地方分権にふさわしいでしょうか。それは、課税対象となる資産価値の評価が適切に行われることを前提に、土地に対する固定資産税を中心とした地方税制です[5]。土地に対する固定資産税が他の税目より望ましい理由は、課税対象である土地は地域を越えて動かず、公共サービスの便益が地価に反映し、その地価に応じて課税できるからです。公共サービスの便益が地価に反映することを、**税の資本化**と呼びます。

　税の資本化は、次のように起こると考えられます。ある地方団体で、他の条件は変わらないとして、よい公共サービスを供給すれば、その分だけ住民の効用が上がります（一般には住み心地がよくなると認識されるでしょう）。その地域に住めば効用が高まるとなれば、そこに住みたい人が増えるので、住宅地は高い値段を付けても売れるようになって、地価が上がります。これが、まさに公共サービスの便益が高まったことで、地価が上がるという現象です。

　でも、公共サービスの供給には税金の投入が必要です。そこで、他の条件が変わらず、地価の上昇分が公共サービスの供給に起因するとなれば、その地価（土地の価値）に比して土地に対する固定資産税を適切な税率で課せば、応益課税ができます。その点で、土地に対する固定資産税は応益課税原則に合致しています。

　それとともに、公共サービスの便益を受ける住民から税を直接負担してもらう必要もあります。その観点から、個人住民税を適切に課税することも応

5）わが国の固定資産税は、第5章4.4項で説明したように、土地だけでなく、家屋や償却資産にも課税されています。しかし、公共サービスの便益は、土地に根差した形で及びますが、家屋や償却資産は応益課税とは考えにくいものです。償却資産は、生産に用いる機械類なので、難易の度合いには差はあれ、企業は生産拠点を移すことによって償却資産の立地を選ぶことができます。したがって、償却資産は課税対象が地域を越えて移動するものといえます。償却資産への課税は、その立地の選択を歪めます。
　家屋については、たとえば熱効率の良い家屋を建てると、家屋としての価値が高まり家屋に対する固定資産税を多く払わなければなりません。しかし、受ける公共サービスの便益は、熱効率が良くても悪くても変わりません。このように、家屋に対する固定資産税は、応益課税とはいいにくい性質があります。

288

益課税原則に合致しています。特に、個人住民税の均等割は、代替効果がない一括固定税の一種なので、必要に応じて負担を増やすことも重要です。しかし、個人住民税で累進課税をするのは、前述のように高所得者が移住することを考えると、地方税として不向きなところがあります。

　もちろん、個人住民税（均等割）と土地に対する固定資産税だけでなく、地方消費税も地方税の基幹的役割を担わせることはあってよいでしょう。

　以上をまとめると、今後の具体的方向性として、地方団体が、課税する税目や税率を原則として独自に決められるように改革する、すなわち「課税自主権の（実質的な）移譲」が必要といえます。ただし、租税輸出をもたらす税は独自に課税するべきではありません。これらを総合すれば、現行の地方税法では、地方団体が課税してよい税目と税率を規定したポジティブ・リストになっているのを、今後は地方団体が課税してはいけない税目を規定したネガティブ・リストに改正して、それ以外は原則として独自に課税できる状態にするのが望ましいといえます。

地方交付税と国庫支出金の一体的改革

　地方交付税は、その算定方法に、地方財政の規律付けを阻害する要因が内在しています。地方団体が懸命に行政改革に取り組み、無駄な支出を削減したり、地元経済を活性化しようとしたりすると、かえって地方交付税が減額されて、財政収支が改善しないのです。その意味で、現行の算定方式は、改革するインセンティブ（誘因）を阻害する要因があります。

　たとえば、図9-15に示されているように、児童数が減ったことから小学校の統廃合を積極的に行ったとします。これにより、実際の教育費は抑制できますが、基準財政需要額に含まれる教育費も減ります。すると、財源不足額が減少し、もらえる交付税は減ってしまいます。実際の支出は減らせても交付税が減額されては、地方団体の収支はあまり改善しないので、地方交付税制度において歳出削減を行う誘因が阻害されてしまいます。

　また、地元経済を活性化する努力を行ったとすると、これが実現すれば税率を上げなくても税収が増えます。税収が増えた分の一部は基準財政収入額の増額として反映されます。すると、基準財政需要額が同じならば財源不足

図9-15　現行地方交付税制度の問題点

〈行財政改革を行うと…〉　　　　　〈地域経済活性化を行うと…〉

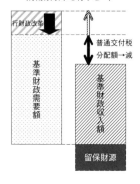
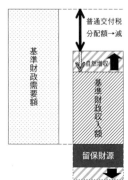

が少なくなり、交付税がその分だけ減額されます。つまり、地元経済を活性化すると、税率を上げなくとも税収が増加すると思いきや、地方交付税が減額される分だけ地方団体の収支は改善せず、地方団体の努力が報われない仕組みとなっています。

　この例が示唆するように、経済学の研究において「貧困の罠」と呼ばれる現象が、地方交付税制度をめぐって起きていることが明らかになっています（図9-16）。貧困の罠とは、発展を促し貧困から脱却することを狙って外部から経済的援助を行っても、それに頼り切ってしまい経済成長がなかなか持続せず、罠にはまったかのように貧困状態から抜け出せない状態を指します。発展途上国経済の状態を表す経済学の専門用語です。地方交付税制度が地域経済を「貧困の罠」に陥らせていて、国が配る地方交付税への依存が強い地方団体では、地域経済を自発的に活性化する努力が報われず、結果的に地域経済を低迷させていることが伺えます。

　このような動機付けが働くことは、現行制度が望んでいることではありません。しかし、制度に内在する動機付けが前述の通りなので、差額補填方式という現行制度を抜本的に改めない限り、根本的に改まりません。その観点から、図9-14にあるように、地方交付税や国庫補助負担金を換骨奪胎して、新たにナショナル・ミニマム[6]を確保する特定補助金を交付することなどが必要です。現行の地方交付税には、財源保障機能と財政調整機能が課せられ

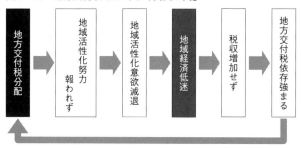

図9-16 地方交付税をめぐる「貧困の罠」

```
地方交付税分配 → 地域活性化努力報われず → 地域活性化意欲減退 → 地域経済低迷 → 税収増加せず → 地方交付税依存強まる
```

出典：Doi, Takero（2010）"Poverty Traps with Local Allocation Tax Grants in Japan," *Japanese Economic Review*, 61(4), pp.466-487の結論をもとに作成。

ています。しかし、1つの政策手段で2つの政策目標を担おうとするところに無理があります。所与の数の独立した政策目標を達成するには、少なくとも同数の政策手段がなければならないことが、**ティンバーゲンの定理**で証明されています。

　したがって、財源保障機能と財政調整機能は、少なくとも2つの政策手段によって担う必要があります。そこで、財源保障機能は新たにナショナル・ミニマムを確保する特定補助金を交付する仕組みに担わせ、地方交付税を財政調整機能だけに特化して地域間の税収格差を適度に是正する仕組みに改めることで、この問題を解決できます。

国と地方の役割分担

　ナショナル・ミニマムの設定や国と地方の役割分担については、図9-17と図9-18に示しています。ある公共サービスについて、すべての地方団体でその水準以下にならないように供給されるところでナショナル・ミニマムを定め、その行政水準までの財源は国が保障し、それ以上の行政水準については、上乗せ（行政水準を高める）したり横出し（行政でカバーする対象を

6）ここでの「ナショナル・ミニマム」は、純粋公共財か外部性が全国に及ぶほど広域である財で、国民全体でみて現在の所得・資産水準にふさわしい租税負担でまかなえる水準（量）を指します。これは、土居丈朗『入門｜公共経済学』（日本評論社）第10章で定義されたものであり、日本国憲法第25条に基づく水準を超えることはありえます。

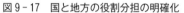

図9-17　国と地方の役割分担の明確化

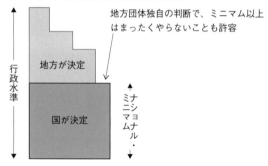

図9-18　国庫負担のあり方（イメージ）

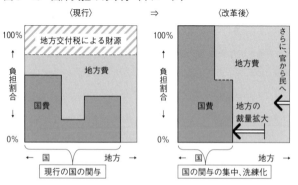

広げる）したりすることは地方団体の任意とする代わりに、その財源は地方団体が独自に確保することとするのです。これを図9-17に表しています。

　どの公共サービスをどの財源でまかなうかは、図9-18に示しています。図の横軸に各公共サービスを性質別に並べて、国が担うのがふさわしい公共サービスを左側に、地方団体（あるいは民間）が担うのがふさわしい公共サービスが右側になるように配置しています。縦軸は、その公共サービスの財源を国と地方のそれぞれが負担している割合を示しています。図9-18の左図は、現行制度のイメージを示しています。現行制度では、国が担うのがふさわしい公共サービスには、ある程度国からの補助金などが充てられているものの、全額を国が負担することはしていなかったりします。他方、地方が担うのがふさわしい公共サービスでありながら、国からの補助金などがそれ

なりに出ていたりします。その上、財源保障機能として国から配られる地方交付税が地方の財源として充てられています。

そこで、国と地方の役割分担を明確化した上でそれと整合的に財源の分担を考えれば、図9-18の右図のようになります。図9-17と整合的に、国が担うのがふさわしい公共サービスは国が全額財源を負担するとともに、地方が担うのがふさわしい公共サービスは地方が全額財源を負担するようにすることです。もちろん、その中間的な公共サービスもあるでしょうから、その場合は国と地方が財源を折半して負担することもありえます。さらに、状況次第では、地方が担う公共サービスでも民間に委ねてよいものは、地方団体が提供することをやめて、民間に委ねることもあってよいでしょう。

地方債制度のあり方

地方債については、多くの地方団体では地方債元利償還金の交付税措置の恩恵を受けており、実質的に地方債の返済負担を（地方交付税の財源である）国税につけ回しているも同然です。本来は、地方団体がコスト意識を持って起債すべきです。こうした状態を改めるには、地方団体の課税能力を強化して、地元住民からの税収で借金を返済できる仕組みにすることが必要です。また、地方債の貸し手側、つまり民間金融機関や地方債市場の投資家から、過度に債務を負わないように規律付ける作用を活用することも有効です。図9-14に示されているように、返済能力のない地方団体は自制して起債しない誘因が生じる地方債制度の設計が求められます。そのためには、債務残高が過大になった地方団体を、国が事後的な救済をしないよう制度的にコミットすることで、事前的に過大な債務を負わないのがよいと地方団体に認識させることができます。

ただし、地方債発行について、国がまったく関与すべきでないというわけではありません。地方団体の個別の行動で防ぎきれない経済現象として、**地方債の食い逃げ効果**があります。現在の住民は、将来の償還時の増税を嫌って他地域へ移住できるので、その地方団体が行政区域を越えて旧住民に対して償還時に課税できなければ、課税の仕方によっては、地方債発行でまかなった現在の政府支出（地方公共財供給）の便益だけ受け取って将来の増税か

ら逃れるという、便益の食い逃げが起こりえます。これが地方債の食い逃げ効果です。地方債の食い逃げ効果が起これば、当初の予定では自力で債務を返済できたかもしれませんが、事後的には償還財源の税を負担する住民がいなくなって、債務の返済が滞る恐れがあります。地方債の食い逃げ効果を阻止するためには、ある程度国が地方団体の起債を規制するルールを設定しておく必要があります。しかし、現行制度は地方団体の放漫財政を止めるのには不十分で、貸し手（債権者）が地方団体に過剰に貸さない誘因が生じるルールもさらに必要です。場合によっては、地方団体の債務整理に関するルールもこれに含まれるでしょう。その点で、国によって地方団体の財政状況をモニターする仕組みを整える必要があります。

このように、今後の地方分権改革は、地方税、地方交付税、国庫支出金、地方債にまつわる制度を一体的に改革する必要があります。

10 公会計・世代会計

1 公会計改革の取組み

1.1 公会計整備の必要性

公会計とは、公共部門の会計のことです。民間企業が経営状態を明らかにするために、企業会計基準を設けて財務状況を公表するのと同じように、政府も主権者たる国民に対して、財政状況を公表する必要があります。その際に、どのように有益な情報を提供するかが重要となってきます。

特に、日本の政府債務残高は未曾有の規模に達し、節度なく財政赤字を拡大させることは許されない状況です。これを改善するには、財政を健全化する政策スタンスを採るとともに、政府の予算・決算を国民によりわかりやすく説明することや、予算・決算の内容と各省庁・部局の権限をきちんと関連付けて行政責任を明確にすることも求められます。民間企業では、株主や取引相手に対し、自社の財務状況をわかりやすく説明したり、決算内容いかんによっては経営者が責任を取ったりすることは、通常の姿です。その発想を行政に活かして、公会計制度を改善することが必要です。

第3章で説明した財政民主主義や、第5章で説明した租税法律主義の観点から、予算や税法は事前に議会で審議、議決しておくべきものです。したがって、経営の結果として現れる決算を重視する民間企業と異なり、政府では予算も事前の統制として重要な位置を占めています。政府が主権者たる国民の総意に反して財政活動を行おうとすることをあらかじめ防ぐためには、予算は厳格に定めておかなければなりません。したがって、これまでの公会計では、単式簿記・現金主義会計が主流でした。これまで、わが国の公会計で採られてきた単式簿記・現金主義会計を官庁会計とも呼びます。

　ここで、特定のルールに基づいてお金のやり取りを帳簿に記録する仕方である**簿記**と、帳簿に記録して活動の状況を説明する一連の流れである**会計**の仕組みを少し説明しましょう。

　まず、政府が行う取引をいつの時点で記録するかによって、現金主義と発生主義の2つの異なった原則があります。**現金主義**とは、費用や収入の認識を現金の収支という事実に基づいて行う会計処理原則です。現金の受け払いが発生した日時で取引を記帳します。**発生主義**とは、費用や収入の認識を現金の収支という事実だけにとらわれず、契約の成立や請求などで将来の現金の受け払いが発生する事実に基づいて行う会計処理原則です。現金の受け払いが発生した日時はもとより、契約が成立したり請求が生じたりした日時でも取引を記帳します。

　これまでの公会計が現金主義を採用してきた理由は、予算をもって民主主義的統制を政府に課すには、現金の受け払いに拘束を課すほうがより厳格で、かつ容易である点を活かしたからといえます。発生主義では、まだ実際に現金の受け払いが生じていない将来のことについて、推計をもって記録せざるを得ない点で、予算をもって民主主義的統制を政府に課しにくいとみられてきました。

　しかし、昨今の政府債務の累増にも現れているように、目先の現金の受け払いだけしかみていないと、将来どれだけ債務が増加するかを事前に予測せずに、政府支出を行ったり、政府が契約を結んだりする恐れがあります。たとえば、道路を建設する際に、目先の現金支出である工事費が少ないからといって、その建設を決定してしまったものの、完成後の維持補修費が重荷に

なるという恐れがあります。あるいは、目先の行政サービスのために公務員を大幅に増員したとしても、いったん雇った公務員が退職をする際に退職給付を支払わなければならなくなったときに、その備えができておらず、退職給付を支払うための財源確保に窮するという恐れもあります。

こうした将来の財政負担に関しては、現金主義では捉えきれず、発生主義で記録することで明確に認識することができます。発生主義においては、公共施設の将来における維持補修に備えた減価償却費、将来の退職給付に関する退職給付引当金が、これに該当します。減価償却費は、建物などの固定資産で1年間に生じる価値の減少分を費用として計上したものです。そうすることで、それぞれの事業にまつわる全体のコスト（フルコスト）や将来にわたるコスト（ライフサイクルコスト）がうまく認識できるようになります。

確かに、現行の官庁会計でも債務負担行為（国の場合は国庫債務負担行為：第2章参照）は、発生主義的な発想で費用を認識しようとしています。しかし、公務員の退職給付は、債務負担行為には計上されておらず、現行の現金主義の官庁会計では不十分といえます。

また、予算の民主主義的統制を踏まえて現金主義を厳格に適用すると、会計年度が終わる3月31日までに現金の受け払いを終えなければなりません。しかし、議会で議決された予算を踏まえて3月下旬に支出を伴う行為を行ったものの、実際の現金の支払いが3月末までに完了しない場合もあります。しかし、この支払いは4月以降に必ず行わなければなりません。この支払いを翌年度のものとして扱うと、予算が議決された年度と現金の支払いを現金主義的に記録される年度が異なってしまい、整合性がとれません。このように、議会で議決された予算を踏まえていれば、会計年度末までに現金の受け払いが完了しないとしても、予算が認められた年度における現金支出とみなすことにしています。ただし、こうした現金の受け払いはいずれ確定させなければならないため、年度を越えて一定の期限を設けて認めています。現金の受け払い（収入と支出）の出納にかかる事務を整理し確定する期限を出納整理期限といい、年度終了後から出納整理期限までの期間を**出納整理期間**といいます。これにより、現金の受け払いが属する年度を発生主義的に捉えています。

最近のわが国での公会計改革の取組みで、もう１つの重点項目は、複式簿記の導入です。

　取引の帳簿の付け方（簿記）には、単式簿記と複式簿記があります。**単式簿記**は、現金の増減を中心に記録を残す方法です。現金の出入りを発生した順に収入と支出に分けて記録するもので、子どものお小遣い帳がその典型です。**複式簿記**は、取引によって生じる資産・負債・純資産の増減や費用・収益等の発生を、その原因と結果に分けて、それぞれを記録する方法です。原因と結果に分けることで、フローの動きとストックの動きを同時に記録できる利点があります。

　公会計でこれまで単式簿記が用いられてきたのは、事前統制に基づき予算執行の管理を行うべく、現金の出入りを確実に記録し、確認を容易にすることに重きが置かれていたことが背景にあります。しかし、単式簿記だと、現金の出入りにまつわる取引しか把握できないため、現金の出入りを伴わない発生主義的な取引がうまく把握できず、フローの動きとストックの動きを関連付けて捉えることが難しくなってしまいます。特に、わが国の財政では、政府が保有する資産（行政に用いる公共施設や投融資に伴う資産など）が多様化し、負債が巨額になっていることから、ストックを的確に捉えられる複式簿記の発想が重要となっています。

　さらにもう１つの重点項目は、連結決算の導入です。これまでの公会計では、決算は会計ごとに単体で公表することとしていました。しかし、たとえば国の一般会計は、様々な経費が網羅的に計上されてはいますが、その支出の多くは、特別会計へと通り抜けるだけになっています。これでは、国民にとって、一般会計だけを見ても国の予算内容を十全に理解できたとはいえません。また、国の特別会計で行う事業のための財源の一部は、一般会計にて国債で調達されながら、その返済負担は事業とは無関係に一般会計で扱われるため、特別会計では債務に伴うコストが軽く認識されがちです。特別会計は、特定財源以外に、一般会計にて国債でまかなわれて繰り入れられた財源をも得て支出していますが、その元利償還負担は一般会計で経理され、特別会計の収支を直接的に圧迫しないことから、一般会計での償還負担が増えても特別会計で事業を増やし続けようとするのです。

こうした背景から、わが国の公会計改革は、単式簿記・現金主義会計に基づく単体決算だけの公表から、複式簿記・発生主義会計に基づく連結決算をも公表することとなりました。

1.2　公会計改革の経緯

　わが国の公共部門の財政状況について、複式簿記的に発生主義会計で把握する試みがまったくなかったわけではありません。第1章3節でも触れた国民経済計算体系（SNA）に基づき、公共部門の財務諸表が毎年作成され、内閣府経済社会総合研究所が『国民経済計算年報』として公表しています。SNAは発生主義に基づき、厳格な資産評価も適用しており、公共部門の財務諸表が作成されています。ただ、これらの財務諸表は、前述の現金主義会計に基づく国や地方公共団体の決算統計や、一部で発生主義的に捉えられた債務のデータをもとに発生主義の発想で計算し直したり、減価償却費や退職給付などを仮定計算して推計したりしています。そのため、財政の全体像を把握したり国際比較したりする上では意味がありますが、国や地方公共団体における個々の会計間の取引を把握したり、決算における結果を即時的に予算編成に活用したりするには向いていません。

　それを克服するには、行政の現場の伝票処理や出納事務から根本的に複式簿記や発生主義会計を導入するのが最善ですが、それには新たに事務処理システムを構築するためのコストや職員の再教育が必要になります。先進国では、オーストラリア、ニュージーランド、イギリス、フランスなどでそうした取組みが行われました。わが国で、それがすぐにはできないとしても、国会に提出する決算書にできるかぎり根ざした形で、民間企業が採用している基準に近い発生主義会計で財政状況を把握することは有効だといえます。

　わが国では、国の会計における発生主義に基づく貸借対照表が、1998年度決算で初めて「国の貸借対照表（試案）」として財務省において作成されました（現在は、後述する「国の財務書類」が継承）。特に、2000年度以降は、特殊法人等を連結した貸借対照表が作成されました。ただ、これはストックの貸借対照表だけで、それと整合的なフローの財務書類はありませんでした。

特殊法人等については、2000年度決算から、民間企業仮定の貸借対照表、損益計算書、キャッシュ・フロー計算書などの一連の財務諸表を含んだ「行政コスト計算書」を作成しています。これには、企業会計基準並みの発生主義に基づくより厳格な会計基準が導入されています。また、国の独立行政法人は、独立行政法人制度が発足した2001年度から、法律で報告が義務付けられた財務書類に、企業会計基準並みの発生主義に基づく会計基準が導入されています。

　国の公会計改革は、財政制度等審議会（財務大臣の諮問機関）に、公会計に共通する基本的な考え方について総合的な検討を行うため公会計基本小委員会が新設され、2003年1月から議論を本格化させました。そこで、公会計に関する説明責任の向上や情報開示の充実等を図る観点から、これまで個別に作成されてきた財務書類の評価・検証や諸外国における取組みとその活用状況等についての評価・検証を行い、公会計の対象範囲、目的など公会計全体を通じた基本的考え方について検討し、2003年6月に財政制度等審議会として「公会計に関する基本的考え方」を取りまとめました。同時期に、国の特別会計についても、1999年度決算までさかのぼって、発生主義を導入した新たな会計基準による新たな財務書類が公表されました。この会計基準は、2007年に特別会計法が施行されたことを踏まえた「特別会計財務書類の作成基準」に引き継がれ、今日に至っています。各特別会計は、発生主義的な会計基準に基づいた報告が特別会計法で義務付けられています。

　このように、国の公会計の新たな取組みは、特殊法人等や独立行政法人、そして特別会計へと、発生主義を導入した民間企業並みの会計基準で財務諸表の作成が進められてきました。そして、いよいよ財政の中心的役割を担う一般会計に同様の会計基準を導入して統一的に財務諸表を作成する段階に入り、2004年6月には「省庁別財務書類」に関する作成基準が取りまとめられ、財務書類が公表されました。「省庁別財務書類」は、2002年度決算から作成されています。

　地方公共団体でも、公会計改革の動きが始まっています。東京都では、1999年7月に貸借対照表を試作したことを皮切りに、2006年度から、従来の官庁会計に複式簿記・発生主義会計の考え方を加えた新公会計制度を導入し

ました。東京都独自の会計基準を策定し、日々の会計処理の際に、一件ごとに複式簿記の仕訳を行うことにより、従来の官庁会計で求められる報告に対応するとともに、発生主義会計に基づく財務諸表を迅速かつ正確に作成することを可能としました。大阪府も新しい公会計制度を導入して財務書類を公表しています。

　他の地方公共団体については、総務省で新しい地方公会計モデルの検討が重ねられた結果、作成の容易さに鑑み、書類作成の方法として2つのモデルが示されました。これを受けて、2007年から各地方公共団体が財務書類の作成に取り組み始めました。しかし、2つのモデルのうちどちらを採用するかは各地方公共団体に委ねられ、かつ2つのモデルで作成された財務書類は相互には比較可能ではないため、財務書類を作成した地方公共団体間で会計指標を比較することができない場合が出てきました。そこで、2015年1月に総務省は「統一的な基準による地方公会計マニュアル」を出し、統一した地方公会計モデルに基づいて、2017年度末までに財務書類の作成が各地方公共団体に要請されました。

2　国の公会計

　国の公会計において、「省庁別財務書類」は、各省庁が所管する一般会計と特別会計等の財務状況等に関して、説明責任の履行の向上及び予算執行の効率化・適正化に資する財務情報を提供することなどを目的として、企業会計の考え方や手法を活用して作成されるものです。前掲の「公会計に関する基本的考え方」を踏まえ、予算執行の単位であるとともに行政評価の主体である省庁に着目し、省庁別のフローとストックの財務書類を作成し、歳出権限にあわせて会計報告の責任と説明責任の履行、そして行政効率化を進める狙いがあります。

　これらの財務書類に関して、一般会計、特別会計、政府関係機関、独立行政法人、国立大学法人等をすべての省庁について合算連結したものは、「国の財務書類」として、2003年度決算から公表されています。「国の財務書類」と「省庁別財務書類」の関係を示したのが、図10-1です。この中には、発

図10－1　「国の財務書類」の構成

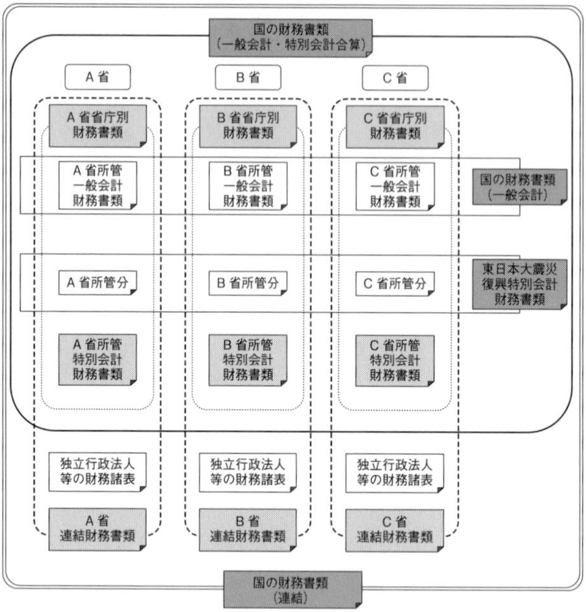

出典：財務省「『国の財務書類』ガイドブック」。

生主義会計に基づく会計数値が法的拘束力を持って作成される特別会計や独立行政法人の財務書類が含まれており、「国の財務書類」や「省庁別財務書類」はこれらと整合的に作成されています。

財務書類の体系としては、ストックについて貸借対照表、フローについて業務費用計算書、資産・負債差額増減計算書、区分別収支計算書の計４種類の財務書類からなり、これらの附属明細書も作成されています。図10－2は、「国の財務書類」の体系の全体像を示しています。

貸借対照表（バランスシート）とは、ある一時点におけるすべての資産や負債、資本の規模を記載し、一覧できるように表示したものです。「国の財務書類」での貸借対照表には、国が保有する金融資産や実物資産、国が負う負債が計上されています。

貸借対照表は、従来から民間企業で多用されてきました。たとえば、企業では、事業を営むには土地や機械などが必要です。また、運転資金を一時的

図10-2 「国の財務書類」の体系

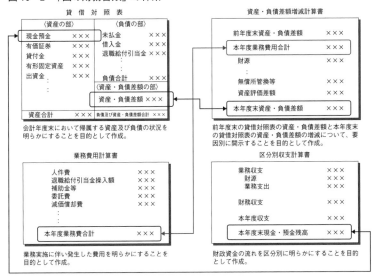

出典：財務省「『国の財務書類』ガイドブック」。

に現金や預金で持つことがあります。これらを**資産**と呼びます。貸借対照表では、資産は左側（借方）に書くことになっています。資産を買うためにはお金が必要で、どこかから調達してこなければなりません。誰かから借りて調達した場合、必ず返済しなければなりません。このように、返す必要のある借りたお金を、**負債**と呼びます。それ以外の調達方法としては、出資者を募る方法があります。株式会社なら、株主にお金を出してもらい、資産を買うことができます。このように、出資してもらったお金を、**純資産**と呼びます。負債と純資産は右側（貸方）に記します。貸借対照表では、必ず「資産＝負債＋純資産」となります。特に、負債が資産よりも多いと債務超過と呼び、このとき純資産はマイナスの額になります。

　他方、国の場合、出資者はいません。したがって、「国の財務書類」では純資産ではなく**資産・負債差額**と呼びます。国の貸借対照表を見る際には、民間企業と違う点を十分踏まえなければなりません。民間企業が保有する資産は、解散したり倒産したりするときには売却して換金し、債権者や株主に返して清算することもありえます。しかし、国は、解散して清算することは

ありえません。国が保有する資産は、道路や河川といった公共用財産、特別
会計の積立金が大半を占めています。公共用財産は、不断に見直すことで必
要性の低い土地や建物は売却などするとしても、現に行政サービスを国民に
提供する目的で保有しているものは、売却して現金化することを基本的に予
定していません。また、特別会計の積立金は、第3章のCOLUMN 3.1で触
れたように、リスクに備えて取り崩すべきでないものか、将来の給付財源に
充てるために積み立てていて、負債の返済に充てることを想定していないも
のです。すぐに換金可能な資産は、かつて国営で今は民営化した会社の株式
ぐらいです。

　これを踏まえると、資産・負債差額は、計算上金額が出てきますが、売却
して負債の返済に充てられる資産がほぼない以上、将来の国民負担となる額
は負債合計に近い額である点に留意が必要です。

　一年度の間に行われた取引をフローの量として記録する書類は、民間企業
では損益計算書です。民間企業では、営利を目的としていることから、損益
計算書で収益と費用の状態を表して、その差額として利益または損失を明ら
かにすることに意義があります。しかし、政府は営利を目的としていませ
ん。したがって、収益と費用の差額を利益または損失とみなすこと自体に、
公会計では意味を持ちません。公会計ではむしろ、費用の詳細や、租税や社
会保険料による財源か公債による財源かを明らかにすることが重要です。

　そこで、国の公会計では、損益計算書ではなく、業務費用計算書と資産・
負債差額増減計算書を作成することとしました。

　業務費用計算書では、行政にかかる費用を発生主義的に計上しています。
そこでは、人件費、退職給付引当金、年金給付費、補助金等、地方交付税交
付金、（独立行政法人や国立大学法人などへの）運営費交付金、（国有財産
の）減価償却費、（国債などの）支払利息などが計上されています。

　資産・負債差額増減計算書では、貸借対照表にある資産・負債差額の前年
度末から本年度末にかけての変動要因を発生主義的に示しています。主な変
動要因には、業務費用計算書で計算された業務費用合計と、租税などによる
財源です。本年度の業務費用が租税や社会保険料などでまかないきれなかっ
た場合、通常ではそれを国債などの負債でまかなわざるを得ません。これ

が、ひいては本年度末の負債残高の増加要因となり、それと同時に資産・負債差額の減少要因となります。また、発生主義的に捉えているため、国が保有する金融資産を時価評価することによる資産評価差額や、外国為替資金特別会計が保有する米国債などの外貨建て金融資産を時価評価することによる為替換算差額も、資産・負債差額増減計算書に計上されます。これらは、ストックを表す貸借対照表と整合的なフローを示しています（図10 - 2参照）。

最後に、区分別収支計算書は、企業会計で作成するキャッシュ・フロー計算書とほぼ同じ機能を持つものです。発生主義会計が基本である民間企業の会計とて、現金の受け払いを把握することは重要で、それをキャッシュ・フロー計算書として公表しています。国の公会計でも、現金の受け払いを発生主義的に作成された貸借対照表と整合的に示すことから、現金・預金の増減を示す区分別収支計算書を作成しています。元来、現金主義会計で予算統制をしていることから、従来から国会に報告されている歳入歳出決算では、会計ごとに現金収支の状況は明らかにしていました。しかし、一般会計や特別会計、さらには独立行政法人などを連結した形で、かつ政府の活動に即した形での現金の受け払いを表す書類は、他にはありませんでした。

区分別収支計算書では、政府の活動に即して、業務収支と財務収支の2区分で現金の収支を示しています。業務支出については、施設整備による資産計上につながる支出とそれ以外の支出に区分し、財務収支は、将来の負担となる資金調達や利息の支払額や資金調達に関する事務経費を含む返済に関する収支を計上しています。業務収支と財務収支の合計となる本年度収支に、決算処理による現金の受け払いなどを加味すると、貸借対照表の資産の部にある本年度末の現金・預金残高となります（図10 - 2参照）。

図10 - 3には、2018年度決算の「国の財務書類」の概要を示しています。

ちなみに、今日では、国の各省庁は日々の取引を単式簿記ではなく複式簿記で記帳することとなっており、これをもとに「省庁別財務書類」が作成されますが、固定資産など一部の情報を追加的に取り込むことで完成する形となっています。

図 10 - 3　国の財務書類（2018 年度）

連結貸借対照表

（単位：兆円）

〈資産の部〉	連結財務書類	国の財務書類	差額	〈負債の部〉	連結財務書類	国の財務書類	差額
現金・預金	127.6	51.3	76.3	未払金等	15.9	12.0	4.0
有価証券	397.2	119.6	277.6	政府短期証券	76.0	76.1	▲ 0.1
たな卸資産	5.2	4.3	0.9	公債	880.5	986.1	▲ 105.6
未収金等	13.0	10.8	2.3	独立行政法人等債券	54.0	–	54.0
貸付金	154.1	108.9	45.2	借入金	35.0	31.9	3.1
運用寄託金	–	112.7	▲ 112.7	預託金	2.9	6.4	▲ 3.4
貸倒引当金等	▲ 3.1	▲ 1.5	▲ 1.6	郵便貯金	179.6	–	179.6
有形固定資産	272.4	184.4	88.0	責任準備金	94.1	9.4	84.7
無形固定資産	1.3	0.3	1.1	公的年金預り金	124.7	120.8	4.0
出資金	18.4	75.4	▲ 57.0	退職給付引当金等	11.7	6.8	4.9
支払承諾見返等	2.9	–	2.9	支払承諾等	2.9	–	2.9
その他の資産	23.8	8.5	15.3	その他の負債	39.9	8.7	31.2
				負債合計	1,517.4	1,258.0	259.3
				〈資産・負債差額の部〉			
				資産・負債差額	▲ 504.5	▲ 583.4	78.9
資産合計	1,012.9	674.7	338.2	負債及び資産・負債差額合計	1,012.9	674.7	338.2

連結業務費用計算書

（単位：兆円）

	連結財務書類	国の財務書類	差額
人件費	11.1	5.2	5.9
社会保障給付費	49.8	49.8	–
保険金等支払金	7.1	–	7.1
国家公務員共済組合連合会等交付金〔補助金・交付金〕	4.4	4.7	▲ 0.3
保険料等交付金	–	10.0	▲ 10.0
補助金等（注1）〔補助金・交付金〕	30.7	33.6	▲ 2.9
運営費交付金	–	3.0	▲ 3.0
地方交付税交付金等	19.4	19.4	–
減価償却費	7.9	5.4	2.5
支払利息	7.1	7.3	▲ 0.2
その他の業務費用	30.9	6.7	24.2
業務費用合計	168.4	145.1	23.3

連結資産・負債差額増減計算書

（単位：兆円）

		連結財務書類	国の財務書類	差額
	前年度末資産・負債差額	▲ 492.0	▲ 568.4	76.4
	本年度業務費用合計	168.4	145.1	23.3
	租税等収入	64.2	64.2	–
	社会保険料	53.8	54.4	▲ 0.6
	その他（注2）	39.7	11.2	28.5
	財源合計	157.7	129.8	27.9
	超過費用（財源 - 業務費用）	▲ 10.7	▲ 15.3	4.6
上記以外	資産評価差額	1.1	3.1	▲ 2.0
	為替換算差額	▲ 3.7	▲ 4.1	0.4
	公的年金預り金の変動に伴う増減	▲ 0.7	▲ 0.6	▲ 0.1
	その他資産・負債差額の増減	1.6	2.0	▲ 0.4
	本年度末資産・負債差額	▲ 504.5	▲ 583.4	78.9

（注1）補助金等には、地方公共団体等への委託費等も含まれています。
（注2）その他には、GPIF（年金積立金管理運用独立行政法人）の資産運用損益が2.4兆円含まれています。

出典：財務省「平成30年度『国の財務書類』のポイント」。

3　地方の公会計改革

　地方公共団体においても公会計改革の動きが進んでいます。今後は、2015年1月に総務省から出された「統一的な基準による地方公会計マニュアル」（その後必要に応じて改訂）に基づいて、地方公共団体の比較も可能な形で、財務書類が作成・公表されることとなっています。

　この統一的な基準は、複式簿記・発生主義会計に基づく書類作成、固定資産台帳の整備、比較可能性の確保の3点を促進することを目的としていま

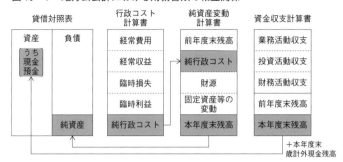

図10-4　地方公会計における財務書類の相互関係

注1：貸借対照表の資産のうち「現金預金」の金額は、資金収支計算書の本年度末残高に本年度末歳計外現金残高を足したものと対応している。
注2：貸借対照表の「純資産」の金額は、純資産変動計算書の本年度末残高と対応している。
注3：行政コスト計算書の「純行政コスト」の金額は、純資産変動計算書に記載されている。
出典：総務省「統一的な基準による地方公会計マニュアル（平成28年5月改訂）」。

す。特に、道路や学校、公共施設など、地方公共団体が所有している固定資産について、取得年月日、取得価額、数量、耐用年数などを記録した固定資産台帳を作成していない地方公共団体が、2012年度末で全団体の半数弱もあったことから、固定資産台帳をすべての地方公共団体で作成するよう促すこととしました。固定資産台帳に基づいて、地方公共団体がすべての固定資産を網羅的に把握し、公共施設の維持更新を効率的に行えるようにするとともに、貸借対照表での資産評価に役立てることとしました。

　この統一的な基準では、国の財務書類と似て、4つの書類によって構成されることを基本としています。財務書類の体系としては、ストックについて貸借対照表、フローについて行政コスト計算書、純資産変動計算書、資金収支計算書の計4種類の財務書類からなり、これらの附属明細書も作成されています。なお、行政コスト計算書と純資産変動計算書は、両計算書を結合した1つの財務書類としてもよいこととなっています。図10-4は、地方公会計における財務書類の全体像を示しています。

　貸借対照表の構成は、国の財務書類と基本的に変わりません。ただ、地方公共団体が貸借対照表を作成すると、ほぼすべての地方公共団体で、資産超過になっています。その理由は、国からの（対価性なくもらえる）補助金で

公共施設等の資産を形成しているからです。国が地方公共団体に分配する補助金の財源が国債でまかなわれていたとしても、債務者は国であって地方公共団体ではないため、地方公共団体の負債にはなりません。むしろ、国が地方公共団体に分配した補助金で公共施設等の資産を形成した場合、公共施設等は貸借対照表の資産に計上されます。そして、その資産を取得するために投じた補助金に相当する額が貸借対照表の純資産に計上されます。

　他方、国の貸借対照表では、国が公共施設等の資産を形成するために負債（国債や借入金）による財源調達に多くを依存しているため、図10－3の貸借対照表に示されているように、債務超過になっています。債務超過の貸借対照表を見ると、現状の財政運営は負債に依存し過ぎているから財政赤字削減が必要だと実感できます。それに比べて、地方公共団体のように資産超過の貸借対照表を見ると、そこから何が読み取れるでしょうか。しばしばありがちなことは、資産超過だから問題なしと認識してしまうことです。これだと、住民の財務諸表の読後感と現場の財政運営上の危機感が乖離する恐れがあります。国民としては、国は債務超過、地方は資産超過となっているので、その両者を合わせて財政状況を把握すべきです。

　地方公会計モデルの行政コスト計算書は、国の財務書類とは異なります。国の財務書類では、前節で述べたように業務費用計算書として、業務費用の内訳のみが記されています。しかし、地方公会計モデルの行政コスト計算書は、支出のみならず一部の収入も計上されます。人件費や物件費などの経常的な業務費用と社会保障給付などの経常的な移転費用を合わせた経常費用、使用料・手数料などの経常的な収入を意味する経常収益、災害復旧事業費や資産売却損などの臨時損失、資産売却益などの臨時利益が計上されます。経常費用と臨時損失の合計から経常収益と臨時利益を差し引いた額が純行政コストと表されます。税財源は、行政コスト計算書での収入には含まれません。純行政コストは、地方公共団体の一会計期間中の行政活動について税収等でまかなうべきコストを意味します。

　純資産変動計算書（国の公会計では資産・負債差額増減計算書）を作成することは、次のような意義があります。まず、今年度の資産形成の要因を明らかにできます。地方公共団体における純資産の増減の要因としては、国庫

支出金や都道府県支出金の増減、税をはじめとする財源の増減、資産評価差額等の増減が挙げられます。これらが、当該年度の資産形成にどのように影響を及ぼしたかをみることができます。

　資金収支計算書は、国の公会計での区分別収支計算書と同様、現金の受け払いを発生主義的に作成された貸借対照表と整合的に示すものです。そのうち、業務活動収支には、行政活動にかかる費用のうち資産形成を伴わない支出を現金主義で捉え直したものと、税収等や（業務活動に係る）国や県からの補助金、使用料・手数料などが計上されます。投資活動収支には、公共施設等の整備、基金の積立・取崩などに関する収支が計上されます。財務活動収支は、地方債の償還・発行などに関する収支が計上されます。基礎的財政収支（プライマリーバランス）は、支払利息支出を除く業務活動収支と投資活動収支を合計することで示すことができます。

　これらの財務書類は、2015年度に地方公共団体に無償で提供される標準的なソフトウェアで作成が可能となりました。これにより、既にある官庁会計に基づく日々の会計処理で作成される単式簿記・現金主義会計のデータ等を取り込んで、複式簿記・発生主義会計のデータに変換して財務書類を作成することが容易になり、職員が少ない町村でも作成しやすくなりました。

　多くの地方公共団体において、財務書類を見ると資産超過となっていることから、財政運営に問題なしとすべきではありません。作成した財務書類をいかに役立てるかが重要となってきます。今後期待される地方公共団体における財務書類の有効な活用法には、予算と決算・行政評価のフィードバック、資産管理の効率化、類似団体間の財務状況比較などが考えられます。たとえば、財務書類が整備されると、公共施設の管理において、資産老朽化比率などの指標が算出でき、維持補修の必要性を定量的に把握することができます。ここで、「資産老朽化比率＝減価償却累計額÷（償却資産〈建物及び工作物〉の貸借対照表計上額＋減価償却累計額）」と定義されます。

　また、当該地方公共団体本体の会計だけでなく、一部事務組合や広域連合、出資している地方独立行政法人や地方三公社、第二セクター なども連結して決算数値を把握することとなっています。これにより、連結対象となる組織における財務状況を的確に把握して、善後策を早期に講じられるように

なります。現に、下水道事業や病院事業などを営む地方公営企業や、地方三公社、第三セクター（これらは第9章1.2項で紹介）で赤字が恒常化しているところがままあり、早期に経営再建が必要です。こうした組織は、財務の現状を的確に把握することが重要で、これにより効果的な再建策を講じることができます。

COLUMN 10.1　夕張ショック

　2006年6月20日、北海道夕張市が財政再建団体（第9章4.3項参照）の申請を表明しました。財政再建団体（当時の名称）の申請は、地方公共団体の「破綻宣言」とも認識され、地方財政関係者に大きなショックを与えました。夕張市の負債残高は、2005年度末で623億円に達し、夕張市の財政規模（標準財政規模）45億円の約14倍に達しました。

　この夕張市の債務は、これまで不正な会計操作によって普通会計で負うべき債務を他会計に移し替えて隠していたため、発覚が遅れました。

　夕張市が行ったとされる会計操作は、概ね次のようなものでした（図10－5参照）。そもそも夕張市が観光事業などに着手していましたが、そこで赤字が発生してしまい、その会計が今後の収入では穴埋めできない状況に陥っていました。そこで、①特別会計の赤字を埋めるため、一般会計がN年度に必要額の貸し付けを行いました。②この貸付金について、とりあえず一般会計が金融機関からの一時借入金でまかなうことにしました。ところが、特別会計はこの貸付金を返済するお金を、N年度における独自の収入ではまかなうことができませんでした。しかし、一時借入金は年度内に完済しなければならないと決められています。そこで、N年度の出納を翌年度5月までの出納整理期間までに完了すればよい仕組みを使って、③特別会計は、一般会計へN＋1年度において5月までに（形式的に）返済したことにし、④一般会計は、この特別会計からの返済金を、N年度（出納整理期間）の収入とし、一時借入金を金融機関に償還したことにします（出納整理期間に一時借入金を返済することは認められています）。しかし、そもそも③のお金は特別会計の手元にはありません。そこで、⑤N＋1年度において一般会計が①と同様に、さらに必要額を特別会計に貸し付けたのです。N＋1年度におけるこのための資金は、②と同様に一般会計が金融機関から一時借入金により行いました。この手法が繰り返されたのです。

　特別会計の赤字が毎年度同額発生するとすれば、その額だけ一般会計の特別会計に対する貸付金が増加するとともに、その財源をまかなっている一時借入金もその分だけ毎年度増加することになります。こうして、夕張市の債務は累増していったので

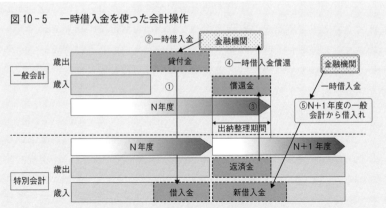

図 10-5　一時借入金を使った会計操作

②一時借入金　金融機関

歳出　　　　　　　　貸付金　　④一時借入金償還　金融機関

一般会計　歳入　　　　①　　　償還金　　　　　一時借入金

N年度　　　　　　③　　⑤N+1年度の一般
　　　　　　　　　　　　　　　　会計から借入れ

出納整理期間

N年度　　　　　　　　　　　N+1年度

歳出　　　　　　　　　　返済金

特別会計　歳入　　　　　借入金　　　新借入金

出典：総務省「新しい地方財政再生制度研究会」第2回会合参考資料2。

す。

　第9章で説明したように、普通会計等での実質収支比率（実質赤字比率とほぼ同じ）や起債制限比率（当時用いられていた比率で、実質公債費比率に近い指標）が悪化すると、これ以上財政状況が悪化しないように措置が講じられます。しかし、夕張市の件は、普通会計だけを監視対象とするのでは十分に対処できないことを示唆しています。地方公共団体が持つ他会計や第三セクターなどの外郭団体まで連結して決算を公表しなければ、正確な債務残高を把握できないのです。そして、正確に債務を把握できなければ、破綻寸前の状態まで問題解決が先送りされ、結局は住民にとって不幸なことになります。

　また、債務を現金主義で捉えていたために、前述のように債務を他会計に隠すことができてしまったのです。これが発生主義会計であれば、早い段階でより正確に債務を把握することができたはずです。

　このように、「夕張ショック」は、公会計における連結決算や発生主義導入の重要性を示唆する出来事だったのです。

4　公会計の特性と課題

　本章で説明した公会計改革の取組みは、これまで財務状況が必ずしも明らかでなかった国や地方の会計や公的機関について、より正確に実態を把握するのに有効な手段を国民に提示したものとして評価できます。この取組みも

あって、外郭団体などの財務の実態を国民が直視できるようになり、国全体で将来返済すべき債務をどの程度負っているかも明らかになりました。

公会計でも民間企業並みの発生主義会計を導入することに意義はあるのですが、企業会計基準を公会計に導入する際には、行政ならではの特性に留意する必要があります。

たとえば、民間企業は利益が目的ですが、行政の目的は国民福祉の向上であり、利益を追求することではありません。民間企業は経営業績が重視されるので決算が重視されますが、行政の主な収入源である税収は、租税法律主義であらかじめ課税前に規定しなければならないので、予算が重視されます。民間企業は経済活動と獲得される収益との間に直接的な対価性がありますが、行政は租税と個別の行政活動との間に直接的な対価性はありません。民間企業の資産は売却可能ですが、行政は道路や橋梁のように売却が著しく困難な多くの資産を有しています。そのために、行政では負債の返済は資産売却よりも税収に拠ることとなります。したがって、行政では、資産と負債の差額とともに負債残高そのものに大きな意味があります（この点は、第2章 COLUMN 2.1でも触れた点です）。

また、これまでの取組みで不十分な点は、財務状況を開示するまでにとどまり、予算過程へのフィードバックが弱い点にあります。具体的にいえば、無駄な公共事業があるとわかっただけでは不十分で、わかったならばその予算の査定時に活用すべきです。しかし、省庁別財務書類では、確かに決算書に基づいて発生主義的に財務状況を把握したとはいえ、個別の予算にまで遡ることはできていません。

国の財務書類だけで財政規律を維持できるというわけではありません。それ以外にも、行政評価手法の確定、債務を抑制する財政運営ルールの厳格適用なども順次推進することが求められます。

規律ある財政運営を行うためには、公会計改革だけでなく、予算と決算・行政評価とを明確に関連付けるところまで改革を行う必要があります。これまでは、予算を獲得しさえすれば事後評価は甘く、途中で事業を止めることは稀でした。それが、予算分捕り合戦をあおったという側面があります。しかし、決算内容や行政評価を充実させれば、各省庁の行政が国民のためにど

れだけ資したかが見極められ、それを予算の改善に的確に反映させれば、債務に過度に依存することなく、行政を効率化できるでしょう。これら一連の公会計改革を財政規律の維持につなげ、制度的に安定した財政運営の基盤を早期に確立することが望まれます。

5 世代会計

　現在から将来にかけての財政の収入と支出を世代別（生年別）に分解して、その収支を明らかにして比較する手法もあります。

　生涯を通じて個人が政府から受ける便益と、税や保険料などの形で支払う負担を、現在世代と将来世代のそれぞれで推計し、現在世代が将来世代に残す財政負担を評価したものを、**世代会計**と呼びます。生涯を通じた年々の負担を合計した生涯負担額から、生涯を通じた年々の受益（を金銭換算したもの）を合計した生涯受益額を差し引いたものが生涯純負担額（超過負担額）となります。その際、通常では、現行制度が継続することを想定して、時期によって異なる物価を調整して現在価値に直して推計します。現在世代の生涯純負担額は、生年によって異なるので、生年ごとに、過去の実績値などに基づき生涯純負担額を推計します。将来世代は、推計する基準とした年以降に生まれた個人の平均的な受益と負担を推計します。

　世代会計が他の財政収支の指標と比べて異なる点は、財政収支がある一時点でのフローの収支であるのに対して、世代会計は財政政策の純負担をどの世代がいくら負うかを示す点です。今年の財政赤字（公債発行）は、今年の政府支出の財源となる一方、将来その償還のための財政負担を課すことになり、その受益と負担は、今年の高齢世代と若年世代、さらにはまだ生まれていない将来世代とで、異なります。特に、世代ごとに給付と負担が異なりうる社会保障のあり方を考える上でも、世代会計は有用です。また、世代会計は、政策変更の影響を世代別に分析することにも使われます。

　これまでのいくつかの試算によると、日本では、1940年代生まれの世代までは、生涯受益額が生涯負担額を上回る（生涯純負担額がマイナス）傾向があり、それ以降に生まれた世代は、生涯負担額が生涯受益額を上回る（生涯

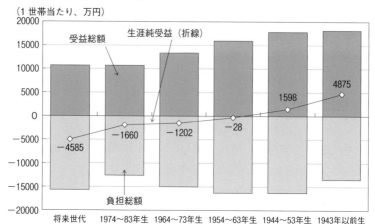

図10-6　世代別の生涯純受益

(1世帯当たり、万円)

出典：内閣府『平成17年度経済財政白書』を一部改編。

純負担額がプラス）傾向があり、その純負担額は後に生まれるほど大きくなる結果が出ています。

　図10-6は、2003年を基準にして、各世代の生涯受益額（図中では受益総額）と生涯負担額（図中では負担総額）を世帯単位に推計し、その差として生涯純受益（＝生涯受益額－生涯負担額）を表したものです。これによると、1943年以前生まれの世代では生涯を通じて4875万円の受益超過であるのに対し、将来世代では生涯を通じて4585万円の負担超過となっていることがわかります。この一因として、これまでの世代は、税負担でなく公債によってまかなわれた政府支出で恩恵を受けてきたのに対し、将来世代は少子化によって1世帯当たりの負担が多くなることが考えられます。

　世代会計における生涯純負担（あるいは生涯純受益）が世代別に大きく異なる場合、世代間の公平が損なわれていることが示唆されます。ただ、世代別に生涯純負担が均等になっていなければいけないというわけではありません。世代間の不公平がどの程度までなら許容できるか、あるいは世代間の公平をどこまで追求するかが問われます。

　このように、世代会計の概念は、社会保障をはじめ財政政策のあり方を考える上で重要であるといえます。

11 財政政策の効果

1 新古典派経済学とケインズ経済学

　この章では、マクロ経済学に基づく財政政策の効果について取り上げます。財政の機能の一つに経済安定機能があり、裁量的財政政策によって景気変動を安定化できると期待されています。経済全体において、財政政策がどのような効果を持つかは、背景となる経済前提によって異なってきます。

　マクロ経済学では、理論の前提の違いから、大別して2つの考え方があります。それは、新古典派経済学と（伝統的）ケインズ経済学です。この2つは、主に、経済における需要と供給の原動力、経済主体の合理性、価格調整の伸縮性について異なる見方を持っています。

　新古典派経済学は、家計や企業は自らの目的をよりよく達成するために合理的に行動できる主体であり、市場において価格は柔軟に調整して需給を調整できる、とみています。この前提の下では、**セイの法則**（供給が需要を生み出す）が成り立つとし、経済全体の動きは供給側の要因によって決まり、市場では需給が柔軟に調整されるので、需要と供給はすぐさま均衡します。

これが、ミクロ経済学の基礎をなす考え方となっています。

　伝統的ケインズ経済学（伝統的ケインジアン）は、**有効需要の原理**（需要が供給を生み出す）が成り立つとし、家計や企業は必ずしも合理的に行動できない主体であり、市場において価格調整には硬直性（名目硬直性）があって必ずしも十分に伸縮的に調整できない、とみています。この前提の下では、経済全体の動きは需要側の要因によって決まり、市場では需給が柔軟に調整されないことがあるため、特に労働市場では需給が一致せず**非自発的失業**（今の賃金水準でも働くことを望んでいるのに就業機会が得られない状態での失業）が生じえます。ちなみに、有効需要とは、貨幣支出を伴う需要のことで、潜在的な需要を含みません。

　こうした考え方の違いは、財政政策の有効性をめぐって異なる結果を導くことがあります。この章では、どのような経済前提の下で財政政策がどのような効果をもたらすかを、注意深く説明します。

　近年の経済学は、ミクロ経済学的な基礎付けを重視する傾向があります。その観点からすると、IS-LM 分析を中心とした伝統的ケインジアンは、次のような欠点があることが指摘されています。IS-LM 分析には、家計の効用最大化や企業の利潤最大化といったミクロ経済学的な基礎付けがありません。また、人々の合理的な期待形成を考慮していない点や、将来を見越した行動が織り込まれていない分析（静学的分析）が用いられている点も、欠点として指摘されています。

　この観点から、本章では、ミクロ経済学的な基礎付けをもち、将来を見越した行動を織り込む分析（動学的分析）による新古典派経済学に基づいたマクロ経済学に従って、財政政策の効果を説明します。本書は、財政学を扱っているので、ミクロ経済学やマクロ経済学についての解説は、必要最低限にとどめて他の教科書に委ねつつ、財政政策についての効果に焦点を当てます。また、伝統的ケインジアン（IS-LM 分析など）の詳細は、マクロ経済学の教科書に委ねます。

2 政府の財政政策

2.1 政府の予算制約

　新古典派経済学に基づき財政政策の効果を説明するには、現在だけでなく将来についての分析が可能なモデルを用いる必要があります。それには、第8章4.1項にて説明した政府の予算制約式が便利です。そこでは、政府の予算制約式を

　　　　税収等＋公債発行収入＝政策的経費＋公債費

と表しました。さらに、公債費＝公債償還費＋利払費、利払費＝公債利子率×前年度末公債残高、そして、公債発行収入－公債償還費＝今年度末公債残高－前年度末公債残高、と表せることから、

　　　　税収等＝政策的経費＋（1＋公債利子率）×前年度末公債残高
　　　　　　　　－今年度末公債残高

と表せます。ここで、今年度を t 期として、税収等を T_t、政策的経費を G_t、公債利子率を r（毎期一定と仮定）、t 期末公債残高を B_t と表すと、

$$T_t = G_t + (1+r) \times B_{t-1} - B_t$$

と表せます。この式での各変数の値は、名目額ではなく実質額（物価変動の影響を除去した額）です。

　いま、現在（第1期）と将来（第2期）の2期間で、政府の予算制約式を表します。第1期には既存の公債残高はなく、政府が第1期に公債を B だけ発行して、第2期にそれを償還して新たに公債を発行しないとすると、

$$T_1 + B = G_1$$
$$T_2 = G_2 + (1+r) \times B$$

となります。第1期は、政府支出 G_1 を租税 T_1 か公債 B かでまかないます。第2期は、政府支出 G_2 と公債費 $(1+r) \times B$ を租税 T_2 でまかないます。こ

の両期間の政府の予算制約式を統合すると、

$$T_1 + \frac{T_2}{1+r} = G_1 + \frac{G_2}{1+r} \tag{1}$$

が成り立ちます（両式で B を消去すると導出できます）[1]。

　後に財政政策の効果を分析する際には、第1期の政府支出 G_1 だけを増やす場合と、第1期と第2期の政府支出を両方とも増やす場合に分けて分析します。そのため、

$$G_1 + \frac{G_2}{1+r} = G_p + \frac{G_p}{1+r} = G_p\left(1 + \frac{1}{1+r}\right)$$

が成り立つような政府支出の水準を G_p と表すこととします。G_p を、政府支出の恒常的水準と呼びます[2]。同様に、

$$T_1 + \frac{T_2}{1+r} = T_p + \frac{T_p}{1+r} = T_p\left(1 + \frac{1}{1+r}\right)$$

が成り立つような租税負担の水準を T_p と表します。T_p を、租税負担の恒常的水準と呼びます。これらの定義より、$T_p = G_p$ がつねに成り立ちます。

　恒常的水準 T_p、G_p の含意を、図11-1で説明します。まず、各期の租税負担が、政府の予算制約式(1)を満たすように $T_1 = \overline{T}_1$、$T_2 = \overline{T}_2$ というある値であったとします。それを、横軸を T_1、縦軸を T_2 とした図で示したのが、点 I_T です。政府の予算制約式(1)は、点 I_T を通る傾き（の絶対値）が $1+r$ である直線 $\Gamma\Gamma'$ として表せます。さらに、各期の政府支出は、政府の予算制約式(1)を満たすように、$G_1 = \overline{G}_1$、$G_2 = \overline{G}_2$ という値であったとしま

1）政府が(1)式を満たす限り、一時的に公債残高が巨額になっても、第8章4節での議論に基づき財政は必ず持続可能となります。

2）$G_1 + \dfrac{G_2}{1+r}$ を $1 + \dfrac{1}{1+r}$ で割れば、G_p が求まります。G_p は、各期の政府支出の平均のような意味を持ちますが、ここではマクロ経済学の用語法に準じた表現を用いることにします。

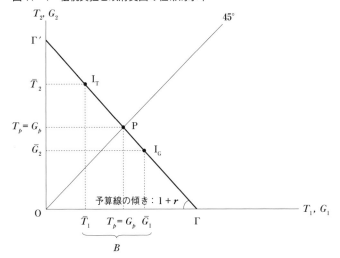

図 11-1 租税負担と政府支出の恒常的水準

す。それを図示したのが、点 I_G です。このとき、第 1 期の政府の予算制約式より、横軸の $\overline{G}_1$ と $\overline{T}_1$ の差が公債発行額 B となります。また、第 2 期の政府の予算制約式より、縦軸の $\overline{T}_2$ と $\overline{G}_2$ の差が $(1+r) \times B$ となります。

そこで、租税負担と政府支出の恒常的水準 T_p、G_p を図11-1に示すと、45度線と政府の予算制約式の交点 P となります。なぜならば、定義より、横軸に示される第 1 期の値も縦軸に示される第 2 期の値も同じ値だからです。$\overline{G}_1$ と $\overline{T}_1$ の差が公債発行額 B であることから、公債発行額が多いほど点 I_T と I_G は点 P から離れた位置になることがわかります。

2.2　財政政策と GDP の関係

　国内総生産（GDP）とは、第 1 章3.1項でも説明したように、ある国の国内全体で一定期間（たとえば 1 年間）に生み出された付加価値の合計です。この付加価値は、財やサービスを生産することによって生み出されますが、これらが需要に対応しなければ付加価値は実現できません。すなわち、誰がどのような形態でその財やサービスを購入するために支出したか、という観点から見たものを、支出面から見た GDP と呼び、**国内総支出（GDE）** とも呼ばれます。したがって、国内総支出（支出面から見た GDP）は、国内総

生産とつねに等しくなります。国内総支出は、民間最終消費支出（民間消費）、民間固定資本形成（民間投資）、政府最終消費支出、公的固定資本形成等（公的在庫変動を含む）、純輸出（輸出－輸入）で構成されます（ここでは、政府最終消費支出と公的固定資本形成等を合わせて政府支出を呼びます）。

いま、単純化のために、海外との取引がない（閉鎖経済）とすると、国内総支出は、民間消費（C）、民間投資（I）、政府支出（G）だけとなります。このとき、国内総生産（財の供給：Y）は国内総支出（財の需要）と等しくなることから、t 期において

$$Y_t = C_t + I_t + G_t \tag{2}$$

と表されます。(2)式の左辺は財の供給、右辺は財の需要を表すので、(2)式は、財市場の均衡を意味します。(2)式での各変数の値は、名目額ではなく実質額です。その理由は後述します。

次に、国内総支出の構成要素がどのような経済的要因によって決まるかをみていきます。以下では、特に断らない限り、経済変数はすべて実質額で表されるものとします。

3 家計の行動

3.1 恒常所得仮説

前節の説明と整合的になるように家計の行動を分析するには、第6章2.6項にて利子所得税を説明した際に用いた2期間モデルが便利です。加えて、第6章2.1項にて労働所得税を説明した際に用いた余暇と消費（労働）の選択もモデルに織り込みます。以下では、これらのモデルを復習しつつ、財政政策を論じられるように一部を修正します。

この経済には無数の家計が生活していますが、同質的であると仮定します。したがって、ある1つの代表した家計を取り出して、その家計の行動を分析することで、すべての家計を分析したことになります。こうした家計を代表的家計と呼びます。以下では、1つの代表的家計の行動を分析すること

で、経済全体での家計の行動を表すことになります。

　現在と将来の2期間を生きる代表的家計がいて、現在（第1期）だけでなく将来（第2期）にも働いて労働所得を得て、現在の消費と将来の消費から効用 U を得るとします[3]。それとともに、現在でも将来でも、労働しなかった時間を余暇として効用を得るとします。余暇が増えると効用が高まるということは、労働時間が増えれば効用が下がることを意味します。代表的家計は、予算制約を満たしつつ、2期間を通じた効用を最大化するように、現在の消費と余暇（つまり労働時間）、将来の消費と余暇を決めます。これを描写した、両期間を通じた効用関数が

$$U = V(x_1) - \Lambda(\ell_1) + \delta\{V(x_2) - \Lambda(\ell_2)\} \tag{3}$$

と表せたとします。ここで、x_t は t 期の家計消費量、ℓ_t は t 期の労働時間（労働供給）を表します（$t=1,2$）。第6章2.1項と同様に、H を家計に各期あらかじめ与えられている利用可能な時間、L_t を t 期の余暇時間とすると、$H = \ell_t + L_t$ となります。

　効用関数(3)式の中で、関数 V は家計消費の効用を、関数 Λ（ギリシャ文字ラムダの大文字）は労働供給の不効用（労働供給が増えると効用が下がる）を表します[4]。(3)式では、関数 Λ の値が増えれば効用が下がることに気を付けましょう。また、**限界効用逓減の法則**（消費量や余暇が増えるにつれて限界効用が下がる）が成り立つとします。δ（ギリシャ文字デルタの小文字）は割引要素（$0 < \delta < 1$）です。つまり、現在の価値を1としたときに将来の価値を δ と評価することを意味します。

3）家計は、将来について所得がいくらもらえるか予見できない場合があります。その場合、新古典派では、将来の経済変数について合理的に期待を形成すると仮定します。あるいは、本章での説明のように、将来の経済変数についても現在の段階で完全に予見できると仮定することもあります。

4）このような効用関数を加法分離型と呼び、ここでは各期の消費と余暇（労働供給）は相互に限界効用に影響を与えないことを仮定しています。また、$V_{xt} \equiv \dfrac{\partial V(x_t)}{\partial x_t} > 0$、$\dfrac{\partial^2 V(x_t)}{\partial x_t^2} < 0$、$\Lambda_{\ell t} \equiv \dfrac{\partial \Lambda(\ell_t)}{\partial \ell_t} > 0$、$\dfrac{\partial^2 \Lambda(\ell_t)}{\partial \ell_t^2} < 0$ と仮定します。

また、家計は各期で労働を供給して所得（賃金）を得て、政府に税金を払い、消費をします。家計の予算制約式は、各期で

$$x_1 + s = w_1 \ell_1 - T_1$$
$$x_2 = (1+r)s + w_2 \ell_2 - T_2$$

と表されます[5]。ここで、w_t は t 期の賃金率（時間当たり賃金）、T_t は t 期の税負担、s は貯蓄、r は利子率を表します[6]。これらの値はすべて、物価変動の影響を除去した実質のものです。家計にとって、市場で決まる賃金率や利子率は所与とします。第 2 期では、前期からの貯蓄に伴い利子所得を得ますが、最終期なので貯蓄は残しません[7]。この両式を合わせると

$$x_1 + \frac{x_2}{1+r} = w_1 \ell_1 + \frac{w_2 \ell_2}{1+r} - T_1 - \frac{T_2}{1+r} \tag{4}$$

と表せます。これが、家計の通時的な予算制約式です。この(4)式を、横軸を x_1、縦軸を x_2 とした図に表すと、図11 - 2 のようになります。この図に、各期の可処分所得 $w_t \ell_t - T_t$ を書き入れると、点 X のように表されます。

　(4)式の右辺にある $T_1 + \dfrac{T_2}{1+r}$ は、前節で $T_p\left(1 + \dfrac{1}{1+r}\right)$ と表したので、同様に $w_1 \ell_1 + \dfrac{w_2 \ell_2}{1+r}$ も

$$w_1 \ell_1 + \frac{w_2 \ell_2}{1+r} = Y_p + \frac{Y_p}{1+r} = Y_p\left(1 + \frac{1}{1+r}\right)$$

が成り立つような所得の水準を Y_p と表すとします。Y_p は、現在価値でみた

5）生涯で得た所得はすべて消費し、遺産を残さないとします。

6）ここでは、消費量は実質額で表されているため、消費量に財の価格を乗じません。また、この税負担 T_t は、家計の労働供給や所得や消費や貯蓄に比例しないと仮定します。これを、便宜的に一括固定税とみなしても構いません。

7）ここでは、説明を簡単にするため、第 2 期で終わることにしていますが、2 期間だけでなく無限に続いても、ここでの結論は基本的に変わりません。したがって、第 2 期に貯蓄をしないことは、本質的には結論に影響を与えません。

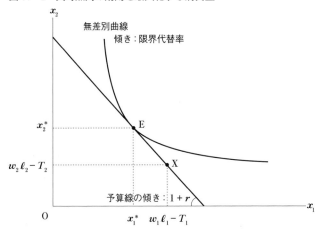

図11-2　異時点間の効用を最大化する消費量

両期間の所得の平均額を意味するので、**恒常所得**（所得の恒常的水準）と呼びます。(4)式は

$$x_1 + \frac{x_2}{1+r} = (Y_p - T_p)\left(1 + \frac{1}{1+r}\right) \tag{4'}$$

と表せます。(4')式の右辺 $Y_p - T_p$ は、可処分所得の恒常的水準といえます。以下では、可処分所得の恒常的水準を便宜的に、恒常的可処分所得と呼ぶこととします。

　この2期間にわたる家計の効用最大化問題は、

$$\max U \quad \text{s.t.} (4)式$$

となります。効用関数は(3)式です。

　まず、効用を最大化する第1期（現在）と第2期（将来）の消費量がどう決まるかを考察します。各期にある水準の労働供給が行われるとして、第1期と第2期の消費量に関する無差別曲線と予算制約式(4)を図示すると、図11-2のようになります[8]。図11-2では、第1期と第2期の消費の限界代替率

8）家計の労働供給量の決定については、後述します。

と予算線の傾き（の絶対値）が等しくなるところで効用が最大化します。その効用最大化点をEとします[9]。この効用最大化点Eにおける第1期の消費量をx_1^*、第2期の消費量をx_2^*とします。

効用最大化点Eは予算線上にあるので、(4')式が成り立ちます。(4')式は、恒常的可処分所得$Y_p - T_p$が増えると、第1期と第2期の消費を増やせるという関係を意味します。第1期の所得$w_1 \ell_1$が増えても、$Y_p - T_p$が増えなければ、各期の消費を(x_1^*, x_2^*)から変えようとしません[10]。なぜなら、$Y_p - T_p$が変わらなければ、(4')式と図11-2の予算線は位置が変わらず、効用最大化点Eの位置も変わらないからです。このことから、現在と将来の消費量は、恒常的可処分所得によって決まることがわかります。しかも、恒常的可処分所得のうち、租税負担は政府が決めて強制的に支払うことになるので、家計にとって動かせないものですから、恒常的可処分所得は恒常所得の水準次第で決まるといえます。

このように、現在と将来の消費量が、恒常所得の水準によって決まることを、**恒常所得仮説**と呼びます。新古典派に基づく財政政策の分析では、恒常所得仮説が成り立つ家計を想定します。

可処分所得が変化したときの消費の変化

恒常所得仮説に基づいて現在と将来の消費量が決まるとき、恒常的可処分所得が変化した際に消費量がどの程度変わるかを考察します。

まず、図11-2に従って消費量が決まるときに、恒常的可処分所得を図示してみましょう。予算制約式(4)あるいは(4')を図11-3で同様に示すと、各期で得る可処分所得を表す点Xを通る予算線になります。恒常的可処分所得$Y_p - T_p$は予算制約式(4')に現れます。図11-1で租税負担と政府支出の恒常的水準T_p、G_pを図示したときと同様に考えれば、この予算線と45度線を図

9）無差別曲線の傾きは限界代替率（第1期の消費の限界効用と第2期の消費の限界効用の比）なので、点Eでは$\dfrac{V_{x_1}}{\delta V_{x_2}} = 1+r$が成り立ちます。

10）第1期の所得が増えても$Y_p - T_p$が増えないということは、第2期の可処分所得がその分減っていることを意味します。

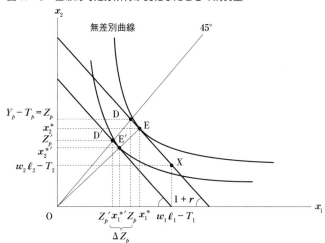

図11-3 恒常的可処分所得が変化したときの消費量

11-3に示すと、予算線と45度線との交点Dでの値が、恒常的可処分所得 $Y_p - T_p$ となります。恒常的水準の定義により、いずれの予算線も45度線との交点での値は、いずれも恒常的可処分所得を意味します。以下では、恒常的可処分所得を $Z_p \equiv Y_p - T_p$ と表すとします。

いま、恒常的可処分所得が Z_p' に減ったとします。恒常所得 Y_p が減っても、租税負担の恒常的水準 T_p が増えても、いずれにしても恒常的可処分所得は減ります。このとき、代表的家計の予算線は、傾き（の絶対値）は $1+r$ のまま原点Oにより近いほうへ移動します。恒常的可処分所得が Z_p' に減ったとき、点D′を通る予算線になるとします。ここで、恒常的可処分所得の減少分 $\Delta Z_p \equiv Z_p - Z_p'$ は、横軸上での点Dの値 Z_p と点D′の値 Z_p' の差として表せます。

恒常的可処分所得が減って点D′を通る予算線にシフトしたとき、効用最大化点は点E′となり、効用を最大化する現在と将来の消費量を $x_1^{*\prime}$ と $x_2^{*\prime}$ で表すとします。現在の消費量は、点Eでは x_1^* でしたが、点E′では $x_1^{*\prime}$ と減っています。つまり、恒常的可処分所得が減ると、効用を最大化する現在消費は減ることが確認できます。

さらに、効用関数がある条件を満たすと、効用最大化点E′は、直線OE

上に位置することになります[11]。ここでは、効用最大化点 E' が直線 OE 上に位置すると仮定します。

　ここで、恒常的可処分所得の減少分 ΔZ_p と現在消費の減少分 $\Delta x_1^* \equiv x_1^* - x_1^{*\prime}$ の関係を考察します。図11−3では、点Dと点Eは少し離れており、点D'と点E'も少し離れていますが、この両者がより近い位置になれば、ΔZ_p と Δx_1^* はほぼ等しくなります。つまり、恒常的可処分所得が減るのとほぼ同じ量だけ現在消費が減ることになります。

　所得が追加的に1単位減ったときの消費の追加的な減少分を**限界消費性向**と呼びます。これを用いれば、消費量が恒常的可処分所得に近い量であるとき、恒常的可処分所得に対する限界消費性向はほぼ1であるといえます[12]。以下では、恒常的可処分所得に対する限界消費性向はほぼ1である状況で考察を進めます。

3.2 利子率の変化と消費

　代表的家計は、資本市場で決まる利子率を所与（プライステイカー）とし

---

11) もし効用関数がホモセティック（相似拡大的）ならば、図11−3のように、効用最大化点は原点Oから伸びる直線上に位置します。このとき、所得水準の変化に伴う効用最大化点の軌跡を表す所得消費曲線は、図11−3の直線 OE'E として表されています。所得消費曲線の詳細は、ミクロ経済学の教科書を参照してください。

12) より厳密に説明すると、次のようになります。図11−3では、恒常的可処分所得が減る前の水準 Z_p とその減少分 ΔZ_p との比（$Z_p : \Delta Z_p$）は、線分 OD と線分 D'D の比と等しくなります。これは、三角形の辺の比から導けます。同様に、線分 OD と線分 D'D の比は、線分 OE と線分 E'E の比と等しくなります。なぜなら、点Dと点Eは同じ予算線上の点であり、点D'と点E'は同じ予算線上の点だからです。そして、線分 OE と線分 E'E の比は、x_1^* と Δx_1^* との比（$x_1^* : \Delta x_1^*$）と等しくなります。以上より、Z_p と ΔZ_p との比は、現在消費に関する x_1^* と Δx_1^* との比と等しくなります。このことから、両者の減少率（＝減少分／恒常的可処分所得が減る前の水準）は、$\Delta Z_p / Z_p = \Delta x_1^* / x_1^*$ と等しくなることがわかります（現在消費の（恒常的可処分）所得弾力性は1となります）。つまり、$\Delta x_1^* / \Delta Z_p = x_1^* / Z_p$ が成り立ちます。ここで、恒常的可処分所得に対する限界消費性向は、$\Delta x_1^* / \Delta Z_p$ と表せます。いま、図11−3では、限界消費性向 $\Delta x_1^* / \Delta Z_p = x_1^* / Z_p$ が成り立ちます。もし図11−3で点Dと点Eがほぼ同じ位置ならば、$x_1^* = Z_p$ なので、恒常的可処分所得に対する限界消費性向はほぼ1となります。点Dと点Eが少し離れていても、限界消費性向は x_1^* / Z_p と等しいので1に近い値であるといえます。

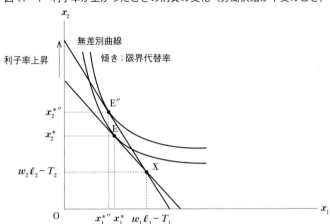

図11-4 利子率が上がったときの消費の変化（労働供給が不変のとき）

て、現在と将来の消費量を決めます。いま、利子率が上がったとします。ここで、各期の可処分所得 $w_t \ell_t - T_t$ は変わらないとすると、図11-2の点Xは、利子率がいくらでも同じ位置です[13]。そこで、利子率が上がった場合の予算線を図示すると、図11-4のように点Xを通り傾きがよりきつい直線となります。第1期に貯蓄をすると、より多く利子所得が得られるため、第2期の消費をより多く増やせるからです。このとき、効用最大化点は、点E″に移ります。

　利子率が上がったときに、効用最大化点が図11-4の点E″のようになるか否かは、第6章2.6項で説明したように、所得効果と代替効果の大きさに依存します[14]。利子率が上がった分だけ利子所得が増えるため、将来消費のみならず現在消費も増やそうとする効果が所得効果です。利子率が上がることで、貯蓄するとより大きく将来消費を増やせるので、貯蓄する意欲が高ま

---

13) 厳密にいうと、本章3.3項で説明するように、利子率が上がると現在の余暇が減って現在の労働供給 L_1 が増えますが、利子率の変化が現在と将来の消費に与える代替効果のほうが所得効果より大きい限り、以下の結論は変わりません。

14) 第6章2.6項では、利子所得税が課税されることで課税後利子率が下がることを想定しましたが、ここでは利子所得税は想定せず、資本市場で何らかの要因によって利子率が上がることを想定しています。

って貯蓄を増やして将来消費を増やし、現在消費を減らす効果が代替効果です。

図11 - 4のように点 E″ が位置する場合は、代替効果のほうが大きい場合です。ここでは、代替効果のほうが大きいと仮定します。つまり、家計は、利子率が上がると現在消費を減らす状況を想定します。

3.3　余暇と消費の選択

次に、家計が効用を最大化するように労働時間を選択する状況を考察します。各期で、第 6 章2.1項と同様に、余暇と消費の選択を行うと考えます。家計にとって、消費量を増やしたければ、所得を増やすべく労働時間を増やさなければなりません。しかし、このとき余暇時間が減少します。他方、余暇時間を増やしたいならば、労働時間を減らさなければならず、それだけ所得が減って消費量を減らさなければなりません。その中で、家計は通時的な予算制約式(4)を満たしながら、効用水準が最大になるように消費量を決定します。その様は、図 6 - 3 に示した通りです。図 6 - 3 での効用最大化点では、無差別曲線の傾きである余暇と消費の限界代替率（＝余暇の限界効用／消費の限界効用）が賃金率と等しくなります。

ここで、家計にとって所与である賃金率が変化したときに、家計の労働供給がどう変化するかを確認します。第 6 章2.1項でも述べたように、賃金率の変化が労働供給に与える効果は、所得効果と代替効果に分解できます。賃金率が下がると、労働意欲を失って労働供給を減らす（余暇を増やす）効果が代替効果です。賃金率が下がると、それだけ課税後所得が減少するため、ある程度の所得を確保するために労働供給を増やす（余暇を減らす）効果が所得効果です。まとめていえば、賃金率が下がると、所得効果によって労働供給が増加（余暇が減少）し、代替効果によって労働供給が減少（余暇が増加）します[15]。

---

15) 第 6 章2.1項では、労働所得税が課税されることで賃金率が下がることを想定しましたが、ここでは労働所得税は想定せず、労働市場で何らかの要因によって賃金率が下がることを想定します。

賃金率が下がると、労働供給が増えるか減るかは、所得効果と代替効果の大きさ次第です。ここでは、代替効果のほうが大きいと仮定します。つまり、家計は、賃金率が下がると労働供給を減らす状況を想定します。第6章図6-4は、そうした状況を描写しています。

　ここでの家計は、通時的な効用を最大化していますから、現在と将来の労働供給をどうするかも重要で、利子率が現在と将来の消費量に影響を与えたように、労働供給にも利子率が影響を与えます。

　結論からいえば、利子率が上がると、現在の労働供給を増やします。利子率が上がると、本章3.2項で示した状況では現在の消費よりも将来の消費を増やすことで効用をより大きく高められたのと同様に、余暇についても、現在の余暇より将来の余暇を増やすことで効用をより大きく高められます。したがって、利子率が上がると、現在の余暇を減らすことになり、ひいては現在の労働供給を増やすことになります[16]。

4　企業の行動

4.1　利潤最大化行動

　次に、財を生産する企業の行動をみてみましょう。企業は、財を生産する役割を担うとともに、財を生産する際に必要な資本を備え付けるために投資をします。財市場の需要面では、企業は民間投資を行う主体でもあります。

　この経済には、無数の企業が生産活動をしていますが、同質的であると仮定します。したがって、代表的家計と同様、以下では、1つの代表的企業の行動を分析することで、経済全体での企業の行動を表すことになります。

　新古典派では、ミクロ経済学における標準的な企業、すなわち生産要素として労働と資本（機械類）を投入して財を生産する企業を想定します。労働者を雇えば賃金を払わなければならず、支払った賃金は費用となります。資本を投入する（投資する）には元手が必要です。それを借金してまかなったとすれば、利子を支払わなければなりません。この利払いは企業にとって費用となります。

　代表的企業は毎期、生産要素への費用を払い、労働と資本を投入して財を

生産して、その残余が利潤となります。財の生産量を y、労働投入量を ℓ、賃金率を w、資本投入量を k、利子率を r とすると、企業の利潤 π は、

$$\pi = y - w\ell - rk \tag{5}$$

と表されます（期を表す添え字 t は省略）。ここでは、企業は賃金率や利子率について所与（プライステイカー）であるとします[17]。

---

16) 利子率が上がると現在の労働供給が増える理由をより詳しく述べると、以下のようになります。図11-4にも示されたように、利子率が上がると、現在の消費量 x_1 が減ります。限界効用逓減の法則が成り立つので、第1期の消費量が減ると第1期の消費の限界効用が上がります。それでも、第1期における余暇と消費の関係では、前述のように、効用最大化点では余暇と消費の限界代替率（＝余暇の限界効用／消費の限界効用）が賃金率 w_1 と等しくならなければなりません。賃金率を所与とすると、効用最大化点では余暇と消費の限界代替率も変わりません。

　しかし、利子率が上がると現在の消費量が減っているので消費の限界効用は上がっています。もしここで余暇の限界効用が変わらなければ、余暇と消費の限界代替率が低下してしまいます。利子率が上がる前の効用最大化点では、余暇と消費の限界代替率（＝余暇の限界効用／消費の限界効用）が賃金率と等しくなっていたのに、利子率が上がって消費の限界効用が上がると、余暇の限界効用が変わらなければ余暇と消費の限界代替率は賃金率 w_1 よりも低くなります。

　余暇と消費の限界代替率が賃金率よりも低くなるとは、「余暇の限界効用＜賃金率×消費の限界効用」という状態です。この意味は次の通りです。余暇を1単位減らし労働時間に振り向ければ、余暇の限界効用の分だけ効用が下がる半面、賃金率（時間当たり賃金）w_1 単位だけ所得が増えその分消費量を増やすことができます。消費量 x_1 を増やすと、消費量1単位につき消費の限界効用の分だけ効用が高まります。つまり、消費量を w_1 単位だけ増やすと、「賃金率×消費の限界効用」の分だけ効用が上がります。

　結局、余暇を1単位減らし、余暇の限界効用の分だけ効用が下がったけれども、その分労働時間を増やし消費量を増やしたことで「賃金率×消費の限界効用」の分だけ効用が上がったわけです。いま、「余暇の限界効用＜賃金率×消費の限界効用」という状態だったわけですから、余暇を減らしたほうがむしろ効用が上がることを意味します。

　余暇を減らすと余暇の限界効用が上がります。そして、余暇と消費の限界代替率が賃金率と等しくなるところまで余暇を減らすことで、効用を最大化します。

　以上より、利子率が上がると、現在の消費量を減らすことから消費の限界効用が上がるのに伴い、余暇の限界効用を上げて余暇と消費の限界代替率が賃金率と等しくなるところまで余暇を減らすことで、効用を最大化することになります。

　要約すると、利子率が上がると、現在の消費量を減らすとともに現在の余暇も減らすことになり、現在の労働供給は増えることになります。

図 11 - 5　限界生産性条件

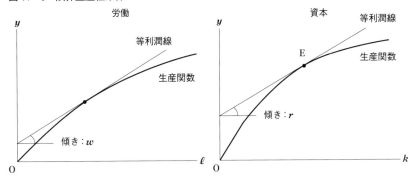

　労働投入量や資本投入量を増やせば生産量は増えるという、生産要素と生産量の関係である生産関数が、

$$y = F(\ell, k)$$

と表されるとします。

　そこで、利潤を最大にするように企業が労働投入量や資本投入量を選ぶとどうなるかを考察します。2つの生産要素を同時に考えるのは難しいので、1つの生産要素だけを取り上げて、生産量との関係をみることにします。たとえば、資本投入量を一定にしたときに、労働と生産量の関係（生産関数）が図11 - 5左図のように表せるとします。この図は、横軸に労働投入量、縦軸に生産量をとっています。図11 - 5左図の生産関数の傾きは、労働の限界生産性（MPL）と呼ばれ、労働投入量を追加的に1単位増やすのに伴う生産量の追加的な増加分を表します。そして、**限界生産性逓減の法則**（生産要素投入量が増えるにつれて限界生産性が下がる）が成り立つとします[18]。

　企業の利潤最大化の結果、労働に関する限界生産性条件

---

17) 財の生産量に財の価格が乗じられていないのは、生産量 y が実質額を意味するからです。あるいは、財の価格を1と基準化したと考えても構いません。

18) 厳密にいえば、MPL $= \dfrac{\partial y}{\partial \ell} \geq 0, \dfrac{\partial^2 y}{\partial \ell^2} < 0$ です。

$$\mathrm{MPL} = w$$

が成り立ちます。その理由は、図11-5にも示しています。(5)式について、資本投入量が一定のときに、ある利潤の水準 π_0 を実現するような y と ℓ の組み合わせである、等利潤線を考えます。つまり、$\pi_0 = y - w\ell - rk$ は、

$$y = w\ell + rk + \pi_0 \tag{6}$$

と書き直せます。図11-5左図における(6)式の傾きは、賃金率 w です。図11-5で等利潤線は左上方ほど利潤が大きくなります。他方、企業の生産は、生産関数の範囲内でしかできないので、その制約の下で利潤を最大にするのは、生産関数と等利潤線が接する点です。ここで、労働に関する限界生産性条件が成り立ちます。

資本についても同様です。労働投入量を一定にしたときに、資本と生産量の関係（生産関数）が図11-5右図のように表されたとします。この図は、横軸に資本投入量、縦軸に生産量をとっています。図11-5右図の生産関数の傾きは、資本の限界生産性（MPK）と呼ばれ、資本投入量を追加的に1単位増やすのに伴う生産量の追加的な増加分を表します。ここでも、限界生産性逓減の法則が成り立つとします[19]。

同様に、企業の利潤最大化の結果、資本に関する限界生産性条件

$$\mathrm{MPK} = r$$

が成り立ちます。図11-5右図では、労働投入量を一定にしたときの等利潤線(6)と生産関数が接した点 E で利潤が最大となります。

4.2　利子率の変化と労働需要

次に、利子率が上がったときに、企業の労働投入量（労働需要）や資本投入量はどうなるでしょうか。まず、利子率が上がると、資本を投入するため

---

19) 厳密にいえば、$\mathrm{MPK} = \dfrac{\partial y}{\partial k} \geq 0$、$\dfrac{\partial^2 y}{\partial k^2} < 0$ です。

の1単位当たり費用が増えるので、資本投入量を減らします。より厳密にいえば、資本投入量は、利潤を最大化するときには資本に関する限界生産性条件が成り立つように決めるので、上がった利子率と等しくなるように資本の限界生産性を上げる、そして限界生産性逓減の法則に従って資本投入量を減らします。

労働投入量はどうでしょうか。資本投入量によって労働の限界生産性が変わることを考慮に入れなければなりません。ここでは、資本投入量が増えるにつれて、労働の限界生産性は下がると仮定します[20]。すると、利子率が上がると、資本投入量は減るので、利子率が上がる前の労働投入量のままだと、労働の限界生産性は上がります。しかし、利潤を最大化するときには労働に関する限界生産性条件が成り立ち、労働の限界生産性と賃金率は等しくなるので、利子率が上がっても労働投入量を変えないと、労働の限界生産性は賃金率よりも高い状態となります。そこで、限界生産性逓減の法則より、労働投入量を増やすと労働の限界生産性が下がるので、利子率が上がった後で、労働に関する限界生産性条件が成り立つところまで労働投入量を増やします。別の言い方をすると、利子率が上がると、資本よりも労働のほうが生産要素として割安になるので、労働投入量を増やします。

以上のように、資本市場で何らかの理由で利子率が上がれば、企業は利潤を最大化するように資本投入量を減らし、労働投入量を増やします。

5 　市場の均衡

5.1 　労働市場の均衡

家計の効用最大化行動と企業の利潤最大化行動を踏まえ、各市場でどのように需給が均衡するかを考察します。これまで、個別の家計や個別の企業の行動を説明しましたが、ここでの分析では、財市場、労働市場、資本市場、

---

20) 厳密にいえば、$\dfrac{\partial^2 y}{\partial \ell \partial k} < 0$ です。この仮定は、労働と資本が代替的であることを意味します。

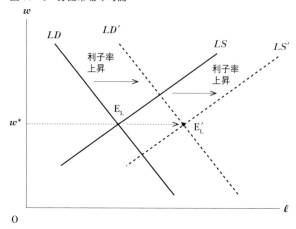

図11-6　労働市場の均衡

貨幣市場の４つの市場を想定しています[21]。これらの市場では、家計にも企業にも価格支配力はない（プライステイカー）と仮定し、代表的家計も代表的企業も、市場で決まった価格をそのまま受け入れます。

　まず、労働市場における需給の均衡をみてみましょう。家計が効用を最大化するように労働を供給し、企業が利潤を最大化するように労働の需要量を決めて、需給が均衡するところで賃金率が決まるのが、労働市場です。前述のように、家計は、賃金率が上がると労働供給を増やします。この関係を表したのが、図11-6の労働供給曲線 LS です。企業は、労働に関する限界生産性条件に従い、賃金率が上がると労働需要を減らします。この関係を表したのが、図11-6の労働需要曲線 LD です。

　労働市場で需給が均衡するのは、労働供給曲線 LS と労働需要曲線 LD の交点 E_L です。交点 E_L で、均衡賃金率 w^* と均衡労働需給量が決まります。この均衡点では、家計（労働者）が欲する賃金率で就業したいのにも関わらず職に就けないという非自発的失業は存在しない状態である**完全雇用**が実現

---

21) 貨幣市場については、本章5.4項で後述します。ミクロ経済学で解説されるワルラス法則により、３つの市場で需給が均衡すれば、おのずと残り１つの市場でも需給が均衡します。

しています。それは、家計も企業も、労働市場で決まる賃金率に従って柔軟に供給量や需要量を調整することを想定しているからです。労働供給曲線 LS 上では家計は与えられた賃金率の下で効用を最大化しており、労働需要曲線 LD 上では企業は与えられた賃金率の下で利潤を最大化しており、均衡点 E_L では、家計の効用最大化と企業の利潤最大化が同時に実現しています。

　ちなみに、伝統的ケインジアンでは、家計（労働者）には**賃金の下方硬直性**（その水準以下の賃金では働くことを望まない）が存在するとみており、企業の労働需要が不足する場合に、非自発的失業が生じることになります。この点で新古典派とは見方を異にしています。

　さてそこで、何らかの理由で（資本市場で決まる）利子率が上ったとします。このとき、家計の効用最大化行動より、本章3.3項で述べたように、（賃金率を所与とすると）労働供給は増えます。したがって、利子率が上がると、労働供給曲線は右へシフトします。その様を図11-6で表したのが、LS から LS' へのシフトです。

　次に、企業の利潤最大化行動より、本章4.2項で述べたように、利子率が上がれば、（賃金率を所与とすると）労働需要も増えます。したがって、利子率が上がると、労働需要曲線は右へシフトします。その様を図11-6で表したのが、LD から LD' へのシフトです。

　以上より、利子率が上がると、労働需要も労働供給も増えて、図11-6の労働供給曲線 LS' と労働需要曲線 LD' の交点 E_L' が新たな均衡点となります。したがって利子率が上がると、均衡の労働需給量は増えます。しかし、賃金率は、図11-6からも示唆されるように、上がるか下がるかは労働需要曲線と労働供給曲線のシフトの幅や傾き次第です。ここでは、以下での分析を簡単にするため、利子率が上がったとき、均衡の労働需給量は増えますが、賃金率はほぼ変化しないと仮定します。

5.2　資本市場の均衡

　家計の貯蓄は、企業が投入する資本に用いられます。家計の貯蓄が供給され、企業の投資と政府が発行する公債に充てられるところが、資本市場で

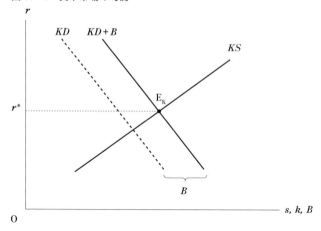

図11-7　資本市場の均衡

す。資本市場では、家計が効用を最大化するように貯蓄量（すなわち資本の供給）を決め、企業が利潤を最大化するように資本投入量（すなわち資本の需要）を決め、政府が公債発行量を決めて、需給が均衡するところで利子率が決まります。家計から資本を借りた企業と政府は、利子を付けて元利返済することになります。

　前述のように家計は、利子率が上がると（将来消費を増やすことから）貯蓄を増やす、つまり資本の供給を増やします。この関係を表したのが図11-7の曲線 KS です。他方、企業は、利子率が上がると資本投入量（資本の需要）を減らします。この関係を表したのが、図11-7の曲線 KD です。曲線 KD は、マクロ経済学では**投資関数**とも呼ばれます。企業は、設備投資を行って資本を備え付けて、生産するために用いることに由来しています。

　企業の資本需要だけでなく、本章2.1項で述べたように、政府も公債を発行する形で家計から借入をします。政府は、政策判断に基づき、資本市場で決まった利子率で公債を発行します。公債発行量 B が決まると、資本市場の需要側の量と利子率の関係は、曲線 KD に横軸方向に B だけ加えた曲線 $KD+B$ として表すことができます。

　資本市場で需給が均衡するのは、曲線 KS と曲線 $KD+B$ の交点 E_K です。交点 E_K で、均衡利子率 r^* と均衡資本需給量が決まります。曲線 KS 上では

家計は与えられた利子率の下で効用を最大化しており、曲線 *KD* 上では企業は与えられた利子率の下で利潤を最大化しており、均衡点 E_K では、家計の効用最大化と企業の利潤最大化が同時に実現しています。

5.3 財市場の均衡

最後に、財市場についてみてみましょう。財市場の需要側は、本章2.2項で述べたように、民間消費と民間投資と政府支出からなります。

民間消費は、本章3.1項で述べたように、恒常所得仮説に従って決める家計の消費量です[22]。恒常所得仮説に基づくと、$Y_p - T_p$ が増えると民間消費は増えます。さらに、本章3.2項で述べたように、利子率が変化すると家計の消費量も変化します。利子率が上がると現在消費は減ります。これも、民間消費の変動要因です[23]。

民間投資は、企業の資本投入量が増えると増えます。本章4.2項で述べたように、利子率が上がると資本投入量が減るので、企業の設備投資も減ります。したがって、利子率が下がると民間投資は増えます。

ちなみに、(4′)式から、利子率が変化すると Y_p や T_p の値も変化します。しかし、利子率が上がると Y_p や T_p の値が減るのか増えるのかは、自明ではありません。(4′)式に基づくと、本章3節で述べたように、利子率が上がると現在の労働供給を増やすので、（図11-6のように利子率が上がっても賃金率はあまり変化しないので）$w_1 \ell_1$ は増えます。他方、利子率が上がると将来の消費や余暇を増やすので、将来の労働供給を減らすことになり、$w_2 \ell_2$ は減ります。利子率が上がるときに、$w_1 \ell_1$ は増えて $w_2 \ell_2$ は減るとなると、Y_p が増えるか減るかは条件次第となります。また、T_p は、各期の租税負担が T_p と近い値なら、利子率が上がっても大きく変化することはありませ

---

22) 本章2節では、第6章で用いた2期間モデルで用いた記号法に従ったため、代表的家計の消費量を x_t と表しましたが、マクロ経済学でしばしば民間消費を C_t と表すことから、この両者は同じ消費量を指すものとし、以下では C_t と表記します。

23) 利子率が上がると、図11-4に示したように、将来消費は増えます。ただ、ここでは、利子率は第1期に行う貯蓄 s に対するものであり、貯蓄を増やすと第1期の消費が減るという対応関係を表しているため、現在消費が減るほうに焦点を当てます。

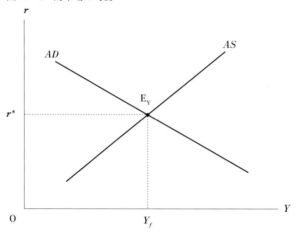

図11-8　財市場の均衡

ん[24]。したがって、以下の分析を簡単にするため、一般性を失うことなく、利子率が変化しても Y_p や T_p の値はほぼ変化しないと仮定します。

　政府支出は、政府が判断して増やしたり減らしたりします。これこそが、本章の焦点である財政政策です。

　以上より、財市場の需要側は、利子率が上がると民間消費も民間投資も減ることから、利子率が上がると総需要（国内総支出）は減ります。この関係を図示したのが、図11-8の曲線 AD です。曲線 AD を**総需要曲線**と呼びます。ここでの総需要曲線は、利子率と総需要（国内総支出）の関係を表します。

　総需要（$C+I+G$）の変動要因は、利子率だけではありません。前述の

---

24) これは、図11-1で確かめられます。各期の租税負担は不変とすると、点 I_T の位置は変わりません。そこで利子率 r が上がると、政府の予算制約式の傾きはより急になります。恒常的水準 T_p はいつでも政府の予算制約式と45度線の交点に位置しますから、利子率が上がり政府の予算制約式の傾きが急になると、図11-1の点Pよりも45度線上で原点O寄りに交点が移動しますから、各期の租税負担は不変でも T_p は減ることになります。ただし、もともと各期の租税負担が T_p と近い値ならば、点 I_T の位置は点Pと近く、利子率が上がって政府の予算制約式の傾きが急になっても、政府の予算制約式と45度線の交点はあまり変化しない、つまり恒常的水準 T_p はあまり変化しないことがわかります。

ように、恒常所得仮説に従い、$Y_p - T_p$ が増えると総需要は増えます。した
がって、$Y_p - T_p$ が増えると総需要曲線 AD は右へシフトします。また、今
期の政府支出 G が増えると、政府支出も総需要の項目の１つなので、総需
要は増えます。したがって、G が増えると総需要曲線 AD は右へシフトし
ます。

　他方、財市場の供給側は、本章４節で述べた代表的企業の生産量 y が、そ
のまま経済全体での生産量（総供給）Y となります。本章４節で説明した
通り、利子率が上がると労働投入量は増えますが、資本投入量は減ります。
労働投入量が増える効果が支配的なら、利子率が上がると生産量が増えるこ
とになります。ここではこれを仮定します[25]。したがって、同じ図11−8に、
利子率が上がると総供給が増えるという関係を示したのが曲線 AS です。曲
線 AS を**総供給曲線**と呼びます。ここでの総供給曲線は、利子率と総供給
（国内総生産）の関係を表します。

　財市場の均衡は、総供給と総需要が一致するところで決まります。それ
が、図11−8の点 E_Y です。点 E_Y では、総需要曲線と総供給曲線が交わり、
財市場の均衡を示す(2)式の等号が成り立ちます[26]。財市場の均衡を表す図11
−8の点 E_Y での利子率は、資本市場の均衡を表す図11−7の点 E_K での利子
率と必ず等しくなります。両者の利子率は同時に決まります（どちらかで先
に利子率が決まり、他方がその決まった利子率に従うということはありませ
ん）[27]。それとともに、労働市場も同時に均衡します。つまり、財市場が均
衡しているとき、図11−6で説明した完全雇用が実現することを意味しま
す。完全雇用状態での実質 GDP を**完全雇用 GDP** と呼びます。非自発的失
業がなければ、完全雇用 GDP が**潜在 GDP** となります。図11−8では、均
衡点 E_Y で実現する実質 GDP である Y_f が完全雇用 GDP です。また、この
ときの均衡利子率が r^* となります。

25）資本投入量を柔軟に変えられないより短期ならば、この仮定の妥当性が高いといえま
　す。

26）総需要曲線と総供給曲線を数式で表すとすれば、次のようになります：
　　総需要曲線：総需要 $= C(r, Y_p - T_p) + I(r) + G$
　　総供給曲線：総供給 $= Y(r)$

新古典派と伝統的ケインジアンの差異

　ここで、本章で扱う新古典派の論理と、伝統的ケインジアンの論理の違い
を比較しましょう。利子率と実質 GDP の関係については、伝統的ケインジ
アンでも IS-LM 分析があり、図11-8に似た構図になっていますが、根本
的に内容は異なります。

　IS-LM 分析において、利子率と実質 GDP が決まるのは、財市場の均衡を
意味する IS 曲線と、貨幣市場の均衡を意味する LM 曲線が交わる均衡点と
なります。つまり、横軸を実質 GDP、縦軸を利子率とした図は同じでも、
IS-LM 分析の均衡点は財市場と貨幣市場の同時均衡を意味しますが、そこ
では労働市場の均衡は織り込まれていません。つまり、供給側の行動は、明
示的に織り込まれていないということです。これは、本章1節で触れたよう
に、伝統的ケインジアンは有効需要の原理が成り立つと想定し、経済全体の
動きは需要側の要因によって決まるとみているためです。有効需要の原理が
成り立つ状態では、需要が供給を生み出すものとみており、財の需要がある
なら財はおのずと供給されると考えます。したがって、IS-LM 分析の均衡
点では、財市場と貨幣市場を同時に均衡させる実質 GDP（より厳密にいえ
ば、物価水準が一定のときの名目 GDP）が決まります。しかし、これが
（労働市場で非自発的失業がない状態で均衡して実現する）完全雇用 GDP

27）その理由を簡単に説明すると、以下のようになります。企業が生産した財（から得ら
　れた付加価値）は最終的に家計に分配されます。それが家計の所得となり、家計が税 T
　を負担し、消費 C に充てた残りが貯蓄 s に回ります。これを式で表すと、
$$Y - T - C = s$$
　となります（以下、期を表す添え字 t は省略）。この貯蓄は、資本市場に供給され、企
　業の投資 I と政府が発行する公債 B に充てられます。これを式で表すと、
$$s = I + B$$
　となります。この式は、資本市場の均衡を表します。次いで、（第1期の）政府の予算
　制約式は $T + B = G$ なので、これらの式を統合すると、
$$Y - T - C = s = I + B = I + G - T$$
　となります。ここで、左辺と右辺で差し引かれている T を相殺すると、
$$Y - C = I + G$$
　となり、これは財市場の均衡を表す(2)式と同じです。つまり、資本市場の均衡と財市場
　の均衡は同時に達成するのです。

となる保証はありません。

　これに対して、本章で説明した新古典派では、図11－8は財市場の均衡のみを意味するものの、財市場が均衡するのと同時に、図11－6で示された労働市場と、図11－7で示された資本市場も均衡します。したがって、図11－8の均衡点 E_Y での実質 GDP は、労働市場で非自発的失業がない状態で均衡して実現する完全雇用 GDP となります。

5.4　貨幣市場の均衡と金融政策

　前項でみたように、財市場の均衡では、資本市場で同時に決まる利子率と、総需要と総供給が一致する均衡需給量が決まります。しかし、財の価格（一般物価水準）は財市場では決まりません。新古典派では、財の価格は貨幣市場で決まると考えます。マクロ経済学で捉える一般物価水準とは、経済全体の物価を意味します。個々の財の価格ではなく、経済全体で取引されている様々な財の集計された物価動向を捉えたものです。代表的な指標は、GDP デフレータです。

　一般物価水準が決まる貨幣市場を、新古典派は以下のように捉えています。貨幣市場では、貨幣数量説が成り立つと考えています。**貨幣数量説**とは、貨幣（通貨）の数量が一般物価水準を決めるという理論です。貨幣数量説を体現したものが、交換の数量方程式（フィッシャー方程式とも呼びます）

$$Mv = PY$$

です。ここで、M は（名目）貨幣供給量、P は一般物価水準、v は貨幣の所得速度（流通速度）、Y は実質 GDP（厳密には貨幣を用いて行われた取引の総量）です。ちなみに、PY は、名目 GDP を意味します。

　一般的には、貨幣は中央銀行が供給します。**貨幣供給（マネーサプライまたはマネーストック）**は中央銀行の判断で行われ、どれだけ貨幣供給を行うかが金融政策の一手段となります。貨幣の所得速度（流通速度）とは、供給された貨幣1単位が、一定期間（たとえば1年間）に平均して何回取引に使われたかを意味します。要するに、$v = PY/M$ と定義されます。取引の決

済手段に貨幣を用いる必要があれば、生み出された財（すなわち実質GDP）を取引する度に貨幣を用意しなければなりません。取引される財には値段がついており、貨幣を用いた取引は実質額ではなく名目額で行われます。したがって、もし名目GDPと同じ額の貨幣供給がなされれば、一定期間にその貨幣を1度だけ用いれば事が足ります。あるいは、名目GDPの半分の額しか貨幣供給がなされていなければ、一定期間にその貨幣を2度使わないと取引が決済できません。

このように、この貨幣の所得速度 v は、経済における決済方法に密接に関係しています。しかし、決済方法は、緩やかに変化するものの、急激に変化することは考えにくいことから、ここでは、v は一定であると仮定します。また、貨幣の所得速度の逆数（$1/v$）を**マーシャルの k** と呼びます。

交換の数量方程式において、v は一定で、Y は財市場が均衡するように決まるので、名目貨幣供給量 M を動かしても、v や Y は変化しません。このことから、貨幣供給量を変化させると、交換の数量方程式で等号が成立するように、一般物価水準 P が変化することになります。このようにして、貨幣市場において一般物価水準が決まります。

これを図示すると、図11-9のようになります。交換の数量方程式を、貨幣供給と貨幣需要とに分けて表し直すと、

$$M = PY/v$$

となります。この式の左辺は名目貨幣供給量です。名目貨幣供給量は、中央銀行が決めた名目額だけ供給されるので、横軸に名目貨幣量、縦軸に一般物価水準をとった図11-9では、貨幣供給曲線 MS は垂直になります。

他方、この式の右辺は、名目貨幣需要量です。貨幣数量説に基づくと、名目GDP（PY）が増えると名目貨幣需要が増えることを意味します。このうち、実質GDP（Y）は財市場が均衡するように決まるので、$Y = Y_f$ となります。また、貨幣の所得速度 v が一定なので、名目貨幣需要（$= PY/v$）は一般物価水準 P が上がるにつれて増えることになります。しかも、一般物価水準が2倍になると、名目貨幣需要も2倍になるような形で増えます。この名目貨幣需要と一般物価水準の関係を名目貨幣需要曲線 MD として図11-

図 11 - 9 　貨幣市場の均衡

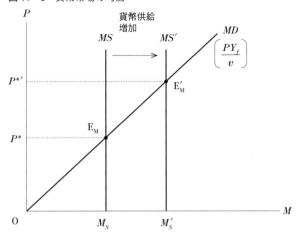

9に示すと、原点Oを通る右上がりの直線になります。

　このとき、中央銀行が名目貨幣供給を M_S としたとすると、図11-9の点
E_M で名目貨幣供給と名目貨幣需要が一致するので、貨幣市場の均衡点とな
ります。このときの均衡一般物価水準は P^* です。

COLUMN 11.1 　貨幣の保有動機

　貨幣需要は、経済主体が貨幣を保有したい様々な動機に基づいて決まります。マク
ロ経済学では、貨幣の保有動機として、取引動機（取引需要）、予備的動機（予備的
需要）、投機的動機（投機的需要または資産需要）があるとされています。
　貨幣数量説では、取引需要と予備的需要のみを考慮しています。伝統的ケインジア
ンでのLM曲線に織り込まれた貨幣需要には、それらだけでなく資産需要も考慮さ
れています[28]。貨幣を資産と見れば、貨幣は他のものと交換することが容易であると
いう性質（流動性）を長所として持っています。しかし、自分の資産を貨幣でなく債
券などの金融商品として持てば利息が得られますが、貨幣を持つことでその所得が得

28）貨幣数量説に基づくと、資産需要による貨幣需要はないとみるため、家計が第１期か
　ら第２期への貯蓄を、貨幣として保有することはなく、企業への貸付と公債の購入（政
　府への貸付）に充てることになります。

られない短所もあります。利子率が上がると、貨幣で持つ魅力が低下（機会費用が増加）するので、貨幣の資産需要が減ります。これが、ケインズが指摘した**流動性選好仮説**です。

貨幣保有の予備的動機とは、将来予期せぬ形で貨幣が必要になると困るので、それに備えて保有するものです。

金融政策の効果

ここで、中央銀行が名目貨幣供給を MS'_s に増やしたとします。このとき、名目貨幣供給曲線は MS' へ右にシフトし、図11-9の点 E'_M で名目貨幣供給と名目貨幣需要が一致するので、貨幣市場の均衡点は点 E'_M となります。このときの均衡一般物価水準は $P^{*'}$ です。名目貨幣供給を増やすと、一般物価水準は上がりますが、実質 GDP は図11-8のように財市場で $Y = Y_f$ となるように決まるので変化しません。つまり、実質 GDP は、財市場の変化によって増減しますが、名目貨幣供給を増やしても変わりません。たとえば、名目貨幣供給量を2倍にすると、一般物価水準も2倍になり、実質賃金率 w は図11-6のように労働市場で $w = w^*$ となるように決まるため、それと連動して名目賃金率（＝実質賃金率×一般物価水準）も2倍になるのです。

このように、経済が完全雇用状態で、賃金率や利子率が伸縮的に調整されるならば、名目貨幣供給量を変化させても一般物価水準が比例的に変化するだけで、貨幣供給が実質変数にまったく影響を与えません。この性質を、**貨幣の中立性**と呼びます。

新古典派では、労働投入量や資本投入量、実質 GDP や実質民間消費、実質賃金率や実質利子率といった実質変数は、貨幣供給量とは独立して、財市場、資本市場、労働市場で決まっており、一般物価水準は貨幣供給量によって決まる、とみています。貨幣を単位として測られる名目変数の変化から実質変数が独立であることを、**古典派の二分法**と呼びます。

この考え方の下では、貨幣供給量を増やせば実質 GDP が増えるということはありえません。これが、金融政策はもっぱら物価の安定を目指して講じられるべきである、との見解の根拠ともなっています。

6 財政政策の効果

6.1 財政政策の講じ方

これまでの分析の準備を踏まえ、経済全体での財政政策の効果を考察します。財政政策の手段は、政府支出の増減や租税負担の増減です。これらはあくまでも、前掲の政府の予算制約式(1)を満たすことが前提です。たとえば、第1期の租税負担を増やさずに第1期の政府支出を増やす財政政策は、その政府支出の財源を公債の増発でまかなうことを意味します。それだけでなく、この増発した公債は第2期に元利返済しなければなりません。これに伴い、第2期でおのずと残された政策手段の選択肢は、租税負担を増やすか政府支出を減らすかです。

これを踏まえると、財政政策は、短期的に変化させる政策か、長期的に（すなわち恒常的水準を）変化させる政策かを区別して効果をみる必要があります。

いま、政府支出の増減を政策手段に用いたとき、次のような財政政策の組み合わせが考えられます。政府支出を短期的に増やすことを、一時的な政府支出増加と呼び、政府支出を長期的に増やすこと、すなわち政府支出の恒常的水準を増やすことを、恒常的な政府支出増加と呼ぶこととします。すると、財政政策の組み合わせとして、

(1) 一時的な政府支出増加のみ

(2) 恒常的な政府支出増加のみ

(3) 一時的かつ恒常的な政府支出増加

が考えられます。これらの財政政策が、どのような効果を持つかを考察します。

ここで、政府支出を1単位増加させたときに実質 GDP が変化した大きさを、**政府支出乗数**と呼びます。政府支出の増加分が ΔG であるとき、実質 GDP の増加分を ΔY と表すと、政府支出乗数は $\frac{\Delta Y}{\Delta G}$ と表せます。財政政策の効果として、政府支出乗数がどうなるかを考察します[29]。また、この節で

の租税負担は、議論を簡単にするため、一括固定税でまかなわれることとします。

6.2　一時的な政府支出増加

政府支出を短期的に ΔG だけ増やすが、恒常的な政府支出増加は行わない場合、G_p は不変なので、G_p の定義

$$G_1 + \frac{G_2}{1+r} = G_p\left(1 + \frac{1}{1+r}\right)$$

に従えば、現在の政府支出を増やせば将来の政府支出を減らすことを意味します。G_p は不変なので T_p も不変です。別の言い方をすると、一時的な政府支出増加のみの財政政策は、将来の政府支出を削減すること（で、現在の公債増発で財源をまかないつつ、この増発した公債の元利返済財源を捻出すること）によって、現在の政府支出を増やす政策となります。各期の租税負担はまったく変わりません。したがって、現在の政府支出が増えてその分現在の総需要が増えても、将来の政府支出が減ってその分将来の総需要が減ることが見込まれるため、恒常所得 Y_p は変わりません。

このとき、総需要（国内総支出）は、政府支出が増えた分だけ増えますが、それ以外は変わりません。民間消費は、租税負担の恒常的水準 T_p に左右されます。しかし、政府支出の恒常的水準 G_p が不変なら T_p も不変で、かつ恒常所得 Y_p も不変なので、このとき民間消費は変わりません。これにより、図11－8の総需要曲線 AD は、政府支出が増えた分だけ右へシフトします。これを示したのが、図11－10左図の曲線 AD' です。他方、総供給曲線 AS は変わりません。したがって、一時的な政府支出増加のみを行うと

29）新古典派では、政策の効果を評価する際、政府支出乗数を主たる指標として用いるわけではありません。むしろ、前述の効用関数(3)式があるので、効用水準（あるいは社会厚生）の高低で測る手法が、新古典派では主たる評価方法です。たとえば、第6章の税制の評価で用いた超過負担（死荷重）もその1つです。ただ、本章では、財政の経済安定機能として、伝統的ケインジアンで主たる指標として用いる政府支出乗数を、新古典派モデルで用いるとどうなるか比較するために、政府支出乗数を用いることとします。

図 11 - 10　一時的な政府支出増加

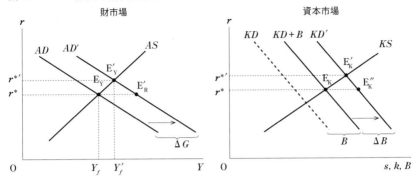

き、右へシフトした総需要曲線 AD' と総供給曲線 AS の交点 E'_Y が、新たな均衡点となります。このとき、均衡利子率は $r^{*'}$ に上がり、均衡での実質GDP である完全雇用 GDP は Y'_f に増えます。

　新たな均衡点にシフトする過程で、本章5.1項で触れた、労働市場において利子率が上がると、（現在の余暇が減って）家計の労働供給が増えるとともに（資本が労働より割高になって）企業の労働需要が増えることで、財の生産が増えることが、総供給曲線 AS に沿って起きています。

　この一時的な政府支出増加に伴う効果（図11 - 10左図の均衡点 $E_Y \to E'_Y$）を分解すると、もし利子率が財政政策を講じる前の r^* のままであったなら、総需要曲線が AD' にシフトした点 E'_R まで実質 GDP が増えます。このとき、実質 GDP の増加分 ΔY は政府支出の増加分 ΔG と同じ額になります。したがって、もし実質 GDP が点 E'_R まで増えたなら政府支出乗数は 1 となります。

　しかし、この一時的な政府支出増加は、公債の増発でまかなわれるため、政府支出の増加分と同じだけの公債を増発することになります。つまり、公債の増発分は $\Delta B = \Delta G$ となります。これに伴い、資本市場で公債が増発された分、図11 - 10右図のように、資本市場での需要曲線 KD が右にシフトします。ここで、利子率が上がらなければ、家計の貯蓄が増えないと線分 $E_K E''_K$ の大きさに相当する超過需要が生じます。この超過需要を解消すべく、資本市場で利子率が調整され、点 E'_K で需給が均衡するところまで利子

率が上がります。利子率が上がった分だけ、民間消費が減るとともに家計の貯蓄が増えたり、民間投資が減ったりしています[30]。

この資本市場の動きと連動して、財市場でも民間消費が減り民間投資が減る分、実質 GDP は減ります[31]。そうして、財市場と資本市場で同時に均衡する利子率 $r^{*\prime}$ になるところで実質 GDP が決まります。このとき、この財政政策を講じる前の実質 GDP よりも増えていますが、政府支出の増加分 ΔG と同じ額ほどには実質 GDP は増えていないことがわかります（図11-10左図参照）。したがって、政府支出乗数は、

$$0 \le \frac{\Delta Y}{\Delta G} \le 1$$

となります[32]。

このとき、政府支出の増加に伴い利子率が上がって民間投資が減るという**クラウディング・アウト効果**が生じています。それは、増やす政府支出の財源を公債でまかなったことで、家計の貯蓄が民間投資に回らなかったことに起因しています。この点は、伝統的ケインジアンの IS-LM 分析でも認められる効果です。

しかし、一時的な政府支出増加による政府支出乗数は、伝統的ケインジアンでは 1 を超えることがある（COLUMN 11.2を参照）のに対して、新古典派では 1 を超えません。さらには、第 8 章 3 節で触れた公債の中立命題では、政府支出を公債でまかなっても租税でまかなっても民間消費は変化しないので実質 GDP も増えない、という結論でしたから、政府支出乗数は 0 で

30）この貯蓄の増加は、恒常的可処分所得がこの財政政策を講じる前と変わらない下で起きているので、曲線 KS は動きません。

31）さらに労働市場でも連動して、図11-6に示したように、利子率が上がるとともに労働の均衡需給量も増える動きがあり、これが財の生産量を増やし、図11-10右図の総供給曲線 AS に沿って総供給を Y_f よりも増やします。生産関数など企業の環境は変わらないので、総供給曲線 AS は動きません。

32）この財政政策を講じた後の財市場の均衡点は点 E_Y' ですが、総供給曲線 AS が水平なら点 E_Y' は点 E_R' と同じとなり、垂直なら点 E_Y' は点 E_Y と同じになることを含んで、政府支出乗数は 0 以上 1 以下としています。

す。

　その差異の理由を説明します。伝統的ケインジアンでは、公債発行に伴い現在の可処分所得が増えると、将来の償還時の増税を考慮せずにその分だけ現在の消費に回すとみています。家計は、現在の可処分所得が増えても現在の消費を増やさずに貯蓄を増やして将来の消費を増やすと生涯効用はどう変化するか、ということまで視野に入れていない意味で、合理的な行動をとらないことを前提としています。これと同じ状況は、合理的な行動をとる場合でも次のような形で生じえます。合理的な行動をとる場合でも、流動性制約（借入制約）に直面している家計（第8章3.2項で説明）ならば、減税によって家計の可処分所得が増えると現在の消費を増やすから、伝統的ケインジアンの論理のように、現在の消費が増えるのに伴い政府支出乗数が大きくなります。

　本章での新古典派の考え方や第8章3節での公債の中立命題は、公債発行に対して償還時に増税があることまで家計が視野に入れているという意味で、合理的な行動を前提としています。ただ、公債の中立命題は、公債を発行しても利子率が変わらないことを前提としています。これに対し本章の新古典派は、図11-10に示されているように、公債の増発に伴う利子率の変化を織り込んでいます。公債の中立命題を説明した第8章3節では、民間投資の存在や利子率によって変化する家計の労働供給は考慮に入れていません。本章ではマクロ経済学に準じて、利子率が上がると減る民間投資や、利子率が上がると増える家計の労働供給も織り込んだ分析になっています。これにより、政府支出の増加を契機に実質GDPが増える効果が出てきます。

COLUMN 11.2　均衡予算乗数の定理

　伝統的ケインジアンでも、政府支出の財源を税でまかなうか公債でまかなうかによって、財政政策の効果が異なることに着目しています。

　ケインズは、民間消費は今期の所得が多くなれば増えるとともに、そもそも所得の額と無関係に、生きていく上で不可欠なものを購入するための消費（基礎消費）もある、という見方を示しました。すなわち、民間消費は、基礎消費（c_0）と所得のうち

の一定割合（c_1）を所得に応じて消費する分によって決まると考えられます。これを式で表すと、

$$C = c_0 + c_1 Y \tag{7}$$

となります。これを、ケインズ型消費関数と呼びます。c_1 は限界消費性向で、0以上1以下の値になります。

　民間消費がケインズ型消費関数によって決まるとして、実質GDPがどうなるかを考察します。

　財市場の均衡式(2)に(7)式を代入すると、

$$Y = c_0 + c_1 Y + I + G \tag{8}$$

となります。ここで、横軸に(8)式の左辺を、縦軸に(8)式の右辺をとった図で示すと、図11 - 11のようになります。左辺＝右辺となるところが、図11 - 11の45度線上となります[33]。そのことにちなみ、図11 - 11で表されるモデルを、45度線モデルとも呼びます。図の交点Eは、(8)式の左辺（財の供給）と右辺（財の需要）が等しくなるところ、つまり財市場が均衡するところです。交点Eに相当する実質GDPの水準を、均衡GDPとも呼びます。この均衡GDP（Y^*）は、(8)式を変形することにより次のように表されます。

$$Y^* = \frac{1}{1-c_1}(c_0 + I + G)$$

図11 - 11　45度線モデル

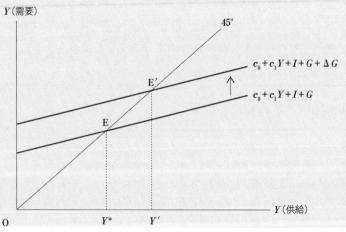

そこで、政府支出を増やしたときの効果を考察します。ケインズ経済学で、有効需要を増やす政策を、**有効需要政策**といいます。ここで注意したいのは、政府支出の財源を公債でまかなうか租税でまかなうかによって、効果が異なる点です。

　いま、政府支出をすべて公債発行でまかなうとします。政府が財政政策として政府支出をΔGだけ増やしたとき、財政政策後の均衡GDP（Y'）は、将来の償還時の増税を考慮せずにその分だけ現在の消費に回すとみて、消費関数は(7)式のままで、

$$Y' = \frac{1}{1-c_1}(c_0+I+G+\Delta G) = \frac{1}{1-c_1}(c_0+I+G)+\frac{1}{1-c_1}\Delta G$$

$$= Y^* + \frac{1}{1-c_1}\Delta G$$

となります。Y'がY^*よりも増えた分（Yの増加分）をΔYとすると、この式から

$$\Delta Y = \frac{1}{1-c_1}\Delta G$$

となります。したがって、政府支出乗数はとなり、1より大きい値となります。たとえば、$c_1 = 0.9$ならば政府支出乗数は10、$c_1 = 0.8$ならば政府支出乗数は5、$c_1 = 0.5$ならば政府支出乗数は2です。すなわち、公債発行によって政府支出を増やす財政政策は、政府支出の増加分以上にGDPを増加させる効果を持ちます。この効果を**乗数効果**と呼びます。

　これを45度線モデルで示すと、図11-11のようになります。点Eで政府支出を増やす前の均衡GDP（Y^*）が決まり、点E'で政府支出を増やした後の均衡GDP（Y'）が決まります。

　次に、政府支出Gをすべて租税でまかなう場合を考察します。租税は一括固定税とします。このとき、全税収をTとすると、

$$G = T$$

となります。この式は政府の均衡予算を表します。また、租税を課したことで実質GDPのうち租税の分が民間消費に費やせなくなるため、ケインズ型消費関数は

$$C = c_0+c_1(Y-T) \tag{7}$$

と変わります。このとき均衡GDPは、財市場の均衡式(2)と(7)式から

$$Y = c_0+c_1(Y-T)+I+G$$

となり、さらに式を変形すると、

$$(1-c_1)Y = c_0 - c_1 T + I + G \Leftrightarrow (1-c_1)Y = c_0 + I - c_1 G + G$$

となるので、

$$Y = \frac{1}{1-c_1}(c_0 + I) + G \tag{9}$$

となります。これが、政府支出をすべて租税でまかなったときの均衡 GDP です。

ここで、租税でまかなう形で政府支出を ΔG だけ増やしたとします。このとき、Y の増加分 ΔY は、(9)式より

$$\Delta Y = \Delta G$$

となります。つまり、このときの政府支出乗数は 1 です。以上をまとめると、次のようになります。

> **均衡予算乗数の定理**
>
> 政府が一括固定税を用いて均衡予算を採ったとき、政府支出乗数の値は 1 である。

このように、伝統的ケインジアンでも、政府支出を公債でまかなうか、租税でまかなうかによって、乗数効果が異なることが知られています。

6.3　恒常的な政府支出増加

政府支出を長期的に ΔG_p だけ増やすが、一時的な政府支出増加を行わない場合、現在の政府支出を増やさないで G_p を増やすので、将来の政府支出だけを増やすことを意味します。また、G_p が ΔG_p だけ増えるので、T_p も ΔG_p だけ増えます（$\Delta T_p = \Delta G_p$）。その分、恒常所得仮説に基づき、民間消費は減ります。現在の政府支出は不変で民間消費が減るので、現在の総需要は減りますが、将来の政府支出が増えてその分将来の総需要が増えることが見込まれるため、恒常所得 Y_p は変わりません。結局、この財政政策により、家計の恒常的可処分所得 $Y_p - T_p$ は ΔG_p だけ減ることになります。本章

---

33) 45度線モデルでの民間投資 I は一定と仮定されており、利子率によって変化しません。

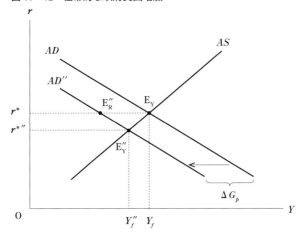

図 11 – 12　恒常的な政府支出増加

3.1項で述べたように、恒常的可処分所得の限界消費性向はほぼ1なので、民間消費はΔG_pだけ減ります。

　このとき、総需要（国内総支出）は、民間消費がΔG_pだけ減りますが、それ以外は変わりません。これにより、図11 – 8の総需要曲線ADは、民間消費が減る分ΔG_pだけ左へシフトします。これを示したのが、図11 – 12左図の曲線AD''です。他方、総供給曲線ASは変わりません。したがって、恒常的な政府支出増加のみを行うとき、左へシフトした総需要曲線AD''と総供給曲線ASの交点E_Y''が、新たな均衡点となります。このとき、均衡利子率は$r^{*''}$に下がり、均衡での実質GDPである完全雇用GDPはY_f''に減ります。

　この恒常的な政府支出増加に伴う効果（図11 – 12の均衡点E_Y → E_Y''）を分解すると、もし利子率が財政政策を講じる前のr^*のままであったなら、総需要曲線がAD''にシフトした点E_R''まで実質GDPが減ります。そのとき、実質GDPの減少分ΔYは民間消費の減少分と同じ額になります。つまり、もし実質GDPが点E_R''まで減ったなら、政府支出乗数$\left(\dfrac{\Delta V}{\Delta G_p}\right)$は－1となります。

しかし、ここで利子率が下がらなければ、財市場で図11 - 12の線分 $E_Y E_R''$ の大きさに相当する超過供給が生じます。この超過供給を解消すべく、財市場と資本市場で利子率が調整され、需給が均衡するところまで利子率が下がります。利子率が下がった分だけ、財市場では民間消費が増えたり、民間投資が増えたりしています。これと同時に、資本市場では、（民間消費が増えた分に見合う形で）家計の貯蓄が減ったり、民間投資が増えたりして、需給が均衡するまで調整されます。そうして、財市場と資本市場で同時に均衡する利子率 $r^{*''}$ になるところで実質 GDP が決まります。このとき、この財政政策を講じる前の実質 GDP よりも減っていますが、政府支出の増加分 ΔG_p と同じ額ほどには実質 GDP は減っていないことがわかります（図11 - 12参照）。したがって、政府支出乗数は、

$$-1 \leq \frac{\Delta Y}{\Delta G_p} \leq 0$$

となります。

このとき、政府支出の増加に伴い利子率が下がって民間投資が増えるというクラウディング・イン効果が生じています。それは、恒常的な政府支出増加に伴い、恒常的可処分所得が減少することによって生じた財市場での供給超過を調整するために、利子率が下がったことに起因しています。

6.4 一時的かつ恒常的な政府支出増加

政府支出を短期的に ΔG だけ増やすと同時に長期的にも ΔG_p $(= \Delta G)$ だけ増やす場合、現在の政府支出 G を増やすと同時に、政府支出の恒常的水準 G_p も同額増やすことを意味します。この財政政策の効果は、一時的な増加のみを行ったときの効果と、恒常的な増加を行ったときの効果を合計した効果となります。

ここでは、現在の政府支出を ΔG だけ増やしつつ、政府支出の恒常的水準を ΔG だけ増やしているので、将来の政府支出も ΔG だけ増やすことを意味します。そして、その財源は、すべて租税でまかなうことを意味します。なぜならば、前述のように、政府支出の恒常的水準が増えることは、租税負担

の恒常的水準も増えることを意味するからです（$\Delta T_p = \Delta G_p$）。その限りにおいて、現在の政府支出を増やすために公債を増発することは排除していません。

　一時的な増加のみを行ったときの効果は、図11-10で示したように、財市場で総需要曲線を右にΔGだけシフトさせます。他方、恒常的な増加のみを行たときの効果は、図11-12で示したように、財市場で総需要曲線を左に$\Delta G_p (= \Delta G)$だけシフトさせます。これらが同時に起こると、財市場において両効果が相殺されて、総需要曲線はまったく動かないことになります。結局、一時的な増加と恒常的な増加を同額だけ同時に行うと、財政政策を講じる前の均衡と同じ均衡に留まります。つまり、政府支出を増やしても、実質GDPはまったく増えません。

　したがって、一時的かつ恒常的な政府支出増加を同額だけ行ったときの政府支出乗数は0です。これは、一時的な増加のときの政府支出乗数の値（0以上1以下）がいくらであってもそうなります。この結論は、第8章3節で触れた公債の中立命題での含意と同じです。

　では、一時的な政府支出増加を多くし恒常的な増加を少なくする（$\Delta G > \Delta G_p$）場合はどうでしょうか。この場合、一時的な政府支出増加の効果が、恒常的な政府支出増加の効果を上回る形で同時に起こることになります。しかし、恒常的な政府支出増加は少ないとはいえまったくないわけではありませんから、本章6.2項で扱った一時的な政府支出増加のみのときよりも、一時的な増加の効果は恒常的な増加の効果によって減殺されます。つまり、一時的な政府支出増加を多くし恒常的な増加を少なくする場合、政府支出乗数は0にはならないものの、一時的な増加のみのときよりも政府支出乗数は低くなります。

6.5　新古典派モデルでの財政政策の効果

　これまでみてきたように、新古典派モデルでの財政政策の効果は、現在から将来まで見渡して効用を最大化するように消費や労働供給を決める家計の行動や、利潤を最大化するように労働投入量や資本投入量を決める企業の行動を踏まえた結果として導かれます。現在の政府支出を増やしても、それが

表11-1 新古典派モデルでの財政政策の効果

	財源	政府支出乗数
現在の政府支出増（一時的増加のみ）	公債発行・将来の政府支出減	0 以上 1 以下
将来の政府支出増（恒常的増加のみ）	増税	−1 以上 0 以下
現在の政府支出増と将来の政府支出増 （一時的かつ恒常的な増加）	（公債発行もあるが）増税	0

一時的に公債でまかなわれれば、将来それを償還するための租税負担増か政府支出の削減かが待ち受けていることを見通しています。政府支出を増やす形での財政政策の効果をまとめたのが、表11-1です。いうまでもなく、政府支出を減らす形での財政政策は、増やす場合と正反対の効果を持ちます。

上記の点が、伝統的ケインジアンと根本的に異なっています。特に、伝統的ケインジアンでは、現在の公債発行によって現在の租税負担が軽くなったことについて、将来の償還時の増税を考慮せずにその分だけ現在の消費に回す、とみる点が異なります。同じ論理であっても、将来の償還時には政府支出の削減か増税かを行うので、可処分所得が減って乗数分だけ将来の実質GDPが減ることも合わせて考えなければなりません。

政府支出乗数の値が異なるもう1つの原因は、政府支出の財源やタイミングです。表11-1はそのような観点でまとめています。このように、財政政策の効果は、家計が恒常所得仮説に従うか否か、市場で価格が伸縮的に調整されるか否か、政府支出の財源が何か、政府支出のタイミングがどうかを見極めることが重要です。

ちなみに、新古典派モデルでは、古典派の二分法が成り立つため、金融政策はもっぱら一般物価水準の決定に影響を持つものの、実質GDPを動かすことはありません。

6.6 ニューケインジアン・モデル

新古典派モデルにも欠点があります。それは、各市場では価格と数量は伸縮的に調整される完全競争市場で、市場の失敗がない状況を描写している点です。現実の経済では、価格や数量は完全には伸縮的に調整されていなかったり、不完全競争や情報の非対称性などによる市場の失敗が生じていたりし

ます。

　新古典派モデルのミクロ経済学的な基礎付けを踏襲しつつ、その欠点を踏まえながら伝統的ケインジアンの問題意識を引き継いだ学派として、ニューケインジアンが台頭しました。ニューケインジアンは、伝統的ケインジアンのモデルの欠点を克服すべく、新古典派モデルに基づきつつ、何らかの市場の不完全性を考慮したより現実的なマクロ経済学を構築しようとしています。特に、ニューケインジアンで焦点が集まっているのは、価格の硬直性です。

　伝統的ケインジアンは、賃金の下方硬直性によって非自発的失業が生じ、非自発的失業を減らすためには有効需要を増やしてGDPを増やすことに着目しました。この点はニューケインジアンにも引き継がれています。価格が伸縮的に調整できないことに起因する現象に焦点を当てている点は共有しています。

　しかし、伝統的ケインジアンが有効需要の原理に基づいているのに対し、ニューケインジアンはセイの法則に従う新古典派モデルを基礎としています。この点では、価格の硬直性を捉える論理が異なっています。ただし、新古典派が賃金などの価格は伸縮的に調整されて需給が均衡するとみるのに対し、ニューケインジアンは何らかの市場の不完全性があるために価格が硬直的であることに重きを置いています。

　伝統的ケインジアン、新古典派、ニューケインジアンの特徴を比較すると、表11－2のようになります。

　この比較からの含意として、新古典派モデルで想定しているほど、現実の経済は市場の失敗がない状態ではないが、短期だけの効果にとらわれるのではなく、将来の経済で起こりうる効果も視野に入れて、財政政策の効果を見極めることが重要だといえます。ニューケインジアン・モデルに基づく財政政策の効果には、単に短期的なGDPを増加させる効果だけでなく、経済全体で起きる不完全競争や情報の非対称性といった市場の失敗を是正する効果も織り込まれています。また、一時的に公債で財源をまかなって、将来いずれかの時期に償還のための財政負担（政府支出削減か増税か）が伴うことを踏まえて、家計や企業が行動していると認識することも重要です。

表 11-2　各学派の経済モデルの比較

	伝統的ケインジアン	新古典派	ニューケインジアン
ミクロ経済学的基礎づけ	無	有	有
期待形成	合理的期待ではない	合理的期待	合理的期待
理論の枠組み	有効需要の原理	セイの法則	セイの法則
市場	不完全競争	完全競争	不完全競争
価格調整	硬直的	伸縮的	硬直的
非自発的失業	有	無	有
政策の評価基準	GDP	家計の効用（社会厚生）	家計の効用（社会厚生）、GDP

　そして財政政策は、GDP の増減よりも家計の効用（社会厚生）を重視して評価することも欠かせません。GDP が増えるからといって家計の効用が上がるとは限りません。一時的に GDP が増えても、現在から将来にかけて家計の効用が上がらなければ、その財政政策は望ましくありません。その観点から、家計の効用（社会厚生）に即して財政政策の評価をすることが求められます。その礎として、ミクロ経済学的な基礎付けが必要なのです。

COLUMN 11.3　非ケインズ効果

　伝統的ケインジアンでは、政府支出を増やしたり減税したりすれば、需要が刺激されて、GDP が増えるという財政政策の効果があると結論付けました。しかし、現在において政府支出を増やしたり減税したりすると、政府債務が累増するため、これが逆に将来における増税や政府支出の削減を意識させ、将来の可処分所得や消費を減らすという不安を引き起こす可能性があります。

　このように、現在において政府支出を増やしたり減税したりして、政府債務を累増させると、将来の可処分所得や消費を減らすという不安（不確実性）を高めることから、逆に現在の消費や投資を減退させるという財政政策の効果を、**非ケインズ効果**といいます。伝統的ケインジアンの財政政策の効果と逆の効果という意味があります。

　非ケインズ効果では、現在における政府支出を減らしたり増税したりすることで、政府債務の累増を防いで、将来の不確実性を減らすことから、現在の消費や投資を刺激するという効果も起こりえます。ちなみに、本章における新古典派のモデルには、不確実性は含まれていません。

非ケインズ効果は、つねに起きるわけではありません。現在の政府支出の増加や減税が将来の不確実性を高める状況で、この効果が起こりえます。1980年代以降のデンマークやアイルランドなどで観察されたとの研究があります。

　非ケインズ効果から得られる論理的な示唆は、現在の財政政策が元で家計や企業が抱く将来の不安（不確実性）を高めてしまうと、かえって現在の需要を減退させる、ということです。現在の経済状態の悪化を心配し過ぎて、将来の経済や財政の状態を度外視するような節度のない財政政策を講じることがないようにしなければなりません。

12 財政の今後

1 2020年代以降の日本の財政

1.1 今後の財政状況

これまでの章で学んだ内容を踏まえ、日本の今後の財政状況を展望してみましょう。政府債務の累増を食い止めることが喫緊の課題です。

歳出面では、第4章で触れたように、高齢化がさらに進むことから社会保障費が増大することが見込まれます。他方、公共投資などの政府支出は、人口減少にあわせて、量や金額を維持するよりも質を高める努力をする必要があります。たとえば、道路や水道などのインフラは、今あるインフラをすべて維持するのではなく、人口減少にあわせて不必要なものはなくすとともに、維持すべきものはできるだけ寿命が長くなるように補修・管理して、質を維持しつつ政府支出を節約するように努めることが求められます。教育でも、授業が成り立ちにくくなるほど児童数が減少した場合には、学校を統合したり、これにあわせて教員人件費を減らしたりして、政府支出を節約しつつ児童への教育の質を確保することが必要です。

ただ、第2章や第8章で触れたように、わが国の財政赤字の規模は依然として大きいのが現状です。この財政赤字は、今後どの程度になると見込まれるでしょうか。

1つの将来見通しとして、財政制度等審議会（財務大臣の諮問機関）が示した2060年度までの政府支出の推計があります。この推計では、SNAの一般政府における政府支出を、年齢関係支出と非年齢関係支出の2つに分けて分析しています[1]。年齢関係支出は、公的年金、医療、介護、教育等（教育費用に関する給付・雇用保険給付・生活保護給付）の4項目が含まれ、現在の制度や施策が将来にわたり変わらないと仮定し、年齢階層別1人当たり給付水準が変わらないとみなして、人口構造の変化のみを反映して各項目の支出額を推計したものです。非年齢関係支出は、年齢関係支出以外の政府支出です[2]。

年齢関係支出が日本において今後どう変化するかを示したのが、図12-1です。このうち、医療、介護は、高齢者人口の増加に伴い、経済成長率を上回るスピードで増えることから、対GDP比が上昇すると見込まれています。公的年金は、団塊世代と団塊ジュニア世代が高齢者になる時期に年金受給者は増えることから、対GDP比が高まると見込まれています。他方、教育等は、若年人口や労働力人口の減少に伴い、支出が増えないことから、対GDP比はほぼ横ばいになると見込まれています。年齢関係支出の合計は、2020年度の約22.1%から2060年度には約26.5%に上昇すると推計されています。この年齢関係支出に、それ以外の非年齢関係支出を加えた政府支出合計の対GDP比を示したのが、図12-2です。

こうして推計されたわが国の政府支出は、対GDP比でみて、2020年度には40%弱ですが、2040年度頃には40%を超え、2060年度には約43%にまで上昇すると見込まれます。これらをまかなう財源は十分に確保できるでしょう

1）この分析方法は、EUの執行機関である欧州委員会が加盟国の財政状況を分析する際に用いた方法と同じものです。

2）非年齢関係支出は、欧州委員会に倣って、対名目GDP比が一定になると仮定しています。ここでは、新型コロナウイルスの感染拡大直前にOECDが推計したわが国の2020年度の政府支出対GDP比と整合的になるように、16.1%で一定としています。

図 12 - 1　年齢関係支出対 GDP 比の推計

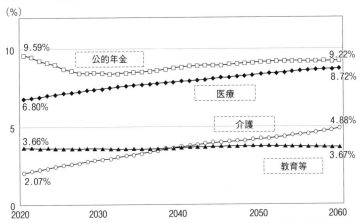

注：経済前提は、2027年度までは内閣府「中長期試算」（2018年1月）の「成長実現ケース」、2028年度以降は厚生労働省「年金財政検証（2014年6月）」のケースＥ（名目経済成長率が1.6%）。

出典：財政制度等審議会「我が国の財政に関する長期推計（改訂版）」（2018年4月6日）。

図 12 - 2　政府支出と政府収入の対 GDP 比の推計

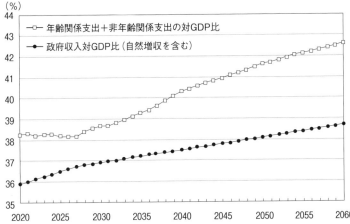

注：政府支出対 GDP 比は、図12-1の年齢関係支出対 GDP 比と非年齢関係支出対 GDP 比（16.1%で一定と仮定）の合計。政府収入対 GDP 比には、税の自然増収（税収弾性値1.1）を加えている。

か。

　わが国の政府収入（SNA の一般政府）は、2020年度に対 GDP 比で約36％
です（OECD の統計に基づき、新型コロナウイルスの影響を除去した場合
の比率に相当）。2020年度の時点で、政府収入は、政府支出と比べて対 GDP
比で（新型コロナウイルスの影響を除去した場合に）約2.4％不足しており、
財政収支は赤字となっています。このまま政府収入対 GDP 比が増えなけれ
ば、財政赤字は毎年度生じる状態です。その後の税制改正や社会保険料負担
などの増加は確定していませんが、現在の税率や社会保険料率のままでも経
済成長に伴い自然増収が得られる可能性があります。政府支出の推計の際に
仮定した経済成長率が実現したとして、そのときに得られる自然増収を加え
た政府収入対 GDP 比を図12 - 2 に示すと、●印の線で表されます。税収弾
性値（後述）を1.1と仮定すると、政府収入は経済成長率を上回るスピード
で増加することから、政府収入対 GDP 比は次第に上昇していきます。

　しかし、現在の税率や社会保険料率のままで経済成長に伴い得られる自然
増収を加味しても、政府収入対 GDP 比は政府支出対 GDP 比を上回ること
はなく、むしろ2030年代後半からは政府収入と政府支出の差がさらに広がる
と推計されています。2030年代後半には、団塊ジュニア世代が年金給付を受
け始める時期です。

　別の言い方をすれば、今後大きな税制改革や社会保障改革を行わない限
り、経済成長に伴う自然増収だけをあてにして財源を確保しようとしても、
政府収入（図12 - 2 の●印）と政府支出（同□印）の差である財政赤字は対
GDP 比で、2030年代前半までは２％弱であるのが、2030年代後半から２～
３％に拡大し、2060年度には約４％まで増えると見込まれます。

1.2　財政赤字の抑制方策

　このように、財政赤字（対 GDP 比）が毎年度増え続けると、第８章で触
れたように、政府債務はとどまることなく増え続けます。財政の持続可能性
を担保するためにも、この財政赤字を何らかの方法で大きく減らさなければ
なりません。

　財政赤字を減らす方法は、大別すれば、歳出削減と歳入確保があります。

歳出削減は、第4章や第9章で触れたように、非効率な政府支出をなくしたり、国と地方の役割分担を再検討して政府支出の出し方を見直したり、政策の優先順位が低い政府支出を削減したりすることが考えられます。そうすることで、図12-2の□印の線に示された政府支出対GDP比よりも低くすることができ、これによって財政赤字対GDP比を減らすことができます。

　他方、歳入確保は、現在の税率や社会保険料率のままでも経済成長に伴い得られる自然増収だけに頼らず、税制改革や社会保障改革を行って税や保険料の負担を増やすことが考えられます。

COLUMN 12.1　インフレ税

　政府債務の返済は、歳出削減や消費税などの増税によって財源を工面するのではなく、インフレーションにすればよいという見方があります。確かに、通貨の増発によって通貨価値が下がれば、インフレが生じます。このとき、第8章1.5項で触れたように、大半の公債を名目債で発行している今日では、インフレになると公債の実質価値が減ります。このインフレにより、政府は公債の返済負担が減るとともに、債権者は実質価値が目減りして損をします。

　このように、インフレによって政府の債務負担が減り、民間の債権者の経済価値が損なわれることが、インフレによって政府が民間からあたかも税を徴収したかのように解釈できることから、**インフレ税**と呼びます。インフレ税は、インフレによって政府債務の実質価値が目減りした分だけ、政府が民間から税を徴収したも同然の状態となることを指します。インフレ税は、通貨を追加発行したことに伴い得た収入ともいえることから、通貨発行益（シニョリッジ：seigniorage）とも呼ばれます。

　では、所得税や消費税などではなくインフレ税で財源をまかなえばよいでしょうか。インフレ税は、名目債だけでなく、通貨を持つ人は誰でも、インフレによって通貨価値が目減りすることから、同様の損失、つまりインフレ税の負担を強いられます。もちろん、インフレによる損失を回避（ヘッジ）できますが、回避できない人は、公債を保有していなくてもインフレ税を事実上負担させられます。名目賃金の上昇が物価上昇よりも遅れて実質賃金が減る労働者は、財産を持っていなくてもインフレ税を事実上負担したことになります。インフレ税は、一見すると、金融資産を多く持つ富裕層に負担を負わせられそうですが、インフレを回避できれば負担を免れられ、金融資産を持たないが実質賃金が減る低所得者が負担を負うことになります。その意味で、インフレ税は経済格差を拡大させうるのです。

つまり、インフレ税は、誰がいつどれだけ負担するかを事前に決められず、経済取引の実態によって決まります。インフレ税の負担は、事前に議会で誰がどれだけ負担するか決められないため、租税法律主義にそむくことになります。租税法律主義は、財政民主主義の基本です。

加えて、過度なインフレになれば、通貨の信認が損なわれ、債務者と債権者の間での所得再分配が起きるだけでなく、新規の貸借契約が成り立たなくなって金融システムを不安定にする恐れがあって、経済での資源配分を非効率にする（パレート最適でなくする）のです。

したがって、インフレ税を多用することは、経済格差や租税法律主義や資源配分の効率性の観点から、望ましくありません。

ただし、低率のインフレでも、インフレ税はわずかであれ生じます。しかも、第3章 COLMUN 3.2で触れたように、2010年代の量的・質的金融緩和によって日本銀行が国債残高の過半を保有する状況となっており、それだけ市中で通貨を発行しています。こうした状況下で、税の自然増収だけでは高齢化に伴う歳出増に追い付かず、歳出削減や増税を避け続ければ、政府債務の返済は今後インフレ税に依存せざるを得ない（過度なインフレになる）恐れがあります。

2 税制改革のあり方

2.1 税収弾性値

現在の税率のままでも、経済成長に伴い税の自然増収がどれだけ得られると見込まれるかを判断する上で重要な指標に、税収弾性値があります。**税収弾性値**は、「税収増加率÷名目経済成長率」と定義され、名目経済成長率が1％上昇したときに、税収が何％増加するか（経済成長率が上がったときに、税収がどの程度増えるか）を表します。わが国において、政府が予算編成時などに用いる税収弾性値は1.1となっています。

これに対し、1995〜2010年度の15年ほどの間の単純平均では約4であるとの主張があります[3]。つまり、政府が設定する税収弾性値（1.1）は、実績

3）主張されていた当時は約4でしたが、決算値が固まった現在この値を求めると、約5となっています。

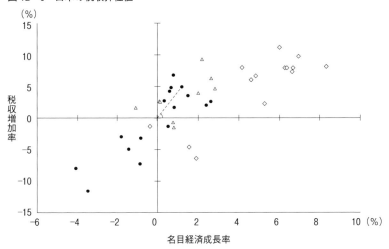

図12-3　日本の税収弾性値

注1：◇点は1981〜1994年度、●点は1995〜2010年度、△点は2011〜2019年度。
注2：図中における各年度の税収弾性値の大きさは、当該年度の点と原点を結ぶ直線の傾きで表される。
注3：1995〜2010年度の単純平均が約4とは、実績値の●点と原点との間の直線の傾きを単純平均したものを意味する。それは、統計学的に意味不明であり、2変数の相関関係は回帰分析で見極めるものである。
資料：国税庁『国税庁統計年報』、総務省『地方財政白書』、内閣府『国民経済計算年報』。

値よりも低く、将来の税収を過小に見積もっているとの主張です。果たしてこれは正しいでしょうか。

　図12-3は、横軸に名目経済成長率、縦軸に国税と地方税を合わせた税収増加率をとって、実績値を図上にプロットしたものです。この図では、定義により、原点と結ぶ直線（図中に点線で例示）の傾きの大きさが各年度における税収弾性値となります。1995〜2010年度の間の単純平均が約4との主張は、図中の●点と原点を結ぶ直線の傾きを16年分集計して単純平均を求めると約4であることを意味します。

　ところが、それでは2つの変数の関係を回帰分析をしたことにもなっていませんし、論理的に意味をなさない値です。税収弾性値を客観的に求めるなら、税収増加率と名目経済成長率との間で、相関関係を計量経済学的に妥当な手法で分析することが必要です。税収増加率と名目経済成長率の単回帰では、他に影響を与える変数の動向を無視しており、計量経済学的にみて結果

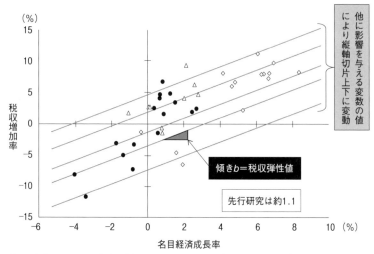

図12-4　税収弾性値の正しい計測法（イメージ）

注１：◇点は1981〜1994年度、●点は1995〜2010年度、△点は2011〜2019年度。
注２：1995〜2010年度だけを対象とするのなら、それは「デフレ期」のデータしかないから、デフ
　　　レ脱却後の税収弾性値を分析したことにならない。したがって、標本数を増やすことでデフ
　　　レ期以外の影響も分析できる。
資料：国税庁『国税庁統計年報』、総務省『地方財政白書』、内閣府『国民経済計算年報』。

を信用できません。また、標本数が16（年分）では少な過ぎて、回帰分析の信頼性がありません。したがって、十分な標本数を得て、他に影響を与える説明変数を複数加えた重回帰

　　　税収増加率 ＝ $a+b×$名目経済成長率$+c×$他に影響を与える変数$+…$

という推定式を洗練された手法で計量分析すれば、b の推定値が客観的に信頼できる税収弾性値となります。イメージとしては、図12-4のようになります。

　税収弾性値の計量分析を行った学術研究はいくつかあります。これらの先行研究によると、わが国の税収弾性値は概ね1.1前後となっています。このことから、税収弾性値として1.1という値は、より洗練された分析手法によって妥当性が裏付けられるものといえます。4という値は過大です。

　税収弾性値を過大に見積もると、経済成長率が少しでも上がれば大きく税

収が増えるという予測になります。しかし、実態はそれほど高い税収弾性値ではないため、実際には見積もり以下しか税収が入らず、決算時に税収不足になりかねません。こうした税収の過大見積もりを助長するよりも、税収や経済成長率を保守的に見積もり、歳出に必要な財源を着実に確保することが重要です。その上で、決算時の税収が当初予算時の税収よりも多くなった場合には、政府債務残高を増大させないように、公債償還の財源に充てることが求められます。

2.2　税制改革における効率性と公平性

　第５章と第６章での税制の議論をまとめれば、消費課税は効率性をより実現できるが、垂直的公平性は実現しにくい税であり、個人所得課税は垂直的公平性をより実現できるが、効率性を阻害する恐れのある税である、といえます。これらのバランスを考えれば、効率性を実現すべく消費課税、垂直的公平性を実現すべく個人所得課税を行うという役割分担が必要です。

　所得格差是正をより重んじるなら、累進課税ができる所得税を強化することが考えられます。特に、1990年代から2000年代にかけて、わが国では所得税の累進性が弱められてきました。格差是正が必要なら、所得税の累進性を強化する方策がありえます。ただ、所得税の最高税率を上げても累進課税をあまり強化できません。高所得者は金融所得を多く得ていますが、金融所得は定率で分離課税（第５章3.1項を参照）されており、図12-5下のように現実には高所得者で税負担率が下がり、累進課税がうまくできません。さりとて、金融所得も合算して総合課税しても、二元的所得税論（第５章3.1項を参照）が示唆するように、グローバル化の中で高率でうまく課税できません。加えて、所得控除が多い現行の所得税制だと、課税最低限以下の低所得者には、所得税制を通じた格差是正が及びません。そこで、所得控除を税額控除に改めつつ、給付付き税額控除（第５章3.1項や第６章2.5項を参照）を導入して低所得者に配慮する方法が考えられます（図12-5参照）。税制を通じて給付するのが難しいなら、社会保険料の減免という形で対応することも可能でしょう。

　他方、第６章２節で触れたように、所得税は、超過負担を生じさせるた

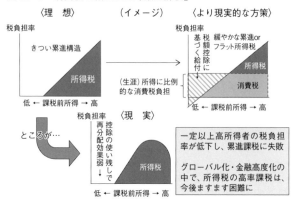

図12-5 消費税を軸とした「累進課税」

め、効率性の観点から望ましくない性質を持っています。また、高齢化に伴い貯蓄率が低下すると懸念されるわが国において、所得税は貯蓄に対する二重課税を生じさせる（第6章4節参照）点も、効率性の観点から望ましくない性質です。これに対し、消費税は貯蓄を課税ベースとしないから、貯蓄に対する二重課税は生じません。

　消費税は、低所得者により重く税負担を課す「逆進的」な税だという主張がありますが、消費税が逆進的な税ではないことは、第5章3.3項で触れた通りです。逆進的に見えるのは、人々の消費行動をある一時期だけに限定してみるからであって、消費税の負担は、（生涯）所得が多ければそれだけ多くなるため、逆進的ではなく（生涯）所得に比例的になります。

　したがって、今後の税制では、図12-5右上のように、低所得者には所得税制で給付付き税額控除に基づき給付を出しつつ消費税を負担してもらい、高所得者には消費税とともに緩やかな累進課税の所得税も負担してもらう形で、所得税制と消費税制を組み合わせて効率性をより損なわずに所得格差を是正できます。金融所得が多い高所得者には（税率を上げた）消費税で負担を課し、低所得者には給付で消費税負担を軽減するのが効果的です。

　消費税の増税には政治的な反対が多いことから、貯蓄に税金をかけてはどうかという主張があります。消費税の増税は、家計の消費を落ち込ませるのに対して、貯蓄残高に課税する「貯蓄税」は、目下貯蓄するぐらいなら消費したほうが有利と認識されて、家計の消費を刺激する効果があると主張します。果たして、どれほどの効果があるでしょうか。

　貯蓄は、将来消費するために充てられることから、現在の消費と将来の消費を考慮にした第6章2.6項の議論を用いて説明します。現在 W の所得を得て、現在消費に x_1 だけ充て、残りは貯蓄を s だけして将来消費に充てると、

$$W = x_1 + s \tag{1}$$

となります（第6章(6)式と同じ）。その貯蓄には利子率 r（×100%）で利子所得が生じ、将来時点で貯蓄と利子所得を合わせて $(1+r)s$ だけの収入を将来消費に充てると、

$$(1+r)s = x_2 \tag{2}$$

となります（第6章(7)式と同じ）。(6)式と(7)式を合わせると、家計の生涯を通じた予算制約式は、

$$W = x_1 + \frac{x_2}{1+r} \tag{3}$$

となります（第6章(8)式と同じ）。これは、税金がないときの家計の予算制約式です。

　いま、現在消費に課される消費税率は t_1（×100%）とし、将来消費に課される消費税率が t_2（×100%）になるとします。ここでは、消費税率を将来増税することを想定して、$t_1 < t_2$ と仮定します。このとき、現在における家計の予算制約式は、

$$W = (1+t_1)x_1 + s \tag{1'}$$

と表せ、将来における家計の予算制約式は、

$$(1+r)s = (1+t_2)x_2 \tag{2'}$$

と表せます。したがって、家計の生涯を通じた予算制約式は

$$W = (1+t_1)x_1 + \frac{(1+t_2)x_2}{1+r}$$ (3')

と表せます。これが、将来に消費税を増税する場合の予算制約式です。

　ここで、将来への貯蓄 s に対して、税率が t_s（×100%）の「貯蓄税」を導入したとします。その代わり、将来消費に対する消費税率は現在の税率と同じ t_1 のままとします。このとき、現在における家計の予算制約式は、貯蓄をすると「貯蓄税」が課されるので、

$$W = (1+t_1)x_1 + (1+t_s)s$$ (4)

となります。将来における家計の予算制約式は、消費税率が t_1 のままなので、

$$(1+r)s = (1+t_1)x_2$$ (5)

となります。したがって、家計の生涯を通じた予算制約式は

$$W = (1+t_1)x_1 + (1+t_s)\frac{(1+t_1)x_2}{1+r}$$ (6)

と表せます。

　そこで、消費税増税の場合の予算制約式(3')と、「貯蓄税」導入の場合の予算制約式(6)を比較しましょう。両者で異なっているのは、将来消費にかかる係数だけです。将来消費（の現在価値）にかかる係数は、消費税増税の場合、$1+t_2$ です。これに対し、「貯蓄税」の場合、$(1+t_s)(1+t_1)$ です。$1+t_2 = (1+t_s)(1+t_1)$ が成り立てば、両者はどちらも同じです。

　もし、現在の消費税率 t_1 が 8 ％（0.08）で将来の消費税率 t_2 が10%（0.1）だとすると、「貯蓄税」の税率 t_s が約1.85％（$t_s = 0.0185$）であれば、将来消費にかかる係数は、消費税増税の場合も「貯蓄税」の場合も同じ値（1.1）になります。言い換えれば、将来に消費税率を10%に増税するのと、消費税を増税せずに税率を約1.85％とする「貯蓄税」を導入するのとでは、家計に与える経済効果はまったく同じということです。

　したがって、論理的に見れば、消費税を増税することと、「貯蓄税」を導入して一度だけ貯蓄に課税することは、何ら差異はないのです。

　ただし、前述の「貯蓄税」は 2 期間モデルですから、現在（ 1 期目）から将来（ 2 期目）に持ち越す貯蓄に一度だけ「貯蓄税」を課すだけです。しかし、現実の経済では毎年、翌年に持ち越す貯蓄残高に対して「貯蓄税」を課すとすれば、課税の累積が起こります。つまり、昨年から今年に持ち越すときに「貯蓄税」が課された貯蓄を今

年から来年に持ち越そうとすると、再び「貯蓄税」が課されることになります。消費税ではそのような課税の累積は起きません。2期間モデルで予算制約式⑶'と⑹式を比較するだけなら、消費税と「貯蓄税」は等価ですが、課税の累積を加味すると、「貯蓄税」は、消費税より課税による歪みが大きく、効率性の観点から望ましくありません。

　前述の「貯蓄税」は、貯蓄残高に比例的に課税することを前提としたものです（累進的ではありません）。ただ、巷間の「貯蓄税」提案には、たとえば貯蓄残高1000万円以上の部分に課税するものもあります。もしそれが実現すれば、ある意味で累進的な「貯蓄税」となりえます。

　しかし、わが国の現行制度を前提とすると、累進的な「貯蓄税」は実効性に乏しいといわざるを得ません。

　確かに、金融機関に口座があって、同じ金融機関の口座ならば同一人物が保有する金融資産の合計金額はわかります。しかし、現行の税務では、同一人物の口座でも、証券会社にある口座は、別の独立した銀行にある定期預金と名寄せされることはありません。しかも、税務上分離課税となっているために、現行所得税法上は名寄せしなくても支障なく徴税ができており、大きな制度改革を伴わなければ、個人の貯蓄総額を集計することができません。さらに、金融資産は、国境を越えて容易に移動が可能です。

　そう考えれば、少額の貯蓄残高の個人だけを除外する形で「貯蓄税」を課せば、高額貯蓄の所有者が税負担を逃れようとした合法的な租税回避や、金融資産の海外流出を誘発しかねません。

　また、「貯蓄税」を導入できたとしても、貯蓄残高というストックに対する課税であるため、導入直後に一時的に税収を多く上げられたとしても、時間の経過を通じて租税回避が起きるために税収が予定通りに上げられなくなります。租税回避が起これば、足元の消費を増やすという効果（消費の前倒し効果）はそれだけ減殺されます。

　これに対して消費税は、フローに対する課税であるため、金融資産にまつわる租税回避とは無関係です。しかも、段階的に消費税が増税される場合に、消費税負担を回避しようとするなら、時間が経つにつれ消費税率は上がっていくため、貯蓄しては逆に負担増となりますから、消費を前倒しすることで負担軽減を図ろうとします。したがって、段階的な消費税増税には、継続して消費の前倒し効果が得られます。

　このように、「貯蓄税」導入には賛成で消費税増税には反対、とする見解は、論理的に矛盾した態度です。新設するために徴税インフラを整えるコストをかけて、課税の累積が起こりうる「貯蓄税」を導入するぐらいなら、消費税増税のほうが効率的なのです。

3 社会保障の受益と負担の均衡

本章1節で触れたように、今後は高齢化に伴い社会保障給付が増大することから、そのための財源をどう確保するかが重要な課題となります。そもそも、現時点で、社会保障給付に充当する予定の公費負担（税財源）は、今年度に得た税収だけではまかない切れていないのが実情です。社会保障の公費負担は、本来、今年度に得た税収が充てられるべきですが、税収が足らず赤字国債を発行してまかなわなければならない状態になっています。

国債費（国債の元本と利子の返済）は今年度の税収が優先的に充てられ、公共事業費に充てられる建設国債を除き、経常的な経費に充てられるべき税財源が、今年度の税収だけでは十分にまかなえず、代わりに赤字国債の発行に依存してまかなった収入の割合を示したのが、図12-6です。決算統計をもとに推計した図には、国の一般会計における経常的な経費と赤字国債発行額が棒グラフで示され、両者の比として経常的な経費のうち赤字国債でまかなうこととなった割合が折れ線グラフで示されています。

当年度の経常的な経費は、インフラなどのストックを後世に残すことなく今を生きる国民に便益が及ぶものです。第5章1.2項で触れた応益課税原則に則せば、今を生きる国民にのみ及ぶ便益をもたらす政府支出の財源は、将来世代につけ回さず、今を生きる国民で負担を負うべきものです。しかし、図12-6を見ると、2010年代前半では50％前後も経常的な経費が赤字国債でまかなわれていることがわかります。2014年度に消費税が増税されてこの比率は低下しているものの、依然約40％に達しています。

特に、社会保障給付に充当する予定の公費負担（税財源）は、このようにかなりの部分が赤字国債でまかなわれており、後世に負担をつけ回しているのが現状です。その上、図12-2で示したように、税制や社会保障制度が現行のままでは、今後も必要とされる社会保障給付の財源を十分に確保できる見通しが立っていません。これらを踏まえれば、まずは社会保障給付に充当する予定の公費負担を、赤字国債に頼らずに当年度の税収でまかなえるようにすることが求められます。

図12−6　経常的な経費が赤字国債でまかなわれた比率

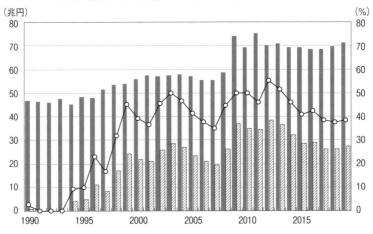

注：経常的な経費＝一般会計歳出総額−国債費−公共事業関係費。赤字国債発行額には、2012年度と2013年度に発行された年金特例公債を含む。
資料：財務省「決算の説明」。

　社会保障給付に充てる税財源を確保するために、前節で触れた所得税と消費税以外の税目は有力な財源になりえるでしょうか。法人税は、第5章3.2項でも触れたように、グローバル化の中で日本企業は厳しい国際競争にさらされ、アジア諸国の税率が25％前後であることから、減税こそあれ増税することは自縄自縛となります。日本企業に高い法人税率を課せば、日本での営業を縮小させ、日本での雇用を減らしかねません。

　相続税はどうでしょうか。相続税は、今得ている税収でも、消費税率の1％分にも満たない金額しかありません。こうした相続税を倍増するような増税を考えれば、大金持ちだけでなく、普通の暮らしをする持ち家に住む人にまで負担増を求めなければ、実現できません。これでは、資産格差是正の意図が実現しません。しかも、それでいて、今の税収を倍増して得られる追加的な税収は消費税率の1％分未満です。これでは、増大する社会保障費をとてもまかなえません。

　そう考えると、社会保障給付の安定的な財源として、主要な税目として考えられるのは、所得税（所得比例の社会保険料も含む）か消費税となりま

す。

　所得税（所得比例の社会保険料も含む）は、格差を是正する機能を強化するためには必要です。しかし、増加する社会保障財源を追加的にまかなうために、さらに負担を増やすとなると、次のような支障が生じます。わが国の所得税は、基本的に給与所得を稼ぐ現役世代に負担が集中し、高齢世代に負担はほとんど及びません。このような状況で所得税を増税して財源をまかなうこととすれば、若年世代ばかりが負担増となり、第10章５節で触れた受益と負担の世代間格差は、ますます拡大します。所得税は、世代内の所得格差是正には役立ちますが、世代間格差の是正にはあまり役立ちません。したがって、社会保障給付のさらなる財源確保のために、所得税だけでどんどん負担増を求めることは、稼ぎ手の若年層ばかりに負担増を求め、日本経済の成長源に過度な負担を求めることとなり、望ましくありません。

　そうなると、社会保障給付の安定的な財源確保は、消費税にその役割が期待されます。消費税は、税収が景況の影響を受けにくいので、景気の良し悪しに関係なく安定的な財源が必要な社会保障費をまかなうのには適しています。

　しかも、同じ税収を得るのに経済成長を最も落ち込ませない税は消費課税である、という結論が、経済学の先行研究から得られています。増税負担は最低限にとどめるべきなのはいうまでもありませんが、いくつかある基幹税のうち、経済成長をできるだけ落ち込ませないようにできる税は、所得税や法人税ではなく、消費税であるといえます。別の言い方をすると、同じ税収を得るのに相対的に超過負担が小さいのが、消費税であると考えられます。

　第８章５節で触れた課税平準化政策が示唆するように、将来的に必要となる社会保障給付のための財源は、早期に必要なだけ税率を引き上げるとともに、将来高税率にならないようにして税収を確保することが、中長期的にみて経済活動をより阻害しない（超過負担をより小さくする）方策です。この点からみると、消費増税せずとも、現行税制のまま経済成長を促すことによって得られる増収（自然増収）で財源をまかなえばよい、という見方は、せっかくの日本経済の成長機会を奪っている見方といえます。というのも、現行税制は、相対的に消費税よりも所得税や法人税から税収を多く得る構造と

なっています。その構造を引きずったまま、経済成長を促して税収を得たとしても、その自然税収は、消費税よりも所得税や法人税から多く得ることとなります。つまり、同じ税収を得るのに、現行税制だと消費税よりも所得税や法人税でより多くを得てしまうので、それだけ経済成長を阻害するのに対し、その同じ税収をより多く消費税から得られる税制にあらかじめ変えていたほうが、経済成長を阻害せずにすむのです。

COLUMN 12.3　炭素税

　第1章2.1項で、外部性を内部化する税として、**炭素税**を挙げました。炭素税とは、化石燃料の炭素含有量に比例して課す税です。温室効果ガスの排出者に、市場取引では認識できない外部不経済に伴う損害（**社会的費用**）を、税負担の形で認識させて、排出量を抑制することが狙いです。

　炭素税の税率は、国際的に、CO_2（二酸化炭素）排出量1トン当たりの金額で表示され、まさに炭素価格を意味します。日本では、地球温暖化対策のための税（略称、温対税）が、炭素税と分類されます。温対税は、石油石炭税の一部で、全化石燃料に対してCO_2排出量に応じて課す税として、2012年10月から施行し、3年半かけて税率を段階的に引き上げて、CO_2トン当たり289円となっています。

　わが国のこの税率は、主な炭素税導入国の中では、低い水準にあります。ただ、わが国には、温対税以外にも、石油ガス税や揮発油税（いわゆるガソリン税）などのエネルギー課税もあります。化石燃料総コストを、燃料輸入額とエネルギー課税の税収の合算として計算し、これをエネルギーが起源となるCO_2排出量で除して、わが国経済全体で見た平均的なCO_2排出のコストを試算すると、エネルギー課税は、最近ではCO_2トン当たり約4000円になるとされています。この額は、国際的に高い水準となります。

　確かに、温対税だけがエネルギーに課される税ではないので、諸々の税負担を考慮して炭素価格をみる必要があります。しかし、様々な化石燃料に対してCO_2排出量に比した税負担になっているわけではないのが現状です。燃料別にCO_2排出量1トン当たり税率を示したのが、図12-7です。

　図12-7を見ると、温対税以外のエネルギー課税があって、ガソリン、軽油、飛行機燃料、LPG（液化石油ガス）は、CO_2排出量1トン当たりの税率に換算すると、4000円を超える税が課されていますが、重油、灯油、石炭、天然ガスはかなり低い税負担となっています。ただ、CO_2排出量比例で課税を強化すれば、北日本など冬季

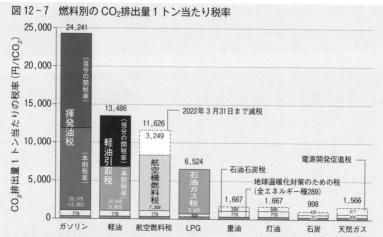

図 12-7　燃料別の CO$_2$排出量 1 トン当たり税率

注 1：重油、灯油、石炭、天然ガスは、発電に使用される場合を想定し電源開発促進税を上乗せしている。電源開発促進税の税率は、kWh あたりの税率を、IEA（2017）「World CO2 Emissions from Fuel Combustion」の日本の各燃料種火力排出係数（tCO2/kWh）を用いて、CO$_2$排出量当たりに換算。電源開発促進税以外の税率は、エネルギー課税の固有単位当たり税率を「特定排出者の産業活動に伴う温室効果ガスの排出量の算定に関する省令（平成18年経済産業省・環境省令第 3 号）」を用いて、CO$_2$排出量当たりに換算。

注 2：揮発油税、軽油引取税については、上段に現行税率、下段（括弧内）に本則税率の値を記載。

出典：環境省「カーボンプライシングのあり方に関する検討会」取りまとめ参考資料集を一部改編。

に気温が下がる地域で多用される灯油の税込価格が上がり、その地域の住民の生活費がかさむとか、石炭を多用する鉄鋼業やセメント製造業で、税込みの製造費用が上がり、他国で生産される鉄鋼やセメントよりも割高になって、わが国の製品の国際競争力が低下するなどが予想されます。こうした政策的配慮もあって、灯油や石炭などは CO2排出量比例の課税にはほとんどなっていません。

　このように、平均的には国際的に低い税負担ではないものの、燃料別にみると CO2排出量比例の課税があまりなされていないのが、わが国の現状です。今後は、地球温暖化防止のために、エネルギー課税を CO2排出量比例の課税に変えてゆくことが考えられます。特に、脱炭素化に向けた世界的な動きが加速する中で、日本だけが不熱心だと、日本に対する批判的な国際的世論が高まる恐れもあります。

　今後、わが国で炭素税を強化することになれば、その税収の使途もあわせて考える必要があります。炭素税は、環境税の 1 つですが、税収の使途を地球温暖化対策の支出に限定する必要はありません。経済学的にも、環境税は、課税することで温室効果ガス排出削減に貢献することこそが課税の主目的で、その使途を特定しなければ効果がないという論拠はありません。炭素税は課税するだけで温室効果ガスの排出を抑制する効果がありますから、使途を定めずとも課税するだけで主目的を達成できるので

す。諸外国でも、炭素税の使途をそのように限定してはいません。

　今後の炭素税は、租税の理論からみても、使途を地球温暖化対策の支出に限定せずに議論すべきです。炭素税の課税によって、地球環境が改善すると同時にその税収を活用して家計の効用（社会厚生）が改善するという現象を**二重配当**といいます。二重配当を実現すべく、炭素税の収入の使途を幅広く考えられるなら、次のような形での還元も可能です。炭素税の収入を財政赤字の削減に充てれば、将来の公債償還時に税負担が軽減されるので、将来の家計の効用が上がります。炭素税の収入で公債の償還を進めてゆくことで、二重配当が実現します。

　あるいは、炭素税を拡大しつつ法人税率を引き下げれば、わが国において、より利益を上げる企業に重い負担を課す仕組みから、どれだけ利益を上げようと CO_2 をより多く出す企業に重い負担を課す仕組みへと転換できます。これにより、より少ない CO_2 排出でより多く利益を上げられれば、税負担が軽くなります。こうして増えた税引後利益が企業の従業員の給料や株主の配当として還元されると、家計の効用が上がります。

　炭素に価格を付けることは、炭素税だけではありません。税だけでなく、様々な施策を広範にみると、炭素税とその他の施策は、図12-8のように位置付けられます。炭素の価格付けを、**カーボンプライシング**ともいいます。脱炭素化を進めるために、社会の広範囲にわたる炭素の排出に対して価格を付けることにより、各主体の行動を変えたり、技術革新を誘発したりしようというわけです。

図12-8　カーボンプライシングに係る概念図（イメージ）

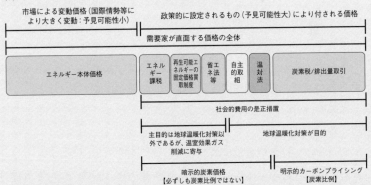

注：温対法は、地球温暖化対策の推進に関する法律のこと。省エネ法は、エネルギーの使用の合理化に関する法律のこと。
出典：環境省『カーボンプライシングのあり方に関する検討会』取りまとめ参考資料集を一部改編。

　カーボンプライシングは、大別すると、政府による施策と民間企業の自主的な価格付けがあります。民間企業の自主的な取組みは、企業が自主的に炭素に価格を設定し

て、投資や事業を実施する際に推計して判断の参考に用いるものです。

　政府による施策は、炭素税と**排出量取引**が主たるものです。排出量取引とは、国や企業ごとに温室効果ガスを排出できる量（排出枠）を定め、排出枠を超えて排出する国や企業が、排出枠より少ない量しか排出しない国や企業から排出枠を買う取引です。排出枠の売買価格として、炭素に価格付けがなされます。このように、炭素比例により価格が設定される明示的カーボンプライシングは、エネルギーを消費する側が直面する価格を引き上げることでエネルギー効率の改善を促すとともに、エネルギー源や燃料種の間の相対価格を変えることで、同じ経済活動を行うにしても温室効果ガスをより排出しないものを使用しようとする効果があります。他方、消費者や生産者に対して、間接的に排出削減の価格を課しているものがあり、それを暗示的炭素価格とも呼びます。炭素排出量ではなくエネルギー消費量に対し課税されるものや、エネルギー消費量や機器等に関する規制や基準を遵守するために排出削減費用がかかるものが含まれます。

　温室効果ガスの削減は、炭素税などの明示的カーボンプライシングだけでなく、規制的手法も組み合わせながら進めてゆくことが求められます。

　増税の前に歳出削減を徹底することは、当然必要です。過剰な政府支出の財源をまかなうためにより高い税率を課せば、超過負担がより大きく生じます。しかし、歳出の中で大きな割合を占めている社会保障費に何もメスを入れないで、大規模な歳出削減はできません。とはいえ、わが国の社会保障制度、国民皆年金や国民皆保険を完全になくすほどに歳出削減を望む日本国民は、明らかに少ないでしょう。そうであるならば、高齢化に伴う社会保障費の増大とあわせて、安定的に財源を確保する必要が生じてきます。

　社会保障給付の財源を過大にならないようにしつつ、消費税で必要な財源を適切に確保するにはどうすればよいでしょうか。1つの案として、図12-9が示すように、社会保障給付の公費負担は、赤字国債に依存せず当年度に得られる消費税で財源を確保するとともに、他の税目からの税収を確保したり、社会保障以外の歳出を抑制したりすることによって、財政収支の改善を図ることが考えられます。図12-9は、上側に歳出の各項目、下側に歳入のうち税収が記され、下側の歳入で不足している財源は公債発行によってまかなうことを意図しています。

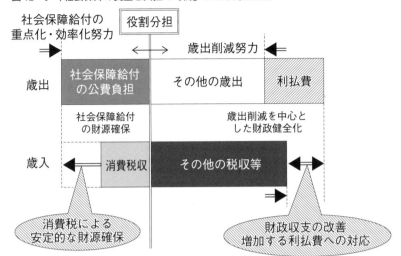

図12-9 「社会保障の受益と負担の均衡」による財政規律

　消費税を社会保障給付の公費負担の財源に充てるという役割を与え、その他の税を社会保障以外の歳出の財源に充てるという役割を与えて、それぞれの役割を分担することで、「社会保障の受益と負担の均衡」を前者によって達成するとともに、財政収支改善という財政規律を後者によって維持することができます。

　いうまでもなく、社会保障給付の公費負担を何ら抑制しなくてよいわけではありません。消費税率の引上げを緩和する策としては、社会保障給付自体の増加を抑制する方策が考えられます。第4章で触れたような社会保障改革をさらに進めることで、増税回避圧力を活かして社会保障給付を重点化・効率化することが期待できます。

　図12-9に示した「社会保障の受益と負担の均衡」を財政運営のルールとして位置付けることで、消費税収による社会保障財源の安定的確保と、財政収支の改善のために徹底したその他の歳出の削減という中期的な財政規律を、明確に打ち出せると考えられます。そして、第10章5節の世代会計で触れた、受益と負担の世代間格差の是正にも寄与すると考えられます。これが、今後のわが国の財政運営の基本といえるでしょう。

■索 引

土居丈朗（どい・たけろう）

1970年奈良県生まれ。大阪大学経済学部卒業。東京大学大学院経済学研究科博士課程修了。博士（経済学、東京大学）。慶應義塾大学経済学部専任講師、准教授、財務省財務総合政策研究所主任研究官などを経て、現在、慶應義塾大学経済学部教授。税制調査会委員、全世代型社会保障構築会議構成員、財政制度等審議会委員などを兼務。著書に、『地方債改革の経済学』（日本経済新聞出版社、第50回日経・経済図書文化賞受賞、第29回サントリー学芸賞受賞）、『入門｜公共経済学（第2版）』（日本評論社）、『地方財政の政治経済学』（東洋経済新報社）、『平成の経済政策はどう決められたか』（中央公論新社）などがある。

ウェブサイト：https://web.econ.keio.ac.jp/staff/tdoi/

入門｜財政学（第2版）

2017年4月30日　第1版第1刷発行
2021年4月20日　第2版第1刷発行
2023年8月30日　第2版第3刷発行

著　者──土居丈朗
発行所──株式会社　日本評論社
　　　　　〒170-8474　東京都豊島区南大塚3-12-4　振替 00100-3-16
　　　　　電話 03-3987-8621（販売）　03-3987-8595（編集）
　　　　　https://www.nippyo.co.jp/
印刷所──精文堂印刷株式会社
製本所──株式会社難波製本
装　幀──林　健造
検印省略　© Takero Doi, 2017, 2021
Printed in Japan
ISBN 978-4-535-54007-1